U0583641

本书为国家社科基金青年项目"我国公共服务供给的公私合作制度研究"（项目号：17CGL053）的成果

公共治理中的公私合作

制度模式、环境与绩效

蔡长昆 —— 著

PUBLIC-PRIVATE PARTNERSHIP
IN PUBLIC GOVERNANCE

Institutional Models, Environment, and Performance

社会科学文献出版社
SOCIAL SCIENCES ACADEMIC PRESS (CHINA)

目 录

绪　论

一　研究背景

始于 20 世纪 80 年代的经济体制改革，使中国的经济奇迹吸引了世界的目光。然而，经济增长并未从根本上解决公共治理的转型问题，也给我国治理改革带来了巨大的挑战。近年来，随着党中央在精准扶贫、环境治理以及社会保护等方面投入了越来越多的注意力和资源，原有的以经济发展为纲的基础理念也发生了显著的改变。要将中国的治理制度转化为治理效能，实现公共治理结构的转型，达成多样的复杂的公共服务和公共治理目标，特别需要在公共部门和私人部门的"边界"上灵活应对并作出合理的制度安排，以实现公共服务供给多样化的公共治理目标。

事实上，公共治理面临的挑战并非中国所特有的。从全世界范围来看，一方面，依照瓦格纳定律，随着社会的发展，政府必然将承担越来越多的经济社会功能，政府的公共服务支出必然会越来越大；另一方面，随着社会问题的复杂性、动态性和不确定性的提升，技术变革的加速，"棘手问题"（wicked problem）的增多，跨部门治理（cross-sector）已经成为全新的战略思维和策略选择，[①] 公共服务供给的制度逻辑已经发

---

① 陶希东：《跨界治理：中国社会公共治理的战略选择》，《学术月刊》2011 年第 8 期；John M. Bryson, Barbara C. Crosby, and Melissa Middleton Stone. 2015. "Designing and Implementing Cross-Sector Collaborations: Needed and Challenging." *Public Administration Review*, 75 (5), 647-663; Donald F. Kettl, 2015. "The Job of Government: Interweaving Public Functions and Private Hands." *Public Administration Review*, 75 (2), 219-229。

生了深刻的改变。① 在全球视野下，如何在全社会的范围内思考公共治理的基本问题，如何在公共部门以及市场和社会部门之间进行复杂的制度安排，都是应对全球社会复杂性、相互依赖性以及不确定性持续提升问题的关键。

在公共行政这一学科确立伊始，以政治—行政分开为基础，② 以"行政管理原则"为原理，③ 以韦伯意义上的"科层制"为"蓝本"，④ 科层制在很长时期内支配着学者和公共部门对于公共治理制度的想象。⑤ 但是，随着公共行政学的发展，自20世纪70年代末以来，针对现代民族国家的科层制的批评逐渐出现。"大政府""官僚制帝国"等批判的出现，使得公共行政学界对于官僚制的疑虑更加沉重，马克斯·韦伯的"铁笼"⑥ 似乎已经在公共行政领域，甚至社会领域扩散，开始支配人们对于官僚制的想象。⑦ 于是，随着新公共管理的提出，企业家政府和市场制度被视为新的、具有革命性的公共治理制度实践。⑧

---

① 吴森、邵欣：《国外公共管理抗解问题研究综述》，《国外社会科学》2016年第6期；Patrick Dunleavy, Helen Margetts, Simon Bastow, and Jane Tinkler. 2006. "New Public Management Is Dead—Long Live Digital-Era Governance." *Journal of Public Administration Research and Theory*, 16 (3), 467-494。

② Woodrow Wilson. 1887. "The Study of Administration." *Political Science Quarterly*, 2 (2), 197-222; Frank J. Goodnow. 2003. *Politics and Administration: A Study in Government*. Transaction Publishers, p. 2.

③ Luther Gulick and Luther Urwick (eds.) 1937. *Papers on the Science of Administration*. New York: Columbia University Institute of Public Administration, p. 12.

④ 〔德〕马克斯·韦伯：《经济与社会》，商务印书馆，林荣远译，2004，第478页。

⑤ 〔美〕文森特·奥斯特罗姆：《美国公共行政的思想危机》，毛寿龙译，上海三联书店，1999，第35页。

⑥ 〔德〕马克斯·韦伯：《经济与社会》，商务印书馆，林荣远译，2004，第498页。

⑦ 对于官僚制与民族的关系的争论处于政治学和行政学的中心，对于这一争论的总结，可以参见〔英〕戴维·毕瑟姆《官僚制》（第二版），韩志明、张毅译，吉林人民出版社，2005，第三章。

⑧ 〔美〕戴维·奥斯本、特德·盖布勒：《改革政府》，周敦仁译，上海译文出版社，2006，第116页；〔澳〕欧文·E.休斯：《公共管理导论》（第二版），彭和平等译，中国人民大学出版社，2004，第7页。

　　但是，科层制度和市场制度的争论似乎并没有维持太长的时间。随着公共治理问题的复杂性和不确定性提升，随着市场制度的绩效本身受到更为严苛的经验考察，随着治理理论开始支配公共治理，于是，公共治理和公共服务①的供给制度安排早已超越了纯粹的"科层—市场"模式，一系列新的公共治理制度模式被提出，如公共服务外包、政府购买（社会组织以及私人企业）、市场化、伙伴关系（PPPs）、"共同生产"（co-production）、公共服务网络（public service delivery networks）等，成为超越"科层—市场"两分的重要备择制度安排。② 其中，在公共服务的供给过程中，公共部门和私人部门构建的合作供给模式，即在公共服务的供给过程中，公共部门和私人部门——包括社会组织、社区组织、公民（社会）以及私人企业——等多样化主体构成的具有一定连续性的关系结构和关系网络，为当下公共服务供给提供了非常广阔的制度选

---

① 　需要说明的是，本书是在公共治理场域的视域下研究公私合作问题的。所以，在本书中，公共服务的供给本质上就是一种实现公共治理的核心任务。所以，虽然这两个概念有所区别，但本书没有系统地区分这两个概念。在本书的视野中，公共治理任务和公共服务的系统供给在本质上具有研究对象的强相关性。

② 　Elinor Ostrom. 1972. "Metropolitan Reform: Propositions Derived from Two Traditions." *Social Science Quarterly*, 53 (4), 474-493; Elinor Ostrom, Roger B. Parks, Gordon P. Whitaker, and Stephen L. Percy. 1978. "The Public Service Production Process: A Framework for Analyzing Police Services." *Policy Studies Journal*, 7 (S1), 381-383; Graeme A Hodge. 2010. "Reviewing Public-Private Partnerships: Some Thoughts on Evaluation." in *International Handbook on Public-Private Partnerships*. edited by Graeme A. Hodge, Carsten Greve, and Anthony E. Boardman, pp. 81-112. Northampton, MA: Edward Elgar; Stephen P. Osborne and Kirsty Strokosch. 2013. "It Takes Two to Tango? Understanding the Co-production of Public Services by Integrating the Services Management and Public Administration Perspectives." *British Journal of Management*, 24 (S1), S31-S47; John Alford. 2014. "The Multiple Facets of Co-Production: Building on the work of Elinor Ostrom." *Public Management Review*, 16 (3), 299-316; Sanna Tuurnas. 2015. "Learning to Co-Produce? The Perspective of Public Service Professionals." *International Journal of Public Sector Management*, 28 (7), 583-598; Taco Brandsen and Marlies Honingh. 2016. "Distinguishing Different Types of Coproduction: A Conceptual Analysis Based on the Classical Definitions." *Public Administration Review*, 76 (3), 427-435.

择空间。[1]

　　同样，公共服务供给体系改革与我国的政治行政体制改革一道，[2] 构成了我国体制转型的重要组成部分。[3] 在中国经济迅速增长的背景下，随着公共服务需求和社会问题日益复杂化和多元化，政府高度集权的治理模式不再适用，亟须转变政府职能，改进公共服务供给模式，从"掌舵者"变"服务者"，从"单打独斗"转变为"多元共治"。[4]

　　在中央政府宏观调控下，上海、北京、无锡、深圳等多个地方政府"因势利导"，探索实行向社会组织购买公共服务，并陆续出台了具体政策以促进其"落地"。[5] 1995 年，上海市浦东新区人民政府建立了一个综合性市民活动中心。这是中国第一个向社会组织购买公共服务的探索。该项

---

[1] Robert Agranoff and Michael McGuire. 2001. "Big Questions in Public Network Management Research." *Journal of Public Administration Research and Theory*, 11 (3), 295–326; Christopher Hood, and Guy Peters. 2004. "The Middle Aging of New Public Management: Into the Age of Paradox?" *Journal of Public Administration Research and Theory*, 14 (3), 267–282; Laurence J. O'Toole, and Kenneth J. Meier. 2004. "Public Management in Intergovernmental Networks: Matching Structural Networks and Managerial Networking." *Journal of Public Administration Research and Theory*, 14 (4), 469–494; John M. Bryson, Barbara C. Crosby, and Melissa Middleton Stone. 2006. "The Design and Implementation of Cross-Sector Collaborations: Propositions from the Literature." *Public Administration Review*, 66 (S1), 44–55; Robert Agranoff. 2006. "Inside Collaborative Networks: Ten Lessons for Public Managers." *Public Administration Review*, 66 (S1), 56–65; Patrick Dunleavy, Helen Margetts, Simon Bastow, and Jane Tinkler. 2006. "New Public Management Is Dead—Long Live Digital-Era Governance." *Journal of Public Administration Research and Theory*, 16 (3), 467–494; R. Karl Rethemeyer and Deneen M. Hatmaker. 2008. "Network Management Reconsidered: An Inquiry into Management of Network Structures in Public Sector Service Provision." *Journal of Public Administration Research and Theory*, 18 (4), 617–646; John M. Bryson, Barbara C. Crosby, and Melissa Middleton Stone. 2015. "Designing and Implementing Cross-Sector Collaborations: Needed and Challenging." *Public Administration Review*, 75 (5), 647–663.

[2] 白祖纲：《公私伙伴关系与地方政府大部制改革》，《行政论坛》2014 年第 2 期。

[3] 郁建兴：《中国的公共服务体系：发展历程、社会政策与体制机制》，《学术月刊》2011 年第 3 期。

[4] 郁建兴、沈永东：《调适性合作：十八大以来中国政府与社会组织关系的策略性变革》，《政治学研究》2017 年第 3 期。

[5] 苏明等：《中国政府购买公共服务研究》，《财政研究》2010 年第 1 期。

目的顺利运营标志着政府改变了单方面投入和运作的机制，正式把社会力量纳入公共服务供给体系。此后，各省份在政府购买公共服务领域开展了多样化的探索与实践，购买服务逐渐向公民教育、公共卫生、文化服务、养老服务、社区建设、治安管理、城市规划等各个领域全面拓展。党的十八届二中全会指出，"转变政府职能是深化行政体制改革的核心"①，并提出"改进政府提供公共服务方式"的明确要求，政府购买服务逐渐从地方实践推向中央层面。2013 年，国务院办公厅出台了《关于政府向社会力量购买服务的指导意见》，肯定了政府购买服务对于转变政府职能、增加公共服务供给等方面的积极意义，提出建立完善的配套制度和公共服务供给体系的目标。随后，财政部、民政部等中央机构陆续出台了《政府购买服务管理办法》《关于做好政府购买养老服务工作的通知》《关于做好政府向社会力量购买公共文化服务工作的意见》等制度文件，进一步规范政府与社会组织的新型合作关系。

随着行政管理体制改革、服务型政府、"新常态"以及创新型政府的提出，私人部门——包括企业、社会组织、社区、公民等——逐渐介入公共服务供给体系，公共部门—私人部门的合作供给模式逐渐呈现，新的多样化公共服务供给模式被提出。② 但是，我国公共服务供给制度改革却面临一系列困境：虽然将市场以及社会组织纳入公共服务供给体系确实是"趋势"，但是，一方面，非公共部门的引入带来的结果有时会伴随着苦涩，特别是市场主体和制度的引入带来了非常多样化的风险和弊端。③ 在公共服务供给过程中，由于需求方和供给方的缺陷，预期目标不仅可能无法实现，反而会造成

---

① 《十八大以来重要文献选编》（中），中央文献出版社，2016，第 521 页。

② 敬乂嘉：《合作治理：历史与现实的路径》，《南京社会科学》2015 年第 5 期；张康之、向玉琼：《领域分离与融合中的公共服务供给》，《江海学刊》2012 年第 6 期；Yijia Jing and Stephen P. Osborne. 2017. "Public Service Innovations in China: An Introduction." In Yijia Jing and Stephen P. Osborne (eds.) *Public Service Innovations in China*, Singapore: Springer, pp. 1-24。

③ Christopher Hood and Guy Peters. 2004. "The Middle Aging of New Public Management: Into the Age of Paradox?" *Journal of Public Administration Research and Theory*, 14 (3), 267-282.

公共服务质量下降，[①] 甚至出现"逆向合同化"的趋势。[②] 同时，市场化逻辑的引入也可能影响政府的责任意识，为政府部门碎片化和空心化的出现埋下隐患。[③] 另一方面，超越"科层—市场"两分，在公共服务供给过程中，公共部门和私人部门之间的合作供给模式成为重要的备择制度模式。[④] 例如，李晨行和史普原基于信息模糊程度提出了紧密机构、松散机构和关系网络三种合同关系模式。[⑤] 如是，构建公共部门—私人部门之间的合作机制，成为我国公共服务供给制度改革的重要组成部分。

在公共治理改革的过程中，公私合作关系模式不仅对于公共服务供给体系的治理绩效具有重要影响；[⑥] 而且，随着多样化治理主体的卷入，围绕公共治理和公共服务供给场域，治理主体之间的讨价还价和长期博弈会系统地影响公共治理的制度安排，进而影响中国未来治理变革的逻辑和机制。所

[①] 石国亮：《公共服务合作供给的生成逻辑与辩证分析》，《江海学刊》2011 年第 4 期。

[②] 黄锦荣、叶林：《公共服务"逆向合同承包"的制度选择逻辑——以广州市环卫服务改革为例》，《公共行政评论》2011 年第 5 期；詹国彬：《公共服务逆向合同外包的理论机理、现实动因与制度安排》，《政治学研究》2015 年第 4 期。

[③] 王雁红：《公共服务合同外包中的政府责任机制：解构与重塑》，《天津社会科学》2016 年第 6 期。

[④] 何艳玲：《从"科层式供给"到"合作化供给"——街区公共服务供给机制的个案分析》，《武汉大学学报》（哲学社会科学版）2006 年第 5 期；张康之、向玉琼：《领域分离与融合中的公共服务供给》，《江海学刊》2012 年第 6 期；张康之、向玉琼：《领域分离与融合中的公共服务供给》，《江海学刊》2012 年第 6 期；敬义嘉：《政府与社会组织公共服务合作机制研究——以上海市的实践为例》，《江西社会科学》2013 年第 4 期；李军鹏：《政府购买公共服务的学理因由、典型模式与推进策略》，《改革》2013 年第 12 期；敬义嘉：《合作治理：历史与现实的路径》，《南京社会科学》2015 年第 5 期。

[⑤] 李晨行、史普原：《科层与市场之间：政府购买服务项目中的复合治理——基于信息模糊视角的组织分析》，《公共管理学报》2019 年第 1 期。

[⑥] Céline Remy. 2019. "Belgian and Swiss Service Providers Faced with the Challenge of Jobseekers Guidance: Predominance of Stakeholder Games or of the Collaborative Framework?" *International Review of Administrative Sciences*, 85（4），692-707；Rianne Warsen, Erik Hans Klijn, and Joop Koppenjan. 2019. "Mix and Match: How Contractual and Relational Conditions are Combined in Successful Public-Private Partnerships." *Journal of Public Administration Research and Theory*, 3（3），375-393；Hugo Consciência Silvestre, Rui Cunha Marques, Brian Dollery, and Aldenísio Moraes Correia. 2020. "Is Cooperation Cost Reducing? An Analysis of Public-Public Partnerships and Inter-Municipal Cooperation in Brazilian Local Government." *Local Government Studies*, 46（1），1-23.

以，无论是对国家治理能力现代化的宏观命题，还是公共服务供给体系改革的经验性整合，公私合作制度模式都是一个非常关键的理论命题。基于此，一系列问题需要深入回答：

- ·在公共治理和公共服务供给过程中，存在哪些公私合作的制度模式？不同制度模式存在怎样的内在过程和机制，遵循怎样的制度逻辑？
- ·哪些因素会影响公私合作模式的选择？在什么条件下，公私合作更有可能成功？
- ·公私合作供给模式可能带来怎样的制度产出？

这些问题为建构我国公共服务公私合作供给模式的政策选择和制度机制提供了基础。

二　研究思路

本书的核心研究对象是我国公共服务供给中的公私合作模式。虽然公私合作与公私伙伴关系、共同生产、合作治理、网络治理等概念存在一定的差异，但在公共服务的视域下，这些模式都可以视为公私合作制度模式的一种类型。① 基于此，本书在整合制度背景、制度安排以及多样化的制度分析视角下，构建公私合作制度模式的分析框架。制度分析框架，特别是基丁交易成本经济学、比较制度分析以及经济社会学的制度分析视角，为我们提供了界定公私合作的制度模式、制度场域、影响制度模式的理论因素以及特定公私合作模式的制度绩效和影响的基础理论框架。

在制度分析的基础上，本书的基本思路如下（参见图0-1）。第一，通过深入的理论分析和文献研读，同时通过对典型案例的深入分析和比较分析，对公共服务供给中公私合作的概念、公私合作的内部结构—过程—机制以及不同的公私合作模式进行界定。第二，通过理论研究、文献研读以及经验分析，构建解释我国公私合作模式之"环境—制度模式—内部要素—影

---

① John M. Bryson, Barbara C. Crosby, and Melissa Middleton Stone. 2015. "Designing and Implementing Cross-Sector Collaborations: Needed and Challenging." *Public Administration Review*, 75 (5), 647-663.

响"的理论分析框架。这一理论框架奠定了整个研究的理论基础。第三，以理论框架为基础，广泛搜集我国公共服务公私合作的案例，构建案例库；同时，基于一手资料和二手资料，构建公私合作的案例数据库。第四，在研究框架的基础上，以比较案例分析以及数据库的定量分析为基础，分别对三个研究主题进行深入的理论分析，包括：不同制度模式以及其被选择的条件，不同公私合作模式的内在机制和逻辑及其可能带来的复杂的制度影响，对公私合作模式的制度绩效以及影响制度绩效的因素进行分析。第五，基于理论分析，辨析成功的公私合作模式所需要的环境条件、制度条件以及内部机制要素；同时，辅之以公私合作的经验，构建我国公私合作的制度、政策和策略选择框架。

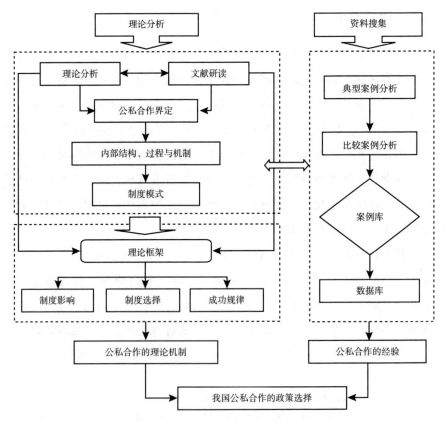

图 0-1　公共服务供给的公私合作模式：研究思路

三　研究内容

围绕公私伙伴关系，本书主要包括如下研究内容：第一，公共服务的公私合作模式的多样化制度安排、复杂的治理机制，以及内部过程和合作机制；第二，影响公私合作模式的多样化因素；第三，分析不同公私合作模式的内在运作机制、转型的过程以及复杂的产出和影响；第四，剖析影响特定公私合作模式绩效之差异性的条件；第五，建构公私合作模式的制度结构和政策选择框架。围绕这些问题，本书的主要研究内容如下。

本书的第一章对公共治理制度的历史以及公私合作的文献进行了梳理。公私合作制度是嵌入在公共治理基本制度的争论之中的，特别是从科层制到新公共管理所倡导的市场制度的争论。可是，系统地检索有关公私合作的制度历史，可以发现，当下研究已经对市场制度的制度绩效以及多样化的制度后果进行了深入的讨论。在这一基础上，当下公私合作的研究主要沿着三个问题展开：制度模式的多样性、制度选择问题以及制度绩效。从国内研究来看，虽然其起步相对较晚，但是，国内学者对这一问题的核心研究主题与整体的公私合作研究进程具有一致性。总体来看，通过对公共治理的制度历史以及公私合作的相关研究进行系统分析，本章发现，虽然当下的研究都涉及多样化的视角、研究方法以及研究主题，但是，这些研究总体而言都呈现一定的碎片化特征。特别是，缺乏一个理解制度情境、制度安排、内在过程和机制以及最终制度绩效的整体性分析框架。

在文献综述的基础上，本书的第二章系统整合交易成本经济学、制度分析以及组织理论，构建了解释公私合作的整体性分析框架，对公私合作的过程、机制、制度模式以及环境变量之间的复杂关系进行分析。在这一视角的指引下，第二章对两个问题进行了重点的讨论。第一，在制度分析的视角下，通过将公共治理中的公私合作伙伴关系纳入到治理制度场域之中，本书的第一章识别了公私合作的主体—机制—过程，并以此为基础对公私合作的多样化的制度模式进行了讨论。①基于制度模式的两个维度，即权力机制和制度安排，界定了制度模式的类型学；②基于公共服务供给中的多样化主体

（公共部门、市场部门、社会部门）以及不同主体之间的治理机制（命令—控制、关系以及契约—竞争），构建合作模式的基本要素；③以合作理论为基础，对合作的内部动态过程进行了分析。第二，在理论视角的指引下，构建了公私合作制度模式的整合性分析框架。在这一框架下，本书对服务/任务属性、制度环境（包括正式制度环境以及社会资本）对制度模式选择的影响，以及情境要素、制度模式、内在机制和过程对制度绩效的影响进行了深入的理论分析。

本书的第三章主要讨论公私合作制度模式的建构逻辑。在第二章的分析框架指引下，第三章基于组织场域视角构建了一个理解公私合作制度模式建构机制的分析框架。不同于原有的对于公私合作制度模式的研究，本章认为，任何公共治理市场制度安排都不是"给定"的；特定公私合作制度本身也需要卷入公私合作的主体进行制度建构。在制度场域视角下，沿袭第二章的分析框架，第三章对影响制度模式建构过程的两个核心变量进行了分析，即相对议价能力以及服务的市场结构，二者都是影响公私合作模式建构的关键因素。通过对这两个变量进行维度化，本书进一步确定了三种公私合作模式：创制型、建构型以及协商型。进一步，第三章利用比较案例分析方法，对不同的制度模式的建构过程、环境条件、内在机制以及其潜在的制度绩效进行了系统分析。

在完成制度模式建构的分析任务之后，本书的第四章和第五章对两种极端的制度模式的建构历程、运作过程和机制以及制度绩效进行了深入的案例追踪。根据制度安排中政府和私人部门的相对权力关系以及二者的共同决策的卷入程度，本书在第二章对不同的公私合作理想模式进行了类型学分析。沿着这一类型学，本书在第四章和第五章对其中两种极端的制度模式——市场俘获型模式和行政嵌入式模式——进行了分析。

在第四章，本书对私人部门俘获公共部门的公私合作模式、其建构条件和过程、运作机制以及制度绩效进行了讨论。在中国，某些大型国有企业拥有非常强的政治力量；一旦它们介入公共治理过程，其可能对低级别的政府部门造成"俘获效应"，进而导致公私合作的失败。本书以武汉市江滩管理改革为经验，对武汉市旅游投资开发集团——这一市级国有企业——介入武汉市江滩治理的制度历程进行了追踪，并对其产生的复杂影响进行了深入的讨论。第四章的研究发现，由于江滩治理的主管部门——武汉市江滩办——缺乏对武汉市旅游投资开发集团的合同进行管理的政治能力，武汉市旅游投资开发集团的市场属性最终超越了江滩管理的公共治理属性，产生了苦涩的治理后果。这启示我们，如何处理这样的俘获型关系，对于中国公私合作的有效运作是一个非常重要的挑战。

本书的第五章则对中国另一种常见的公私合作模式，即行政嵌入式模式的建构条件、运作过程、内在机理以及复杂影响进行了分析。真正对中国公共治理产生重大影响的公私合作模式往往具有"混合治理"的特征，即私人部门本身就具有较强的公共属性。在混合结构之中，准私人部门对于政府具有非常强的依赖性。在依赖性关系下，私人部门的制度性机制和策略对于理解公私合作的影响和绩效具有特别的意义。本章以精准扶贫为经验背景，以 G 县农商行参与的金融扶贫为案例，对行政嵌入式模式下农商行的制度性应对机制进行了分析。本章的研究发现，一方面，精准扶贫的任务属性以及政府—农商行之间的制度结构决定了行政嵌入式模式的出现。另一方面，在行政嵌入式模式之下，农商行构建了非常复杂的制度机制以回应公私合作的任务压力。在金融扶贫的案例中，农商行并非以单一的策略响应政府的任务压力。农商行首先会将政府的任务压力进行"分拆"；然后，根据任务压力的属性——其技术上的可分割性以及对农商行技术核心的冲击性，采用不同的制度机制，包括结构性隔绝、结构性脱耦、制度性耦合以及制度性冲突，对不同的任务进行响应。不同的响应逻辑也会对制度后果产生差异化的影响。

本书的第六章对公私合作的制度绩效进行了定量分析，这也是对第二章提出的制度绩效理论框架进行的进一步检验。基于 2017~2021 年 31 省（自治区、直辖市）所有已公开的 PPP 项目数据库以及其他多数据来源，本章建立了一个分析公私合作绩效的数据库。通过量化模型的分析，本书对制度结构、社会资本以及个体层面的制度安排对 PPP 绩效的影响进行了量化分析。结果发现，法律结构、政策环境、社会资本以及全过程的项目管理安排会对不同维度的公私合作绩效产生差异化影响，验证了第二章的制度绩效框架。

最后一章对全书的主要发现进行了总结，并进一步对本书的创新性、政策启示进行了说明。

第一章 文献综述：从"科层"到"合作"

公共制度是公共行政学研究的核心问题，公共行政的主要价值就在于采取有效的制度结构实现公共治理目标。从以"官僚制"为核心的公共治理制度到后来的市场化，再到后来的"逃避极端"，公共治理制度的相对制度优势一直是公共行政学争论的焦点。本章首先从科层制和新公共管理运动所倡导的市场制度模式之间的争论开始；然后，本部分将进一步针对市场化制度面临的缺陷，以公私合作的多样化制度模式，以及围绕多制度模式所进行的相关争论为基础，对公私合作制度研究的历史以及当下争论做深入的讨论。

第一节 从"科层"到"市场"：公共治理制度的历史探索

一 科层制

科层制，是公共服务供给最传统，也是最常用的制度安排，其于公共行政学创立之时就已成为标准制度。官僚制的合法性首先源于政治—行政分离；正是政治—行政的分离，确立了公共行政学作为一个学科的地位。威尔逊强调行政学脱胎于政治学，政治与行政是有区别的。[1] 虽然行政管理的任务是政治确定的，但行政管理的问题不是政治问题。行政研究的首要目标在于发现政府能恰当地和成功地做些什么，其次在于发现政府如何以最少的金

---

[1] Woodrow Wilson. 1887. "The Study of Administration." *Political Science Quarterly*, 2（2）, 197-222.

钱和精力为代价以及以最高的效率来做些恰当的事。这直接决定了随后几十年公共行政学的研究假设、研究任务和研究问题。沿着这一思路，古德诺确立了"政治—行政"二分法作为公共行政研究的标准范式：政治是国家意志的表达，而行政是国家意志的实现。① 公共行政的任务就在于在不干涉政治政策的情况下，只考虑工具理性，利用最经济的、最有效的制度手段完成相应的目标——行政的价值就在于效率。

获得"效率"的手段是什么？其时，科学管理，即"泰勒制"给了公共行政研究一个非常重要的制度工具。科学管理确定了一系列可以节省经济资源、实现产能最大化的组织原则，包括：①确立一种科学来取代凭经验的做法；②科学地选择工人；③将科学管理与经科学选择的工人结合起来；④劳资双方的合作。② 几乎同时，马克斯·韦伯提出了标准的科层制模型，当其被介绍到美国之后，对公共行政研究造成了巨大的冲击。根据马克斯·韦伯的界定，科层制的特征在于：①有固定的、正式的权限范围，这一范围一般是由公法规定的；②权威由组织的层级结构和各种等级授予，有一种牢固而有秩序的上下级制度；③管理有章可循；④管理人员专业化；⑤官员有较强的工作能力；⑥公务的管理遵循一般的规律，包括法律法规、公务员的升迁制度等规范。③ 科层制和科学管理结合，确立了获得"效率"的一整套原则，这为后续的研究奠定了基础。

在"政治—行政"两分的假设上，科学管理作为组织任务的基础和原则，再以科层制为基本的制度工具，三者结合构成了标准的组织理论。这一理论通过古立克的进一步发展，构成了公共行政的标准范式。古立克以"科层制"组织理论和科学管理原则中的分工为基础，构建了科层制中的合作结构。④ 他认为，以劳动分工与整合为基础的组织是人类文明进程中得以

① Frank J. Goodnow. 2003. *Politics and Administration: A Study in Government.* Transaction Publishers, p. 3.

② 〔美〕弗雷德里克·泰勒：《科学管理原理》，马风才译，机械工业出版社，2007，第3页。

③ 〔德〕马克斯·韦伯：《经济与社会》，商务印书馆，林荣远译，2004，第523页。

④ Luther Gulick and Luther Urwick (eds.) 1937. *Papers on the Science of Administration.* New York: Columbia University Institute of Public Administration, p. 6.

提高自身的动力；但由于分工的局限性，有效的协调对于成功的组织具有重要意义。所以，组织运作的实际情况是自上而下（分工）和自下而上（协调）的结合。组织主管人员的职责转化为一个"行政过程"，即计划、组织、人事、指挥、协调、报告和预算（Planning、Organizing、Staffing、Directing、Coordinating、Reporting，POSDCORB）。①

至此，传统公共行政理论，也就是科层制的组织理论的发展达到了最高峰。所有的问题都变得简单。首先确定任务，或者公共政策的目标；然后利用科学管理的原则将任务进行分工；最后利用科层制的组织结构对劳动分工进行组织和协调。总之，按照 POSDCORB 的过程和原则来组织公共行政，就会是最经济的也是最高效的。②

二　再造政府

传统公共行政理论强调的科层制持续了近 50 年之后，对传统科层制理论的批判和质疑之声逐渐出现。批判和质疑主要包括两个方向：①政治与行政绝对不能以任何形式相分离；②公共行政原则不是管理理性的最终表达。首先，我们日益认识到，政治和行政绝对不会完全分离，至少是一种连续体，彼此处在连续体的两个极端。③其次，传统科层制组织把最低成本方案视为效率的准则，但赫伯特·西蒙根据其对公共行政组织的切身观察，发现组织决策过程并不是按照传统等级制组织理论所假设的那样"完全理性"，人的理性是"有限的"。④同时，传统的"行政谚语"最多表达了一些

①　Luther Gulick and Luther Urwick（eds.）1937. *Papers on the Science of Administration*. New York：Columbia University Institute of Public Administration，p. 6.

②　当然，古典组织理论是非常复杂的理论体系，可参见 Jonathan R. Tompkins 和文森特·奥斯特罗姆对这一问题的综述。参见：Jonathan R. Tompkins. 2005. *Organization Theory and Public Management*. Thomson Wadsworth，cha. 3，4，5；〔美〕文森特·奥斯特罗姆：《美国公共行政的思想危机》，毛寿龙译，上海三联书店，1999，第三章。

③　〔美〕尼古拉斯·亨利：《公共行政与公共事务》（第八版），张昕译，中国人民大学出版社，2002，第 58 页；〔美〕文森特·奥斯特罗姆：《多中心》，载〔美〕迈克尔·麦金尼斯编《多中心体制与地方公共经济》，毛寿龙译，上海三联书店，2000，第 48 页。

④　〔美〕赫伯特·A. 西蒙：《管理行为》，詹正茂译，机械工业出版社，2004，第 23 页。

"原则"，且这些原则往往相互冲突，并不能导向"效率"。行政科学如果需要效率，需要对效率的条件进行"科学研究"。随后，戈登·塔洛克、安东尼·唐斯以及威廉姆·尼斯坎南等"公共选择学派"的学者对科层制进行了研究，发现科层制内部有着无法克服的弊端。这些弊端正是在等级制的条件下，信息不对称造成的无法解决的"委托—代理"问题，导致了科层制"尾大不掉"，成为社会资源浪费的原因，不利于效率的提高。①

虽然科层制不是一个最有效的治理制度，但什么制度可以完成现代民族国家如此繁重的公共治理任务呢？遵循公共选择理论的逻辑，市场似乎比科层组织更有效率。② 以市场为基础的制度实践被新公共管理理论倡导。新公共管理理论强调必须在根本上变革传统公共治理制度，变革的核心主要包括两个部分：外部的市场化以及内部的企业化。③ 外部的市场化包括：①利用市场机制改造传统的公共行政，将公民作为市场中的消费者看待；②在市场的指引下，政府应该参与到与市场组织的竞争之中，让消费者具有更大的选择空间；③政府成为受顾客驱使的组织，政府官员必须具有很强的企业家精神，像公共企业家那样行动。④ 内部的企业化包括如下一些实践：①强调公共治理的绩效，不必理会太多繁文缛节的制约；②改变传统的公务员终身任职制度，采用灵活的雇佣制度；③将在企业内部广泛运用的管理工具引入到

---

① 〔美〕戈登·塔洛克：《官僚体制的政治》，〔爱尔兰〕埃德蒙·伯克、郑景胜译，商务印书馆，2010，第 2 页；〔美〕安东尼·唐斯：《官僚制内幕》，郭小聪等译，中国人民大学出版社，2006，第 8 页；〔美〕威廉姆·A. 尼斯坎南：《官僚制与公共经济学》，王浦劬译，中国青年出版社，2004，第 10 页。

② 〔美〕戈登·塔洛克：《官僚体制的政治》，〔爱尔兰〕埃德蒙·伯克、郑景胜译，商务印书馆，2010，第 6 页。

③ 〔澳〕欧文·E. 休斯：《公共管理导论》（第二版），彭和平等译，中国人民大学出版社，2004，第 195 页。

④ 〔美〕戴维·奥斯本、特德·盖布勒：《改革政府》，周敦仁译，上海译文出版社，2006，第 187 页；〔美〕麦克尔·巴泽雷：《突破官僚制》，孔宪遂等译，中国人民大学出版社，2002，第 376 页；〔美〕E.S. 萨瓦斯：《民营化与公私部门的伙伴关系》，周志忍译，中国人民大学出版社，2002，第 135 页。

政府内部，如战略管理等。[①]

市场工具和企业管理工具的引进，为公共服务的供给机制提供了非常重要的机遇。随着撒切尔政府改革和里根主义的盛行，以及新公共管理理论和理念的发展，新公共管理逐渐从英美国家向其他西方发达国家扩散，并进一步向广大的发展中国家扩散。作为改革政府、再造政府、重塑国家—市场之间边界运动的组成部分，新公共管理无论在理论上还是在实践上都具有无可比拟的合法性。但是，现实经验往往比理论预设复杂得多。对于新公共管理以及公共服务的市场化供给机制的严肃讨论，对其扩散机制、核心理论假设以及成功的可能性等都提出了重大挑战。

三　答案还是问题：市场化的混杂结果

不同于早期学者对公共服务市场化安排的理论阐释和实践倡导，针对公共服务市场化安排的经验研究逐渐将公共服务市场化从"乌托邦"和"万能药"的状态中解放了出来，这也促进了针对市场化之复杂性的进一步理论和经验探索。这样的探索首先表现为对公共服务市场化倡导者所预设的"市场化—绩效"命题的经验检验，以及对市场化带来的复杂后果所进行的经验反思。

（一）市场与绩效

但是，新公共管理所倡导的市场制度的绩效是否超越传统的科层制，并没有一个确定的结论。E.S.萨瓦斯认为，私有化"无可辩驳"地改变了传统科层制的绩效水平。[②] 然而，并不是所有的学者都如此乐观。首先，从实践层次来看，公共服务引入市场和社会部门的程度和水平并没有新公共管理理念所预设的那么高。[③] 例如，根据美国国际城市管理协会对美国都市的研

---

① 〔美〕B. 盖伊·彼得斯：《政府未来的治理模式》，吴爱明译，中国人民大学出版社，2001，第 32 页；〔澳〕欧文·E. 休斯：《公共管理导论》（第二版），彭和平等译，中国人民大学出版社，2004，第 78 页。

② 〔美〕E.S. 萨瓦斯：《民营化与公私部门的伙伴关系》，周志忍译，中国人民大学出版社，2002，第 6 章。

③ Amir Hefetz and Mildred E. Warner. 2012. "Contracting or Public Delivery? The Importance of Service, Market, and Management Characteristics." *Journal of Public Administration Research and Theory*, 22 (2), 289–317.

究发现，私有化在 1997 年达到顶点，但仍低于 20%。[①] 其次，新公共管理理论假设的公共服务的市场化所带来的绩效的增加也是不确定的。Graeme A. Hodge 利用元分析的方法对全球私有化改革进行了分析并得出结论，仅仅在有限的几个服务领域之内，公共服务的外包可以提高公共服务的绩效水平，但并没有非常显著的差异。[②] 其他学者基于不同国家、不同领域以及不同理论基础的研究几乎都支持"没有发现清晰的支持私有化绩效显著高于传统供给方式"的结论。[③] 就算加上时间变量，其绩效假设也是值得推敲的。例如，Leland 和 Smirnova 在 25 年之后对城市公交车私有化的追踪研究发现，私有化并没有带来非常显著的绩效差异；市场化的绩效不升反降。[④]

不仅如此，公共服务市场化也有其内生的局限，具有很高的制度风险。[⑤] 由于公共服务自身所具有的特殊属性，公共服务外包之后其市场结果往往非

---

① Mildred E. Warner and Amir Hefetz. 2004. "Pragmatism over Politics: Alternative Service Delivery in Local Government, 1992-2002." in ICMA, eds. *Municipal Year Book 2004*, Washington, DC, USA: ICMA, pp. 8-16.

② Graeme A. Hodge. 2000. *Privatization: An International Review of Performance*. Boulder, CO: Westview Press, p. 9; Elliott Sclar. 2000. *You Don't always Get What You Pay for: The Economics of Privatization*. Ithaca, N. Y.: Cornell University Press, p. 21.

③ David Marsh. 1991. "Privatization Under Mrs. Thatcher: A Review of the Literature." *Public Administration*, 69 (4), 459-480; Simon Domberger and Paul Jensen. 1997. "Contracting Out by the Public Sector: Theory, Evidence, Prospects." *Oxford Review of Economic Policy*, 13 (4), 67-78; Paul H. Jensen and Robin E. Stonecash. 2005. "Incentives and the Efficiency of Public Sector-Outsourcing Contracts." *Journal of Economic Surveys*, 19 (5), 767-787; Germà Bel, Xavier Fageda, and Mildred E. Warner. 2010. "Is Private Production of Public Services Cheaper than Public Production? A Meta-regression Analysis of Solid Waste and Water Services." *Journal of Policy Analysis and Management*, 29 (3), 553-577.

④ Suzanne Leland and Olga Smirnova. 2009. "Reassessing Privatization Strategies 25 Years Later: Revisiting Perry and Babitsky's Comparative Performance Study of Urban Bus Transit Services." *Public Administration Review*, 69 (5), 855-867.

⑤ Keith G. Provan and Milward H. Brinton. 2000. "Governing the Hollow State." *Journal of Public Administration Research and Theory*, 10 (2), 359-379; Barbara S. Romzek and Jocelyn M. Johnston. 2002, "Effective Contract Implementation and Management: A Preliminary Model." *Journal of Public Administration Research and Theory*, 12 (3), 423-453; Phillip J. Cooper. 2003. *Governing by Contract*. Washington D. C.: CQ Press, p. 125; Amir Hefetz and Mildred Warner. 2004, "Privatization and its Reverse: Explaining the Dynamics of the Government Contracting Process." *Journal of Public Administration Research and Theory*, 14 (2), 171-190.

常难以预知。公共服务本身所具有的非竞争属性，导致市场竞争的可能性大大降低，公共服务外包之后的有限市场竞争可能进一步导致公共服务质量的低下，增加外包供给的内在风险。①

总的来看，市场化制度绩效的经验研究得出的结论基本上趋于一致：相对于原有的科层制，公共服务的市场化制度供给所带来的绩效改善非常有限，这体现在几乎所有的公共服务领域。② Graeme A. Hodge 总结道，"总的来看，仅仅在几个有限的公共服务领域中市场化能带来成本节约"。③ 在市政公共服务领域，"外包带来的效益可能被过分夸大了"④；George A. Boyne 对地方公共服务供给的市场化制度安排进行了总结后发现，"仅有约一半的研究报告了更低的成本和更高的效率"；⑤ 就算在普遍认为市场化能带来绩效改善的垃圾回收和水务领域，市场化带来的成本节约也非常有限；⑥ 针对市政公共交通系统的一系列研究也发现，没有非常有说服力的证据可以证明市场化方案能够改善绩效；⑦ Roland Zullo 对 1993～2004 年美国市政公交的数据分析也得出了相似的结论：虽然需求主导的市场化确实能在一定程度上

① 〔美〕菲利普·库珀：《合同制治理》，竺乾威等译，复旦大学出版社，2007，第135页；Milward H. Brinton and Keith G. Provan. 2000. "Governing the Hollow State." *Journal of Public Administration Research and Theory*, 10 (2)，359-380.

② Simon Domberger and Paul Jensen. 1997, "Contracting Out by the Public Sector: Theory, Evidence, Prospects", *Oxford Review of Economic Policy*, 13 (4)，67-68；Paul H. Jensen and Robin E. Stonecash. 2005, "Incentives and the Efficiency of Public Sector-Outsourcing Contracts." *Journal of Economic Surveys*, 19 (5)，767-787.

③ Graeme A. Hodge. 2000. *Privatization: An International Review of Performance*. Boulder, CO: Westview Press, p. 35.

④ Werner Z. Hirsch. 1995. "Contracting Out by Urban Governments a Review." *Urban Affairs Review*, 30 (3)，458-472.

⑤ George A. Boyne. 1998, "Bureaucratic Theory Meets Reality: Public Choice and Service Contracting in US Local Government." *Public Administration Review*, 58 (6)，474-484.

⑥ Germà Bel, Xavier Fageda, and Mildred E. Warner. 2010. "Is Private Production of Public Services Cheaper than Public Production? A Meta-regression Analysis of Solid Waste and Water Services." *Journal of Policy Analysis and Management*, 29 (3)，553-577.

⑦ James L. Perry, Timlynn Babitsky, and Hal Gregersen. 1988, "Organizational Form and Performance in Urban Mass Transit." *Transport Reviews*, 8 (2)，125-143.

带来成本节约，但总体来看，市场化带来的成本节约并不显著。① 可见，总体而言，市场化可以带来成本节约的断言经不起严苛的经验推敲和经验评估，正如 Hodge 和 Greve 所言，对于市场化的制度安排，需要"远离政策啦啦队"，加强对市场化制度安排绩效的再评估。②

（二）市场与公共性

市场制度安排不仅在成本节约以及绩效提升方面经不起数据检验，还带来了一系列复杂的后果和困境；③ 这些后果和困境给公共服务供给体系带来了一系列的挑战。公共服务外包所追求的是效率的提升，并且引入了私人市场主体，其逐利性动机往往导致公共服务质量的降低，公共服务质量的降低在根本上损害了公共服务的"公共性"。④ 同时，市场部门的引入进一步模糊了"公共—私人"以及"政府—市场"之间的边界，这给政府责任以及透明性都带来了新的挑战。

公共性的丧失不仅体现在责任上，也体现在公共服务外包的决策过程和内部运作机制上。新公共管理对于公共服务供给的效率提升可能确实有作用，但是，作为公共服务之公共性的核心体现的公民参与以及民主行政等价值在以效率至上为原则的新公共管理中可能会被消耗掉。⑤ 其中，公

---

① Roland Zullo. 2008. "Transit Contracting Reexamined: Determinants of Cost Efficiency and Resource Allocation." *Journal of Public Administration Research and Theory*, 18 (3), 495-515.

② Graeme A. Hodge and Carsten Greve. 2007, "Public-Private Partnerships: An International Performance Review." *Public Administration Review*, 67 (3), 545-558.

③ Hillel Schmid. 2003. "Rethinking the Policy of Contracting Out Social Services to Non-Governmental Organizations." *Public Management Review*, 5 (3), 307-323.

④ Richard C. Box. 1999. "Running Government like a Business Implications for Public Administration Theory and Practice." *The American Review of Public Administration*, 29 (1), 19-43.

⑤ Richard C. Box. 1999. "Running Government like a Business Implications for Public Administration Theory and Practice." *The American Review of Public Administration*, 29 (1), 19-43; Robert B. Denhardt and Janet Vinzant Denhardt. 2000. "The New Public Service: Serving Rather than Steering." *Public Administration Review*, 60 (6), 549-559; Tom Christensen and Per Lægreid. 2002. "New Public Management: Puzzles of Democracy and the Influence of Citizens." *Journal of Political Philosophy*, 10 (3), 267-295; John Nalbandian. 2005. "Professionals and the Conflicting Forces of Administrative Modernization and Civic Engagement." *The American Review of Public Administration*, 35 (4), 311-326.

共服务的市场化过程也是一个国家"空心化"的过程。"空心国家"带来了问责困境，① 这在根本上威胁着公共服务之"公共性"，威胁着"公共利益"和"公共价值"的实现。② 在新公共服务理论的学者看来，一种以"公民"为核心的公共服务供给过程才能对此实现纠正。③ 其中，以公民为核心的市场化公共服务供给需要持续的政府参与；政府需要对合作的过程进行管理，在合作过程中进行革新和相互学习，并实现外部性内部化。同时，公民参与也是提高公共服务供给效率的一种重要手段，其对合同、过程以及结果的持续监督有利于降低偏好显示的信息成本，有利于解决群体决策过程中的决策困境。④

除了质量以及公共参与之外，公共服务的外包合同风险也没有得到很好的评估。从全球的经验来看，公共服务的私有化更多的时候扮演的是政治角色而不是效率角色；或者说，公共服务的市场化经常是作为一种政治工具而不是以行政效率的追求为基础的，这进一步影响了公共服务外包决策的合理性。⑤ 不仅如此，对于某些公共服务的市场化供给可能降低政府自我供给的能力，并且可能带来非常灾难性的后果。但是，这些后果在公共服务市场化

---

① H. Brinton Milward. 1996, "Symposium on the Hollow State: Capacity, Control and Performance in Interorganizational Settings." *Journal of Public Administration Research and Theory*, 6 (2), 193-195.

② Linda DeLeon and Robert B. Denhardt. 2000, "The Political Theory of Reinvention." *Public Administration Review*, 60 (2), 89-97.

③ Ramesh, M., Eduardo Araral, and Xun Wu, eds. 2010. *Reasserting the Public in Public Services: New Public Management Reforms*. New York: Routledge, p. 27.

④ William R. Potapchuk, Jarle P. Crocker Jr., and William H. Schechter. 1999. "The Transformative Power of Governance." *National Civic Review*, 88 (3), 217-248.

⑤ George A. Boyne. 1998, "Bureaucratic Theory Meets Reality: Public Choice and Service Contracting in US Local Government." *Public Administration Review*, 58 (6). 474-484; Laurence J. O'Toole Jr. and Kenneth J. Meier. 2004. "Parkinson's Law and the New Public Management? Contracting Determinants and Service-Quality Consequences in Public Education." *Public Administration Review* 64 (3), 342-352; Joaquin M. Ernita and Thomas J. Greitens. 2012. "Contract Management Capacity Breakdown? An Analysis of US Local Governments." *Public Administration Review*, 72 (6), 807-816.

的讨论中从来没有被完整地评估过。[①] 例如，市场供给会带来新的控制问题、更多的腐败机会，这在发展中国家表现得更加明显[②]；随着市场化制度安排的深入，市场化甚至可能卷入新的"帕金森定律"中：市场可能带来新的机构膨胀，而非人员精简。[③]

所以，总的来看，公共服务的市场化似乎是一把"双刃剑"。公共服务的市场化无论是在成本节约还是绩效改善方面，都没有预期的那样让人满意，还有可能带来复杂的后果。[④] 其既是对公共问题的复杂化、跨部门相互依赖的显性化以及公民对公共服务需求的多样化的回应，也创造了新的具有不确定性的管理环境。[⑤] 在这一新的环境下，公共服务市场化不仅需要面对来自效率的诘难，还需要应对不充分的竞争、公共服务供给绩效的下降、公共控制和公共性的缺失，以及政府腐败等挑战。[⑥]

---

① Charles T. Goodsell. 2007. "Six Normative Principles for the Contracting-out Debate." *Administration & Society*, 38 (6), 669–688; Hal G. Rainey. 2009. *Understanding and Managing Public Organizations*. San Francisco, CA: Jossey-bass, p. 58.

② Elliot Sclar. 2000, *You Don't Always Get What You Pay for: The Economics of Privatization*. Ithaca, NY: Cornell University Press, p. 89; Nele Schneidereit and Ernst Ulrich von Weizsäcker. 2005. "Privatization and Municipal Democracy." In Ernst Ulrich von Weizsäcker, Oran R. Young, and Matthias Finger, eds., *Limits to Privatization: How to Avoid too Much of a Good Thing*, pp. 307–310. London: Earthscan; Yijia Jing and Emanuel S. Savas. 2009. "Managing Collaborative Service Delivery: Comparing China and the United States." *Public Administration Review*, 69 (S1), S101–S107.

③ Laurence J. O'Toole Jr. and Kenneth J. Meier. 2004. "Parkinson's Law and the New Public Management? Contracting Determinants and Service. Quality Consequences in Public Education." *Public Administration Review* 64 (3), 342–52.

④ Germà Bela and Mildred Warner. 2008, "Does Privatization of Solid Waste and Water Services Reduce Costs? A Review of Empirical Studies." *Resources, Conservation and Recycling*, 5 (2), 1337–1348; Germà Bel and Mildred Warner. 2008, "Challenging Issues in Local Privatization." *Environment and Planning C: Government & Policy*, 26 (1), 104–109; Germà Bel, Xavier Fageda, and Mildred E. Warner. 2010. "Is Private Production of Public Services Cheaper Than Public Production? A Meta-Regression Analysis of Solid Waste and Water Services." *Journal of Policy Analysis and Management*, 29 (3), 553–577.

⑤ Yijia Jing and Emanuel S. Savas. 2009. "Managing Collaborative Service Delivery: Comparing China and the United States." *Public Administration Review*, 69 (S1), S101–S107.

⑥ Elliott Sclar. 2000. *You Don't always Get What You Pay for: The Economics of Privatization*. Ithaca, N. Y.: Cornell University Press, p. 103;〔德〕魏伯乐、〔美〕奥兰·扬、〔瑞士〕马塞厄斯·芬格：《私有化的局限》，上海人民出版社，2006，第26页。

第二节　公私合作：多样化的制度模式及其选择

如前所述，公共治理中的市场化的混杂结果使得学者们继续探索更加多样化道路来解释现实中存在的复杂的制度安排和选择。科层制肯定不是标准的公共治理答案了；但是，对市场制度是否能够达成公共治理的绩效目标同样值得怀疑。更重要的是，现实世界的公共治理问题如此复杂，存在的治理制度如此复杂，完全利用科层制或者市场制都无法真正地解决问题。逃避科层抑或市场的极端，寻求多样化的公共治理的制度解释才是理解这一问题的出路。至少，市场制度模式所导致的"市场失灵"并不能先验地认为比官僚制所带来的"政府失灵"更少。问题的关键在于，并非完美市场和完美政府之间的抉择①，公共治理制度的选择依然是一个没有解决的问题。

越来越多的学者开始认识到，对于公共治理制度的探讨首先就错误地假设了公共服务供给过程中市场与传统科层制之间的二分法。恰恰相反，真实存在的公共服务的供给往往存在非常多样的制度安排，仅仅利用"政府—企业"或"科层—市场"等类型学完全不能对现实世界中存在的多样化的公共服务制度安排进行分析。针对公共治理制度中的多样性问题，当下的讨论主要包括两种思路。其中，第一种思路是沿着"科层-市场"的区分，去理解在科层和市场之间存在的丰富的制度安排以及内在的运作机制。第二种则基于公共治理中的"治理"转向，强调公共治理制度中的多样化的合作安排，特别是网络和合作治理关系。

一　在"市场—科层"之间

对于如何在科层和市场之间寻求"中间道路"，学界最先尝试从市场和官僚之间的某种"混合"开始讨论。例如，在市场化的逻辑下，E.S. 萨瓦斯对公共服务供给的制度类型进行了区分。根据所提供服务的特征，他提出了三种治理模式：市场制度、等级制以及社会组织。他认为，不同的公共服务的

---

① 〔美〕查尔斯·沃尔夫：《市场还是政府》，陆俊、谢旭译，重庆出版社，2009，第78页。

特点适用于不同的制度模式，问题的关键在于对不同的公共治理所提供的公共服务的特点进行分析。① 更多的学者基于科层制和市场制度的内在逻辑，来讨论公共部门和私人部门的某种"混合"关系。例如，根据 Warner 和 Hefetz 的研究，美国地方政府更多采用的方案是公共服务"公—私混合"供给方案，而不仅仅是依靠书面合同的外包；② Jeroen Van der Heijden 在"混合模式"的视角下，根据政府部门和市场主体之间的角色差异，提出了两种合作模式：竞争性互动和互补性互动；③ 在混合供给和混合合同的视角下，Hefetz、Warner 和 Vigoda-Gadot 界定了"并发外包"（concurrent sourcing）模式；④ 在市场化的逻辑下，Hansen 和 Lindholst 区分了四种公共服务市场化的机制，即准市场化、合同外包、竞争性供给和公私合作。⑤

在"混合"逻辑之外，另一个探索公共治理多样化的思路则是回到政府与私人部门之间的"关系"本身。这一路径包括诸多的学者，例如菲利普·库珀、简·莱恩。虽然他们为自己的探讨冠上了不同的概念，但是本质都是一样的：怎样提高政府对已经深入卷入市场化的关系进行管理的能力。

基于混杂的公私合作实践，菲利普·库珀认为，一方面，公私合作已经深深地卷入到公共治理之中，对于合同管理本身就是一个非常重要的任务；而另一方面，恰恰是合同的管理能力成为市场化制度模式的主要决定因素。如他所言，从权力转向合同并不意味着政府部门的终结。⑥ 相反，它意味着

---

① 〔美〕E. S. 萨瓦斯：《民营化与公私部门的伙伴关系》，周志忍译，中国人民大学出版社，2002，第 3~4 章。

② Mildred E. Warner and Amir Hefetz. 2004. "Pragmatism over Politics: Alternative Service Delivery in Local Government, 1992-2002." In ICMA, eds. *Municipal Year Book 2004*, Washington, DC, USA: ICMA, pp. 8-16.

③ Jeroen Van der Heijden. 2015. "Interacting State and Non-State Actors in Hybrid Settings of Public Service Delivery." *Administration & Society*, 47 (2), 99-121.

④ Amir Hefetz, Mildred Warner and Eran Vigoda-Gadot. 2014. "Concurrent Sourcing in the Public Sector: A Strategy to Manage Contracting Risk." *International Public Management Journal*, 17 (3), 365-386.

⑤ Morten Balle Hansen and Andrej Christian Lindholst. 2016. "Marketization Revisited." *International Journal of Public Sector Management*, 29 (5), 398-408.

⑥ 〔美〕菲利普·库珀：《合同制治理》，竺乾威等译，复旦大学出版社，2007，第 6 页。

要建立一种制度并提升管理能力去迎接我们面临的许多新的挑战。这就需要一些既能履行各种传统治理职能，同时又强调各种合同协议（正式的和非正式的）的复杂组织，将其作为一种至关重要的运作模式。①

与上述稍有不同的视角是强调公共治理的合约性质问题。在他们看来，公私合约关系是特殊的，同时也是具有巨大差异的。唐纳德·凯特尔运用委托—代理理论分析了政府合同的特殊性。他认为，在公共治理的市场化过程中，合同本身是有缺陷的，这种缺陷包括供给者缺陷和需求者缺陷，这些缺陷造成了政府采购的市场失灵。② 政府采购市场失灵水平越高，政府要成为精明买主的压力就越大。

> 政府必须了解它到底要购买什么样的商品和服务，一定要了解如何购买这些东西，同时还要有能力鉴别所购买东西质量的好坏……精明买主问题应该是对外承包制度所面临的重要挑战。③

这样的缺陷造成了精明买主问题，这是影响市场化绩效的关键。④ 但是，唐纳德·凯特尔强调，精明买主问题本身与合同的特点高度相关，而不冉仅仅认为精明买主问题简单地决定了市场化的绩效；精明买主的压力大小是随着公共治理合同的水平变化的。

同样的逻辑也体现在简·莱恩对于新公共管理的讨论中。莱恩也将科层制作为一个合同问题来讨论，虽然他没有严肃地讨论科层制作为一个备择模式的问题。他区分了长期合同和短期合同，认为无论是短期合同还是长期合同都有内在的局限，不同的合同具有特殊的交易成本。以不同合同的交易成

---

① 〔美〕菲利普·库珀：《合同制治理》，竺乾威等译，复旦大学出版社，2007，第51页。
② 〔美〕唐纳德·凯特尔：《权力共享——公共治理与私人市场》，孙迎春译，北京大学出版社，2009，第2章。
③ 〔美〕唐纳德·凯特尔：《权力共享——公共治理与私人市场》，孙迎春译，北京大学出版社，2009，第14页。
④ 〔美〕唐纳德·凯特尔：《权力共享——公共治理与私人市场》，孙迎春译，北京大学出版社，2009，第2章。

本为基础，他分析了不同的制度背景对于不同合同的影响，从而解释了不同的市场合同模式，并警示了那种任意呼吁市场化的做法。[①]

二 从"二分"到"混合"："多中心"、网络或者其他？

（一）"多中心"

另一个关于"逃避极端"的讨论是奥斯特罗姆夫妇进行的，他们将其界定为"多中心"体制。"多中心"理论是在公共选择的理论框架下进行的。多中心体制的探讨者区分了政府和体制："政府的'事务'是生产（或者提供）各种各样的公共物品和服务。而'体制'则是指长期持续存在的一组有序关系。"[②] 在这一假设下，公共服务按照排他性和分割性被分为四种物品。其中，政府提供的大多数物品都具有"公共池塘资源"的特征。公共治理制度的核心是利用相应的公共治理机制来解决相应的治理问题。

政府提供的公共服务构成了一个"服务包"。在这个"包"中，排他性和分割性的程度决定了公共治理的边界。对于公共服务"包"的提供并不是政府的专利。按照可分割性和可排他性的特点，公共服务的供给者也可以是众多的主体，其中包括其他政府、企业以及第三部门。一个多中心体制就是由公共服务的生产者、供给者和消费者组成的。问题的关键不在于谁生产、谁提供，而在于怎样构建竞争性的安排，在排他性和可分割性之间找到一个恰当的平衡点。这个"包"的有效性需要特定的制度机制来保证，从而确保"多中心"体系的有效运转。奥斯特罗姆非常强调地方知识和地方制度模式对于地方公共服务的提供以及地方"多中心"体制安排的有效性。[③]

在这种情况下，每一个公民都不是由"一个"政府服务，而是由大量的各不相同的公共服务产业来服务。每一个公共服务产业都由作为提供者的

---

① 〔英〕简·莱恩：《新公共管理》，赵成根译，中国青年出版社，2004，第2章。

② 〔美〕文森特·奥斯特罗姆：《多中心》，载〔美〕迈克尔·麦金尼斯编《多中心体制与地方公共经济》，毛寿龙译，上海三联书店，2000，第69页。

③ Elinor Ostrom, Larry D. Schroeder, and Susan G. Wynne. 1993. *Institutional Incentives and Sustainable Development*. Boulder：Westview Press, chap. 9.

集体消费单位和一些生产单位组成；生产单位负责生产某些密切相关的由特定社群和个人共同消费的公益物品或者服务。[①] 连接这一制度安排的既不是纯粹的市场，也不是纯粹的科层制，而是一种"多中心"的制度模式。虽然，市场的竞争是重要的，但是，在公共池塘资源特定属性的约束下，市场也是有缺陷的。有缺陷的市场需要一套精细的制度模式——无论是正式的还是非正式的——来建构巧妙的激励结构，从而处理特殊的公共治理问题。

总之，多中心体制包括众多的要素：①许多形式上相互独立的自治单位；②选择按照考虑他人的方式行动；③合作、竞争、冲突等机制。特别是，冲突的解决不必通过中央结构，解决冲突的非正式结构亦存在。[②] 如是，一方面，"多中心"强调多中心的供给机制和多样化的消费者，这样的产业模式优于拥有垄断权力的科层机构；因为在科层机构，这种权力易于被滥用。生产私有化能够（至少在某些情况下）提供竞争，而这将有望提升生产效率。[③] 另一方面，问题不在于政府的大小，因为政府"太大（太小），不能处理问题"的陈述往往忽略了这一可能性，即公共和政治社群的规模不必与公共组织正式边界的规模相吻合。公共组织之间的非正式安排可以建立足够大的政治社群来处理任何特定的公共问题。与此类似，公共组织也可能在其边界之内组织若干政治社群来处理只影响局部人口的问题。[④] 问题的关键在于具有开放的条件以便于选择多样化的制度安排，特别是可以被承认的非正式制度安排来解决公共治理问题，这样多样化的"民间智慧"是最有效的机制。

（二）网络和合作治理

与"多中心"异曲同工，更多的学者开始走向"第三条道路"，即走向

---

① 〔美〕文森特·奥斯特罗姆：《多中心》，载〔美〕迈克尔·麦金尼斯编《多中心体制与地方公共经济》，毛寿龙译，上海三联书店，2000，第114页。

② 〔美〕文森特·奥斯特罗姆：《美国联邦主义》，王建勋译，上海三联书店，2003，第231页。

③ Elinor Ostrom, Larry D. Schroeder, and Susan G. Wynne. 1993. *Institutional Incentives and Sustainable Development*. Boulder：Westview Press, p. 211.

④ Vincent Ostrom and Elinor Ostrom. 1999. "Public Goods and Public Choice." In Michael McGinnis, eds. *Polycentricity and Local Public Economies*, Ann Arbor：University of Michigan Press, p. 13.

网络本身。对于这些学者而言，问题的关键不是合约问题，也不是在"市场—科层"之间选择的问题。他们更多地源于"治理"理论的指引，强调公共治理过程本身的复杂性，以及在公共事务治理过程中所需要的多主体卷入、多主体互动以及多主体关系治理机制的建构。[①]

所谓网络化治理，其高度依赖伙伴关系；这种伙伴关系能够平衡各种社会组织以提高公共价值的哲学理念，以及种类繁多的、创新的商业关系。[②]在网络治理模式下，"政府的工作不太依赖于传统意义上的公共雇员，而更多地依赖于各种伙伴关系、协议和同盟所组成的网络以完成公共事业。"[③]由于政府已深深地卷入到这种"网络化治理"之中，网络治理能力建设，就如"管理合同的能力"一样，成为改善公共治理绩效的关键。[④]

网络治理本身也是一种"理想类型"。一方面，公私合作网络的建构过程是一个关系的制度化过程，这些关系所依赖的治理机制是理解公私合作制度的关键。例如，不同治理机制——包括命令—控制机制、契约—竞争机制以及信任机制——在合作网络中扮演的角色，就是一个非常重要的理论问题；它们的不同混合也决定了公私合作模式的多样性。[⑤] 另一方面，网络治理本身是由非常多样化的要素组成的，根据这些要素，也可以对网络化治理的模式进行进一步分析。例如，在"共同生产"模式之下，根据协作主体的

---

① 例如：Annick Willem and Steffie Lucidarme. 2014. "Pitfalls and Challenges for Trust and Effectiveness in Collaborative Networks." *Public Management Review*, 16 (5), 733-760。

② 〔美〕史蒂芬·戈德史密斯，威廉·埃格斯：《网络化治理——公共部门的新形态》，孙迎春译，北京大学出版社，2006，第6页。

③ 〔美〕史蒂芬·戈德史密斯，威廉·埃格斯：《网络化治理——公共部门的新形态》，孙迎春译，北京大学出版社，2006，第6页。

④ 〔美〕史蒂芬·戈德史密斯，威廉·埃格斯：《网络化治理——公共部门的新形态》，孙迎春译，北京大学出版社，2006，第七章。

⑤ Joaquín Herranz. 2008. "The Multisectoral Trilemma of Network Management." *Journal of Public Administration Research and Theory*, 18 (1), 1-31; Keith G. Provan and Patrick Kenis. 2008. "Modes of Network Governance: Structure, Management, and Effectiveness." *Journal of Public Administration Research and Theory*, 18 (2), 229-252; Michael Mcguire and Robert Agranoff. 2011. "The Limitations of Public Management Networks." *Public Administration*, 89 (2), 265-284; Annick Willem and Steffie Lucidarme. 2014. "Pitfalls and Challenges for Trust and Effectiveness in Collaborative Networks." *Public Management Review*, 16 (5), 733-760.

卷入程度不同，Brandsen 和 Honingh 划分了四种类型；[①] Cristofoli、Markovic 和 Meneguzzo 基于内部治理结构，将网络治理模式划分为参与式治理、领导组织模式以及网络管理型组织。[②]

三 公私合作模式的制度选择

随着越来越多的公共治理制度被界定，学者们不再假定特定的公共服务供给模式可以解决所有的问题；几乎所有的公共治理制度安排都可能具有相对制度优势。于是，不同于早期追问何种制度更优，围绕公私合作制度的研究开始更多地关注制度模式的选择问题。制度模式的选择问题主要包括如下两个主题：第一，在市场与科层制之间，什么因素影响了不同的治理制度的选择？第二，随着越来越多的公私合作制度模式开始出现，哪些因素影响了公私合作的制度安排，特别是网络化制度安排的出现和选择？

（一）科层还是市场：比较制度分析

当公共服务市场化的制度绩效逐渐经不住经验检验之时，学者们逐渐将视野投向"市场—绩效"之外，讨论影响采用公共服务市场化制度安排的复杂因素。这一问题的研究主要是在新组织经济学的领域之内进行的，其核心是交易成本经济学，而这正是 Moe 所倡导的：他建议将交易成本经济学以及威廉姆森开创的"比较制度分析"应用于公共治理制度的研究。[③] 前文所讨论的唐纳德·凯特尔利用委托—代理理论[④]，以及简·莱恩利用"长

---

① Taco Brandsen and Marlies Honingh. 2016. "Distinguishing Different Types of Coproduction: A Conceptual Analysis Based on the Classical Definitions." *Public Administration Review*, 76 (3), 427–435.

② Daniela Cristofoli, Josip Markovic, and Marco Meneguzzo. 2014. "Governance, Management and Performance in Public Networks: How to Be Successful in Shared-governance Networks." *Journal of Management & Governance*, 18 (1), 77–93.

③ Terry M. Moe. 1984. "The New Economics of Organization." *American Journal of Political Science*, 28 (4), 739–777.

④ 〔美〕唐纳德·凯特尔：《权力共享——公共治理与私人市场》，孙迎春译，北京大学出版社，2009，第 122 页。

期—短期契约"分析①都遵循了这一路径。除了交易成本经济学，公共选择理论也逐渐被应用到公共服务市场化的研究。

在交易成本视角下，公共服务市场化不再是"市场—绩效"问题，而是罗纳德·科斯最早界定的"自制—购买"问题，或比较制度分析问题。② 公共服务市场化主要利用"市场"提供公共服务，但市场并不是抽象的存在；作为一种制度安排，市场也是有成本的。市场成本包含在合约过程之中，包括合约构建、签订以及执行所产生的成本。③ 当公共服务供给从科层制的直接生产转向市场化制度安排，原有的科层制成本以及生产成本的节约可能会被新的市场交易成本取代，从而出现新的权衡。④ 但是，在不同条件下交易成本是不同的，所以，其市场化制度安排的绩效也是有差异的。这些条件包括：资产专用性、市场结构/竞争程度、目标一致性程度、测量的困难程度以及合同风险。⑤ 一旦给定交易成本，公共服务的市场安排相对于其

---

① 〔英〕简·莱恩：《新公共管理》，赵成根译，中国青年出版社，2004，第36页。

② Oliver E. Williamson. 1985. *The Economic Institutions of Capitalism*. New York: Free Press, p. 365; Oliver Hart, Andrei Shleifer, and Robert W. Vishny. 1997. "The Proper Scope of Government: Theory and an Application to Prisons." *The Quarterly Journal of Economics*, 112 (4), 1127–1161.

③ Kaifeng Yang, Jun Yi Hsieh, and Tzung Shiun Li. 2009. "Contracting Capacity and Perceived Contracting Performance: Nonlinear Effects and the Role of Time." *Public Administration Review*, 69 (4), 681–696.

④ Michael A. Nelson. 2007. "Municipal Government Approaches to Service Delivery: An Analysis from a Transactions Cost Perspective." *Economic Inquiry*, 35 (1), 82–96.

⑤ James M. Ferris and Elizabeth Graddy. 1991. "Production Costs, Transaction Costs, and Local Government Contractor Choice", *Economic Inquiry*, 24 (3), 541–554; Trevor L. Brown and Matthew Potoski, 2001, "The Influence of Transaction Costs on Government Service Production Decisions", Presented at the 6th National Public Management Research Conference; Trevor L. Brown and Matthew Potoski. 2003. "Managing Contract Performance: A Transaction Costs Approach." *Journal of Policy Analysis and Management*, 22 (2), 275–297; James M. Ferris and Elizabeth A. Graddy, 1998. "A Contractual Framework for New Public Management Theory." *International Public Management Journal*, 1 (2), 225–240; Trevor L. Brown and Matthew Potoski, 2003, "Transaction Costs and Institutional Explanations for Government Service Production Decisions", *Journal of Public Administration Research and Theory*, 13 (4), 441–468; Trevor L. Brown and Matthew Potoski. 2005. "Transaction Costs and Contracting: The Practitioner Perspective." *Public Performance & Management Review*, 28 (3), 326–351.

他制度——如官僚制——就不再具有绝对的优先性，相反，在某些条件下，公共服务的直接供给可能是更好的选择。

以比较制度分析视角为基础的公共治理制度安排研究是建立在交易成本经济学和公共经济学基础上的，制度选择主要在"市场—科层"之间展开，公共治理制度安排的决定因素是公共服务的属性。每一种治理制度都是有成本的，所以公共治理的制度安排是在特定公共服务属性的基础上，由不同制度安排的相对绩效决定的。从这一路径来看，政府与市场，以及在市场安排之下的不同制度安排之间的关系并不是非此即彼的，而是与特定的公共服务属性有关的。正是因为不同的公共服务属性存在差异，所以其交易成本的特性存在差异，需要特定的交易治理机制，即通过特定的公共服务供给的制度安排来实现制度成本的节约。[1] 举两个比较极端的例子，对于城市垃圾回收服务来说，其是适合"外包"的典型案例，其相对政府自我生产而言具有优势；[2] 但是，外交服务由于"忠诚"要素的重要性，其在现代国家的制度体系之内是完全不存在"外包"的可能性了。[3]

事实上，这一逻辑在多中心理论中也是成立的。在"多中心"制度基础上，一方面，埃莉诺·奥斯特罗姆界定了公共治理的多种制度安排；另一方面，她也开发了理解制度选择的制度分析与发展（IAD）框架[4]，该框架被进一步拓展为"社会—生态系统"（SES）分析框架。[5] 在IAD以及SES分析框架下，影响制度选择的核心因素与公共治理和公共服务本身的

---

① Oliver Hart, Andrei Shleifer, and Robert W. Vishny. 1997. "The Proper Scope of Government: Theory and an Application to Prisons." *The Quarterly Journal of Economics*, 112 (4), 1127-1161；〔美〕唐纳德·凯特尔：《权力共享——公共治理与私人市场》，孙迎春译，北京大学出版社，2009，第67页。

② 〔美〕E. S. 萨瓦斯：《民营化与公私部门的伙伴关系》，周志忍译，中国人民大学出版社，2002，第201页。

③ Oliver E. Williamson. 1999. Public and Private Bureaucracies: A Transaction Cost Economics Perspectives." *Journal of Law, Economics, and Organization*, 15 (1), 306-342.

④ Elinor Ostrom. 1999. "Institutional Rational Choice: An Assessment of the IAD Framework." In Paul Sabatier, ed. *Theories of the Policy Process*. Boulder, CO: Westview Press, p. 127.

⑤ Elinor Ostrom. 2005. *Understanding Institutional Diversity*. New York, NJ: Princeton University Press, p. 201.

属性高度相关。这些属性可能包括可竞争性、可排他性、流动性、风险等。基于此，风险的大小受到公共服务属性差异的影响，属性的差异决定了需要不同的公共治理制度。① 市场—科层制度并不是非此即彼，任何制度安排都是有成本的；特定制度安排与特定公共服务的属性有关，是比较制度绩效的结果。②

（二）进入机制，走向环境

除了交易成本经济学之外，针对什么条件下公共服务的市场化安排更有可能出现，不同的学者在不同的视角下检验了非常多样化的变量，包括财政压力③、政治支持/反对力量、官僚制惯例、市场结构、规模经济、绩效测量、辖区规模④、任务环境的复杂性和不确定性⑤等因素都会影响部门是否会进入公共服务供给过程的可能性。⑥

---

① Elinor Ostrom. 1990. *Governing the Commons：The Evolution of Institutions for Collective Action*. Cambridge：Cambridge University Press, p. 187.

② Donald F. Kettle. 1992. *Sharing Power：Public Governance and Private Markets*. Washington D. C. ：The Brookings Institution, p. 28；Oliver Hart, Andrei Shleifer, and Robert W. Vishny. 1997. "The Proper Scope of Government：Theory and an Application to Prisons. " *The Quarterly Journal of Economics*, 112 （4）, 1127-1161；Elinor Ostrom. 2005. *Understanding Institutional Diversity*. New York, NJ：Princeton University Press, p. 168.

③ Benny Geys and Rune J. Sørensen. 2016. "Revenue Scarcity and Government Outsourcing：Empirical Evidence from Norwegian Local Governments. " *Public Administration*, 94 （3）, 769-788.

④ Germà Bel, Xavier Fageda, and Melania Mur. 2013. "Why Do Municipalities Cooperate to Provide Local Public Services? An Empirical Analysis. " *Local Government Studies*, 39 （3）, 435-454.

⑤ Deanna Malatesta and Craig Smith. 2014. "Designing Contracts for Complex Services. " *Public Administration* 92 （3）：531-548.

⑥ Robert H. Carver . 1989. "Examining the Premises of Contracting Out. " *Public Productivity and Management Review*, 13 （1）, 27-40；J. Edwin Benton and Donald C. Menzel. 1992. "Contracting and Franchising County Services in Florida. " *Urban Affairs Review*, 27 （3）, 436-456；Donald F. Kettl. 1993, *Sharing Power：Public Governance and Private Markets*, Washington, DC：Brookings Institution, p. 35；William T. Gormley Jr. 1994. "Privatization Revisited. " *Policy Studies Review*, 13 （3-4）, 215-234；Werner Z. Hirsch. 1995. "Contracting out by Urban Governments A Review. " *Urban Affairs Review*, 30 （3）, 458-472；Mildred Warner and Robert Hebdon. 2001. "Local Government Restructuring：Privatization and its Alternatives. " *Journal of Policy Analysis and Management*, 20 （2）, 315-336；Emanuel S. Savas. 2005. *Privatization in the City：Successes, Failures, Lessons*. Washington, DC：CQ Press, p. 96.

当下的研究已经发现，市场不是给定的，市场是需要建构的，但这只是问题的一部分；更重要的是，作为一种制度安排的市场是嵌入在特定的制度环境之中的。除了任务环境和公共服务的属性之外，一旦将市场制度安排与制度环境建立联系，问题的关键就不在于“好”的市场制度能够带来好的绩效——如管理市场理论所论证的；而在于“好”的市场制度安排需要特定的制度环境支撑；或者说，“好”的市场制度的建构本身就是被特定的制度环境影响的。在这一视角下，政府不仅仅如“管理市场”视角所预设的那样对市场进行积极的建构，更深深地嵌入在制度环境对其造成的激励和约束体系之中。此时，制度合法性压力、意识形态、政治支持[1]等都是重要的影响私人部门介入公共治理和公共服务供给的动力来源。[2] 同样，在制度分析与发展框架之下，埃莉诺·奥斯特罗姆对社区属性，特别是社会资本等非正式制度，在制度选择中的作用进行了深入的讨论。[3]

当然，随着对多样化的制度安排讨论的出现，学者们也开始超越对市场模式的讨论，对影响其他“混合”制度安排的因素进行了一些讨论；虽然这些讨论相比较而言才刚刚开始。例如，Hefetz、Warner 和 Vigoda-Gadot 对“并发外包”的影响因素的研究发现，合同的对象——是不是营利性的机构——会影响地方政府合同模式的选择。[4] 同样，也有一些研究对网络式以

---

[1] Jose Manuel Alonso, Rhys William Andrews, and Ian R. Hodgkinson. 2016. "Institutional, Ideological and Political Influences on Local Government Contracting: Evidence from England." *Public Administration*, 94 (1), 244-262.

[2] Jocelyn M. Jonhston and Barbara S. Romzek. 1999. "Contracting and Accountability in State Medicaid Reform: Rhetoric, Theories, and Reality." *Public Administration Review*, 59 (5), 383-399; Trevor L. Brown, Matthew Potoski, David M. Van Slyke. 2006. "Managing Public Service Contracts: Aligning Values, Institutions, and Markets." *Public Administration Review*, 66 (3), 323-331.

[3] Elinor Ostrom. 1990. *Governing the Commons: The Evolution of Institutions for Collective Action.* Cambridge: Cambridge University Press, p. 197; Elinor Ostrom. 2005. *Understanding Institutional Diversity.* New York, NJ: Princeton University Press, p. 67.

[4] Amir Hefetz, Mildred Warner, and Eran Vigoda-Gadot. 2014. "Concurrent Sourcing in the Public Sector: A Strategy to Manage Contracting Risk." *International Public Management Journal*, 17 (3), 365-386.

及合作式治理结构的条件进行了讨论。例如，在组织理论视角下，合作治理的关键在于任务环境的复杂性和不确定性，特别是，"棘手问题"是最为关键的影响合作治理出现的条件。① 资源依赖理论和战略管理理论更为关注不同主体之间的相互依赖程度；相互依赖的程度和属性决定了合作治理的必要性，以及合作治理的形式。不同于组织理论，制度理论则更为强调合作治理所嵌入的制度环境，包括政治制度环境、法律—司法结构、社会环境、政治文化和意识形态等要素；② 同时，给定合作治理的"过程"，合作治理的历史也是合作所嵌入的制度环境的一部分。③

---

① Laurence J. O'Toole Jr. 1997. "Treating Networks Seriously: Practical and Research-Based Agendas in Public Administration." *Public Administration Review*, 57 (1), 45-52; Bob Hudson, Brian Hardy, Melanie Henwood, and Gerald Wistow. 1999. "In Pursuit of Inter-Agency Collaboration in the Public Sector: What is the Contribution of Theory and Research?" *Public Management: An International Journal of Research and Theory*, 1 (2), 235-60; Nancy Roberts. 2001. "Coping with Wicked Problems: The Case of Afghanistan. In Lawrence Jones, James Guthrie, and Peter Steane (eds.). *Learning from International Public Management Reform*, New York: JAI Press, p. 11; John M. Bryson, Barbara C. Crosby and Melissa Middleton Stone. 2006. The Design and Implementation of Cross-Sector Collaborations: Propositions from the Literature. *Public Administration Review*, Special Issue, 44-55; Shui-Yan Tang and Daniel A. Mazmanian. 2008. "An Agenda for the Study of Collaborative Governance." Working Paper, University of Southern California.

② Candace Jones, William S. Hesterly' and Stephen P. Borgatti. 1997. A General Theory of Network Governance: Exchange Conditions and Social Mechanisms. *Academy of Management Review*, 22 (4), 911-945; Lisa Blomgren Bingha, Tina Nabatchi' and Rosemary O'Leary, 2005. "The New Governance: Practices and Processes for Stakeholder and Citizen Participation in the Work of Government." *Public Administration Review*, 65 (5), 547-558; Shui-Yan Tang and Daniel A. Mazmanian. 2008. "An Agenda for the Study of Collaborative Governance." Working Paper, University of Southern California; Yong-Duck Jung, Daniel Mazmanian' and Shui-Yan Tang. 2009. "Collaborative Governance in the United States and Korea: Cases in Negotiated Policymaking and Service Delivery." *International Review of Public Administration*, 13 (s1), s1-s11; Lisa Blomgren Amsler. 2016. "Collaborative Governance: Integrating Management, Politics, and Law." *Public Administration Review*, 76 (5), 700-711.

③ Peter Smith Ring and Andrew H. Van de Ven. 1994. "Developmental Processes of Cooperative Interorganizational Relationships." *Academy of Management Review*, 19 (1), 90-118; Judith E. Innes, Sarah Connick, Laura Kaplan, and David E. Booher. 2006. "Collaborative Governance in the CALFED Program: Adaptive Policy Making for California Water." IURD Working Paper Series, Institute of Urban and Regional Development, UC Berkeley.

同时，在假定公私合作本身是一个过程和机制的基础上，也有学者从公私合作的内部机制入手，讨论影响公私合作的因素。例如，Amanda M. Girth 分析了在外包过程中影响合约被执行的因素，包括管理者的自主决策权、惩罚的程序成本以及对于外包组织的依赖程度；[①] Jeroen Van der Heijden 对政府—非公共机构的结构化关系对合作过程——包括合作意愿、风险以及依赖性——的影响进行了分析。[②]

第三节　公私合作制度：产出及其影响因素

一　公共服务公私合作模式的产出和影响

（一）市场制及其后果

公私合作的绩效是学界重点关注的议题。对于这一问题，当下的研究主要集中于市场制度安排的绩效问题。如前所言，总体来看，公共服务的市场化制度供给所带来的绩效改善非常有限。[③] 同样，当下研究也对公共服务的市场化供给制度对公共价值的影响进行了一系列讨论。例如，公共服务的市场化对公民权利、公民参与、民主行政和政府责任的潜在威胁被视为市场机

---

① Amanda M. Girth. 2014. "A Closer Look at Contract Accountability: Exploring the Determinants of Sanctions for Unsatisfactory Contract Performance." *Journal of Public Administration Research and Theory*, 24 (2), 317-348.

② Jeroen Van der Heijden. 2015. "Interacting State and Non-State Actors in Hybrid Settings of Public Service Delivery." *Administration & Society*, 47 (2), 99-121.

③ Morten Balle Hansen. 2010. "Marketization and Economic Performance: Competitive Tendering in the Social Sector." *Public Management Review*, 12 (2), 255-274; Rhys Andrews and Steven Van de Walle. 2013. "New Public Management and Citizens' Perceptions of Local Service Efficiency, Responsiveness, Equity and Effectiveness." *Public Management Review*, 15 (5), 762-783; José M Alonso and Rhys Andrews. 2016. "How Privatization Affects Public Service Quality: An Empirical Analysis of Prisons in England and Wales, 1998 - 2012." *International Public Management Journal*, 19 (2), 235-263.

制的关键缺陷；[①] 同时，公共服务的公私合作可能带来其他的制度风险，[②] 如市场化可能带来竞争性的制度逻辑[③]、腐败[④]等。

（二）合作治理及其后果

但是，不同于对市场化制度的"绩效"质疑以及价值批判，公私合作的其他制度安排，例如网络、合作治理等影响的研究更为乐观；同时，对于产出的多样化讨论也更为多样。事实上，公共服务的市场化对于公共价

---

① H. Brinton Milward. 1996. "Symposium on the Hollow State: Capacity, Control and Performance in Interorganizational Settings", *Journal of Public Administration Research and Theory*, 6 (2), 193–195; Richard C. Box. 1999, "Running Government Like a Business: Implications for Public Administration Theory and Practice", *American Review of Public Administration*, 29 (1), 19–43; Linda DeLeon and Robert B. Denhardt. 2000, "The Political Theory of Reinvention." *Public Administration Review*, 60 (2), 89–97; Robert B. Denhard and Janet Vinzant Denhardt. 2000. "The New Public Service: Serving Rather Than Steering." *Public Administration Review*, 60 (6), 549–559; Tom Christensen and Per Laegreid. 2002. "New Public Management: Puzzles of Democracy and the Influence of Citizens", *Journal of Political Philosophy*, 10 (3), 267–295; John Nalbandian. 2005. "Professionals and the Conflicting Forces of Administrative Modernization and Civic Engagement." *American Review of Public Administration*, 35 (4), 311–326; Stephen P. Osborne, Zoe Radnor, Tony Kinder, and Isabel Vidall. 2015. "The SERVICE Framework: A Public-service-dominant Approach to Sustainable Public Services." *British Journal of Management*, 26 (3), 424–438.

② H. Brinton Milward and Keith G. Provan. 2000. "Governing the Hollow State." *Journal of Public Administration Research and Theory*, 10 (2), 359–379; Barbara S. Romzek and Jocelyn M. Johnston. 2002. "Effective Contract Implementation and Management: A Preliminary Model." *Journal of Public Administration Research and Theory*, 12 (3), 423–453; Phillip J. Cooper. 2003. *Governing by Contract*. Washington D. C.: CQ Press, p. 13; Amir Hefetz and Mildred Warner. 2004. "Privatization and its Reverse: Explaining the Dynamics of the Government Contracting Process." *Journal of Public Administration Research and Theory*, 14 (2), 171–190.

③ Ingo Bode. 2013. "Processing Institutional Change in Public Service Provision." *Public Organization Review*, 13 (3), 323–339.

④ Elliott Sclar. 2000. *You Don't Always Get What You Pay for: The Economics of Privatization*. Ithaca, NY: Cornell University Press, p. 46; Von Weizsäcker, Ernst Ulrich, Oran R. Young, and Matthias Finger, eds. 2005. *Limits to Privatization: How to Avoid Too Much of a Good Thing*. London: Earthscan, p. 3; Yijia Jing and E. S. Savas. 2009. "Managing Collaborative Service Delivery: Comparing China and the United States." *Public Administration Review*, 69 (s1), s101–s107; Ting Gong and Na Zhou. 2015. "Corruption and Marketization: Formal and Informal Rules in Chinese Public Procurement." *Regulation & Governance*, 9 (1), 63–76.

值的影响都是不确定的，并且不同的公私合作模式对于公共价值的影响可能存在很大的差异。① 由于合作治理带来了更多的"社会"要素，在类似于多中心的视角下，"社会"要素的引入可以促进信任、合作并提升民主价值。②

　　宽泛地看，合作治理研究是在"工具—民主"两分视角的背景下进行的。于是，对于合作治理可能带来的影响的讨论，也与这两个视角有关：一方面，合作治理被视为可以带来更好的制度绩效，包括提高公共服务的供给效率，整合信息、实现资源和能力的共享与互补，③ 提高资源管理能力，④ 提高公共政策的决策水平和执行水平，提升政策的透明度以及公共治理体系的弹性、适应性和稳定性。⑤ 另一方面，从价值角度来看，当下的研究认

---

① Anne-Marie Reynaers. 2014. "Public Values in Public-Private Partnerships." *Public Administration Review*, 74（1），41－50；Roberto Bisang, Andrea González, Juan Carlos Hallak, Andrés F. López, Daniela Ramos, and Ricardo Rozemberg. 2014. *Public-Private Collaboration on Productive Development Policies in Argentina*. Inter-American Development Bank, p. 56；Pauline Allen, David Hughes, Peter Vincent-Jones, Christina Petsoulas, Shane Doheny, and Jennifer A. Roberts. 2016. "Public Contracts as Accountability Mechanisms: Assuring Quality in Public Health Care in England and Wales." *Public Management Review*, 18（1），20－39.

② Elinor Ostrom. 1990. *Governing the Commons: The Evolution of Institutions for Collective Action*. Cambridge: Cambridge University Press, p. 78；〔美〕文森特·奥斯特罗姆：《美国公共行政的思想危机》，毛寿龙译，上海三联书店，1999，第 123 页。

③ Katrina Smith Korfmacher and Tomas M. Koontz. 2003. "Collaboration, Information, and Preservation: The Role of Expertise in Farmland Preservation Task Forces." *Policy Sciences*, 36（3），213－336；Ramiro Berardo. 2014. "Bridging and Bonding Capital in Two-Mode Collaboration Networks." *Policy Studies Journal*, 42（2），197－225.

④ Steven Kelman, Sounman Hong, and Irwin Turbitt. 2013. "Are there Managerial Practices Associated with the Outcomes of an Interagency Service Delivery Collaboration? Evidence from British Crime and Disorder Reduction Partnerships." *Journal of Public Administration Research and Theory*, 23（3），609－630；Tyler A. Scott. 2016. "Analyzing Policy Networks Using Valued Exponential Random Graph Models: Do Government-Sponsored Collaborative Groups Enhance Organizational Networks?" *Policy Studies Journal*, 44（2），215－244.

⑤ Roberto Bisang, Andrea González, Juan Carlos Hallak, Andrés F. López, Daniela Ramos, and Ricardo Rozemberg. 2014. *Public-Private Collaboration on Productive Development Policies in Argentina*. Inter-American Development Bank.

为，合作治理有利于解决冲突、建构信任；① 可以减少权力结构的不平等，促进公共参与，提升个人效能，促进信任的出现，提升民主价值和参与价值，从而促进社会参与和社会公平。②

当然，随着对传统研究路径的反思逐渐出现，近年来，越来越多的学者开始构建多样化的理论框架来分析合作治理的可能影响；同时，越来越多的经验研究开始对合作治理可能带来的复杂影响进行分析。③ 例如，Innes 和 Booher 将合作治理的影响界定为三个层次；④ Barbara Gray 则讨论了合作治理可能产生的五个方面的影响：目标达成、社会资本的创造、共享意义的构建、

---

① Graeme A Hodge. 2010. "Reviewing Public-Private Partnerships: Some Thoughts on Evaluation." In *International Handbook on Public-Private Partnerships*. edited by Graeme A. Hodge, Carsten Greve, and Anthony E. Boardman, 81-112. Northampton, MA: Edward Elgar; Joost Fledderus, Taco Brandsen, and Marlies Honingh. 2014. "Restoring Trust Through the Co-Production of Public Services: A Theoretical Elaboration." *Public Management Review*, 16 (3), 424-443; Tom Entwistle and Steve Martin. 2015. "From Competition to Collaboration in Public Service Delivery: A New Agenda for Research." *Public Administration*, 83 (1), 233-242; Taco Brandsen and Marlies Honingh. 2016. "Distinguishing Different Types of Coproduction: A Conceptual Analysis Based on the Classical Definitions." *Public Administration Review*, 76 (3), 427-435.

② David E. Booher. 2004. "Collaborative Governance Practices and Democracy." *National Civic Review*, 93 (4), 32-46; Archon Fung. 2006. "Varieties of Participation in Complex Governance." *Public Administration Review*, 66 (s1), s66-s75; Sergio Graf Montero, Eduardo Santana Castellón, Luis Manuel Martínez Rivera, Salvador García Ruvalcaba, and Juan José Llamas. 2006. "Collaborative Governance for Sustainable Water Resources Management: The Experience of the Inter-Municipal Initiative for the Integrated Management of the Ayuquila River Basin, Mexico." *Environment & Urbanization*, 18 (2), 297-313; William D. Leach. 2006. "Collaborative Public Management and Democracy: Evidence from Western Watershed Partnerships." *Public Administration Review*, 66 (si), 100-110; Joost Fledderus, Taco Brandsen and Marlies Honingh. 2014. "Restoring Trust Through the Co-Production of Public Services: A Theoretical Elaboration." *Public Management Review*, 16 (3), 424-443.

③ 例如：H. Brinton Milward and Keith G. Provan. 2003. "Managing the Hollow State: Collaboration and Contracting." *Public Management Review*, 5 (1), 1-18; Kenneth J. Meier and Laurence J. O'Toole Jr. 2003. "Public Management and Educational Performance: The Impact of Managerial Networking." *Public Administration Review*, 63 (6), 689-699。

④ Judith E. Innes, and David E. Booher. 1999. "Consensus Building and Complex Adaptive Systems: A Framework for Evaluating Collaborative Planning." *Journal of the American Planning Association*, 65 (4), 412-423.

互动的增加以及权力结构的平衡。[①] Provan 和 Milward 在三个层次上讨论网络治理的绩效：社区层次、网络层次以及组织/参与者层次。[②] Dickinson 和 Sullivan 则将合作治理的绩效划分为三个维度：组织效率、技术影响以及文化效能。[③]

二　影响公私合作成功的因素

（一）市场何以成功？

1. 交易成本视角下的市场化绩效

除了制度选择和制度影响之外，当下的研究也对特定的公私合作制度的特定结果——主要是制度绩效的影响因素进行了一系列的分析。首先，在市场化的视角之下，大量研究对影响公共服务市场化的因素进行了分析。学者们也逐渐将这些影响市场化制度安排出现可能性的变量与制度绩效联系起来，讨论在什么条件下，市场化制度安排相比直接供给更有可能带来较高的相对绩效。而这一问题的研究基本上都是在交易成本经济学框架下进行的。

如前所言，在比较制度分析的视角下，对于市场化供给需要的条件与制度选择问题的逻辑是紧密相关的。在比较制度分析视角下，如果说早期有关市场制度的研究主要着眼于科层制成本，那么最近的有关公共服务市场制度的研究更加强调公共服务外包之后所带来的复杂风险。在交易成本的视角下，这些风险主要包括三个方面：一是产出测量的困难，这特别体现在公共部门的产出上；[④] 二是私人部门进行公共服务供给往往具有非常高的资产专

① Barbara Gray. 2000. Assessing Inter-organizational Collaboration: Multiple conceptions and multiple methods. In David Faulkner and Mark de Rond (eds.). *Perspectives on Collaboration*. New York: Oxford University Press, p. 28.

② Keith G. Provan and H. Brinton Milward. 2001. "Do Networks Really Work? A Framework for Evaluating Public-Sector Organizational Networks." *Public Administration Review*, 61 (4), 414-423.

③ Helen Dickinson and Helen Sullivan. 2014. "Towards a General Theory of Collaborative Performance: The Importance of Efficacy and Agency." *Public Administration*, 92 (1), 161-177.

④ Jonathan Boston. 1992. "Assessing the Performance of Departmental Chief Executives: Perspectives from New Zealand." *Public Administration*, 70 (3), 405-428; Jocelyn M. Johnston and Barbara S. Romzek. 1999. "Contracting and Accountability in State Medicaid Reform: Rhetoric, Theories, and Reality." *Public Administration Review*, 59 (5), 383-399.

用性，所以资产本身是高风险的；① 三是公共服务外包之后的产出监督是非常困难的，这既是因为测量困难，也是因为在信息不对称条件下信息本身的成本较高。② 不同的公共服务属性会导致不同的制度成本，所以，在比较制度分析的视角下，公共服务的属性——类似于测量的可能性、竞争性等——是影响市场制度安排绩效的关键。

在这一基础上，不同的学者也开始关注其他影响市场制度安排成功的环境条件。例如，Hefetz 和 Warner 总结了三个条件：市场特征、公民特征和地域特征；③ Jing 和 Savas 将合同管理、市场/社会赋权、社会平衡以及合法性视为成功市场化的关键；④ Warner 和 Bel 将制度环境和制度历史置于重要位置；⑤ Yang、Hou 和 Wang 则将市场、政府以及操作环境视为理解市场化成功的关键；⑥ Cunningham 和 James 基于政府监管理论，强调监管体系对于有效的服务外包的重要性。⑦

2. 管理合同与市场绩效

除了基本的环境要素之外，也有大量的研究开始进入到市场制度安排的内部过程之中。随着研究视角进入契约和交易过程内部，市场管理能力被视为公共服务市场化绩效的关键因素；管理市场、管理合同、精明买主问题成

① Trevor L. Brown and Matthew Potoski. 2005. "Transaction Costs and Contracting: The Practitioner Perspective." *Public Performance & Management Review*, 28 (3), 326-351.

② Kevin Lavery. 1999. *Smart Contracting for Local Government Services: Processes and Experience*. Greenwood Publishing Group, p. 3.

③ Amir Hefetz and Mildred E. Warner. 2012. "Contracting or Public Delivery? The Importance of Service, Market, and Management Characteristics." *Journal of Public Administration Research and Theory*, 22 (2), 289-317.

④ Yijia Jing and Emanuel S. Savas. 2009. "Managing Collaborative Service Delivery: Comparing China and the United States." *Public Administration Review*, 69 (s1), S101-S107.

⑤ Mildred E. Warner and Germa Bel. 2008, "Competition or Monopoly? Comparing Privatization of Local Public Services in The US and Spain." *Public Administration*, 86 (3), 723-735.

⑥ Yongheng Yang, Yilin Hou, and Youqiang Wang. 2013. "On the Development of Public-Private Partnerships in Transitional Economies: An Explanatory Framework." *Public Administration Review*, 73 (2), 301-310.

⑦ Ian Cunningham and Philip James. 2016. "Analysing Public Service Outsourcing: The Value of a Regulatory Perspective." *Environment and Planning C: Government and Policy*, 22 (2), 289-317.

为公共服务市场化研究的关键。[1]

在交易成本的视角下，公共服务的市场化制度安排不再是一个抽象的存在，而是一个实实在在的制度安排和制度过程。在过程视角下，市场不是给定的，而是建构的。[2] 在建构的市场供给体系之内，政府创造了一个新的管理环境，丰富了自身的角色——创造市场以及管理市场。[3] 于是，对合同的管理——或"精明买主"[4] ——成为公共服务市场化制度安排得以成功的关键变量。[5]

在复杂的任务环境下，对合同过程的有效管理可以有效地降低市场风险和交易成本，从而提高市场制度安排成功的可能性。[6] 但是，政府的合同管理能力存在很大的差异，对合同过程管理投入的资源也存在重大差异，这系统地影响

[1] Amir Hefetz, Mildred Warner, and Eran Vigoda-Gadot. 2014. "Concurrent Sourcing in the Public Sector: A Strategy to Manage Contracting Risk." *International Public Management Journal*, 17 (3), 365–386; Andrea Lodi, Enrico Malaguti, Nicolás E. Stier-Moses, and Tommaso Bonino. 2015. "Design and Control of Public-Service Contracts and an Application to Public Transportation Systems." *Management Science*, 62 (4), 1165–1187; Soojin Kim. 2016. "Lessons Learned from Public and Private Contract Managers for Effective Local Government Contracting Out: The Case of New Jersey." *International Journal of Public Administration*, 40 (9), 1–14; Sorin Dan and Rhys Andrews. 2016. "Market-Type Mechanisms and Public Service Equity: A Review of Experiences in European Public Services." *Public Organization Review*, 16 (3), 301–317; Trevor L. Brown, Matthew Potoski, and David Van Slyke. 2016. "Managing Complex Contracts: A Theoretical Approach." *Journal of Public Administration Research and Theory*, 26 (2), 294–308.

[2] Mildred Warner and Robert Hebdon. 2001. "Local Government Restructuring: Privatization and its Alternatives." *Journal of Policy Analysis and Management*, 20 (2), 315–336.

[3] Mildred Warner and Robert Hebdon. 2001. "Local Government Restructuring: Privatization and its Alternatives." *Journal of Policy Analysis and Management*, 20 (2), 315–336; Germà Bel and Mildred Warner. 2008. "Challenging Issues in Local Privatization." *Environment and Planning C: Government & Policy*, 26 (1), 104–109.

[4] David M. Van Slyke. 2003. "The Mythology of Privatization in Contracting for Social Services." *Public Administration Review*, 63 (3), 296–315.

[5] Trevor L. Brown and Matthew Potoski. 2003. "Transaction Costs and Institutional Explanations for Government Service Production Decisions." *Journal of Public Administration Research and Theory*, 13 (4), 441–468.

[6] Barbara S. Romzek and Jocelyn M. Johnston. 2002. "Effective Contract Implementation and Management: A Preliminary Model." *Journal of Public Administration Research and Theory*, 12 (3), 423–453; David M. Van Slyke. 2003. "The Mythology of Privatization in Contracting for Social Services." *Public Administration Review*, 63 (3). 296–315; Trevor L. Brown and Matthew Potoski. 2003. "Contract Management Capacity in Municipal and County Governments." *Public Administration Review*, 63 (2), 153–164.

了市场化制度安排的绩效。① 于是，合同管理能力是解释市场化制度困境的核心变量之一；这不仅在社会服务领域，② 即使在垃圾回收服务领域，对于公共服务市场和网络的管理、对于成功的市场化制度安排都具有举足轻重的意义。③

（二）合作网络何以成功？

随着合同治理和网络成为公私合作的新的制度选择，什么因素会影响合作网络的成功呢？对于这一问题，当下的研究主要是在社会资本理论和网络理论的视角下，讨论网络结构和社会资本结构的重要作用，例如，网络管理能力、协调机制、网络的集中性程度、链接性社会资本、信任；④ 同时，资源、政府支持、私人企业的积极性、稳定性、参与者数量、代表性、公务员素质、充分的互动以及监督机制的完备等都是重要的影响因素。⑤ 除此之

---

① Trevor L. Brown and Matthew Potoski. 2003. "Contract Management Capacity in Municipal and County Governments." *Public Administration Review*, 63 (2), 153-164.

② 例如：David M. Van Slyke. 2003. "The Mythology of Privatization in Contracting for Social Services." *Public Administration Review*, 63 (3), 296-315。

③ 例如：Trevor L. Brown and Matthew Potoski. 2004. "Managing the Public Service Market." *Public Administration Review*, 64 (6), 656-668。

④ Keith G. Provan and H. Brinton Milward. 1995. "A Preliminary Theory of Interorganizational Network Effectiveness." *Administrative Science Quarterly*, 40 (1), 1-33; Annick Willem and Steffie Lucidarme. 2014. "Pitfalls and Challenges for Trust and Effectiveness in Collaborative Networks." *Public Management Review* 16 (5), 733 – 760; Daniela Cristofoli, Josip Markovic, and Marco Meneguzzo. 2014. "Governance, Management and Performance in Public Networks: How to be Successful in Shared-Governance Networks." *Journal of Management & Governance*, 18 (1), 77-93; Ramiro Berardo. 2014. "Bridging and Bonding Capital in Two-Mode Collaboration Networks." *Policy Studies Journal*, 42 (2), 197 – 225; Tamyko Ysa, Vicenta Sierra, and Marc Esteve. 2014. "Determinants of Network Outcomes: The Impact of Management Strategies." *Public Administration*, 92 (3), 636-655; Tom Willems. 2014. "Democratic Accountability in Public-Private Partnerships: The Curious Case of Flemish School Infrastructure." *Public Administration*, 92 (2), 340 – 358; Nicola Ulibarri and Tyler A. Scott. 2017. "Linking Network Structure to Collaborative Governance." *Journal of Public Administration Research and Theory*, 27 (1), 163-181.

⑤ Keith G. Provan and H. Brinton Milward. 1995. "A Preliminary Theory of Interorganizational Network Effectiveness." *Administrative Science Quarterly*, 40 (1), 1-33; Roberto Bisang, Andrea González, Juan Carlos Hallak, Andrés F. López, Daniela Ramos, and Ricardo Rozemberg. 2014. "*Public-Private Collaboration on Productive Development Policies in Argentina.*" Inter-American Development Bank; Younsung Kim and Nicole Darnall. 2016. "Business as a Collaborative Partner: Understanding Firms' Sociopolitical Support for Policy Formation." *Public Administration Review*, 76 (2), 326-337.

外，其他环境因素也逐渐被纳入了讨论的视野之中。例如，Tom Willems 分析了公私合作关系的公共责任问题，其中，公共责任委员会的存在对伙伴关系的公共责任提升具有重要影响；① Anne-Marie Reynaers 则对项目过程和项目环境对公私合作模式的公共责任的影响进行了讨论。②

　　除了对环境因素进行分析之外，当下的研究也对网络的内在过程和机制如何影响合作模式成功的可能性进行了一些讨论。在合作网络内部，越来越多的学者开始强调"合作能力"的重要性，这需要对合作治理的内部机制和过程进行识别，③ 包括建构信任，利用对话和协商促成共识，提升介入合作的资源水平、能力以及领导力。④

　　同时，当下的研究对于合作和网络可能带来的其他问题也逐渐关注，其是否能够带来"真正的改变"，似乎也需要更多的经验证据。⑤ 例如，合作治理强调共同决策以及共识的达成，但是，在不同主体存在利益冲突的前提下，合作治理并不能保证有效的决策。⑥ 在平等参与的结构下，原有的不平

① Tom Willems. 2014. "Democratic Accountability in Public-Private Partnerships: The Curious Case of Flemish School Infrastructure." *Public Administration*, 92 (2), 340-358.

② Anne-Marie Reynaers. 2014. "Public Values in Public-Private Partnerships." *Public Administration Review*, 74 (1), 41-50.

③ Sanna Tuurnas. 2015. "Learning to Co-Produce? The Perspective of Public Service Professionals." *International Journal of Public Sector Management*, 28 (7), 583-598.

④ John M. Bryson, Barbara C. Crosby, and Melissa Middleton Stone. 2006. "The Design and Implementation of Cross-Sector Collaborations: Propositions from the Literature." *Public Administration Review*, 66 (S1), 44-55; Chris Ansell and Alison Gash. 2008. "Collaborative Governance in Theory and Practice." *Journal of Public Administration Research and Theory*, 18 (4), 543-571; Rethemeyer R. Karl and Deneen M. Hatmaker. 2008. "Network Management Reconsidered: An Inquiry into Management of Network Structures in Public Sector Service Provision." *Journal of Public Administration Research and Theory*, 18 (4), 617-646; Kirk Emerson and Tina Nabatchi. 2015. *Collaborative Governance Regimes*. Washington, DC: Georgetown University Press, p. 6.

⑤ Mark Lubell. 2004. "Collaborative Environmental Institutions: All Talk and No Action?" *Journal of Policy Analysis and Management*, 23 (3), 549-573.

⑥ Michael McCloskey. 1996. "The Skeptic: Collaboration has Its Limits." *High Country News*, 28 (9), p. 7; Christine W. Coughlin. 1999. *A Systematic Assessment of Collaborative Resource Management Partnerships*. Diss. University of Michigan, p. 28.

等权力结构可能在合作治理的过程中被进一步强化，[①] 可见，合作治理的"阴暗面"不容忽视。[②] 同样，合作治理带来的成本也是非常值得关注的：信任和网络的建构需要高成本，这包括金钱、时间、精力，以及特别重要的成本——注意力。[③]

第四节 公私合作的国内研究

随着公私合作逐渐成为我国公共服务供给的重要制度安排，国内学者也对其倾注了非常大的精力和热情。由于中国公私合作实践历程的特殊性，国内有关公私合作制度的研究既与普遍的公私合作研究议程存在一致性，但是在某些主题上又具有鲜明的中国特色。国内有关公私合作的研究主要沿着如下几个主题展开：公私合作的内涵和特征、公私合作的模式和运作逻辑，以及公私合作的产出及其影响因素。

一 公私合作的内涵和特征

围绕这一主题，当下的研究都强调了中国公共治理和公共服务供给过程中公私合作的"必然性"。诸多学者将"公私合作"视为我国公共服务供给

① Troy D. Abel and Stephan, Mark. 2000. "The Limits of Civic Environmentalism." *American Behavioral Scientist*, 44 (4), 614-628; Mike Smith, Navdeep Mathur, and Chris Skelcher. 2006. "Corporate Governance in a Collaborative Environment: What Happens When Government, Business and Civil Society Work Together?" *Corporate Governance: An International Review*, 14 (3), 159-171; Ryan D. Bidwell. And Clare M. Ryan. 2006. "Collaborative Partnership Design: The Implications of Organizational Affiliation for Watershed Partnerships." *Society and Natural Resources*, 19 (9), 827-843.

② Laurence J. O'Toole and Kenneth J. Meier. 2004. "Desperately Seeking Selznick: Cooptation and the Dark Side of Public Management in Networks." *Public Administration Review*, 64 (4), 681-693.

③ Ann Marie Thomsonh. 2001. *Collaboration: Meaning and Measurement*. Ph. D. diss., Indiana University Bloomington; Chris Huxham and Siv Vangen. 2005. *Managing to Collaborate: The Theory and Practice of Collaborative Advantage*. Abingdon: Routledge; Nicola Ulibarri and Tyler A. Scott. 2017. "Linking Network Structure to Collaborative Governance." *Journal of Public Administration Research and Theory*, 27 (1), 163-181.

制度的必然选择，其既与我国整体政府改革历程有关，① 也与我国整体经济社会变革，及其对公共服务供给体系带来的压力相关；② 同时，这种"必然性"也与公私合作的制度优越性有关。③

对于公私合作的内在特征，国内学者主要借用不同的理论来论证其内涵。多样化的理论视角被应用于公私合作制度的研究之中，包括新公共管理理论、公共产品理论、政府与社会合作伙伴关系理论、治理理论和服务型政府理论。④ 同时，也有学者对公私合作的内在机理进行了分析和讨论。⑤

二　公私合作的模式和运作逻辑

首先，国内学者对我国公私合作的多样化模式进行了讨论。这一研究路径主要包括两个方面。一方面，基于理论分析提出特定的公私合作模式，例如，复合供给机制⑥、柔性组织网络⑦。另一方面，基于我国公共服务供给的经验提炼公共服务公私合作模式，例如，王名和乐园将民间组织参与公共服务购买的模式划分为三种类型：依赖关系非竞争性购买、独立关系非竞争性购买和独立关系竞争性购买；⑧ 钟慧澜和章晓懿将养老服务中政府与社会企业合作供给模式分为两种：政府自上而下推动的勉力协同型合作和需求导

---

① 郑若愭、陈铭宇、胡黉：《通过市场机制实现政府公共管理职能问题研究——以深圳市西乡街道为例》，《中国行政管理》2011 年第 3 期。

② 何艳玲：《从"科层式供给"到"合作化供给"——街区公共服务供给机制的个案分析》，《武汉大学学报》（哲学社会科学版）2006 年第 5 期。

③ 石国亮：《公共服务合作供给的生成逻辑与辩证分析》，《江海学刊》2011 年第 4 期。

④ 李军鹏：《政府购买公共服务的学理因由、典型模式与推进策略》，《改革》2013 年第 12 期。

⑤ 例如：王浦劬：《政府向社会力量购买公共服务的改革机理分析》，《北京大学学报》（哲学社会科学版）2015 年第 4 期。

⑥ 郁建兴、吴玉霞：《公共服务供给机制创新：一个新的分析框架》，《学术月刊》2009 年第 12 期。

⑦ 刘智勇：《柔性组织网络建构：基于政府、企业、NPO、市民之间参与与合作的公共服务供给机制创新研究》，《公共管理研究》2008 年第 00 期。

⑧ 王名、乐园：《中国民间组织参与公共服务购买的模式分析》，《中共浙江省委党校学报》2008 年第 4 期。

向催生的互惠共生型合作；① 韩俊魁将我国非政府组织参与政府购买服务的模式分为竞争性购买和非竞争性购买；② 吕芳将社区公共服务中的公私合作模式划分为"吸纳式供给"与"合作式供给"两种类型；③ 李礼将公共安全服务网络划分为内部协作网络、公私伙伴关系及社会合作网络等互动网络形式；④ 王雁红对全球公共服务合同外包的运作模式进行比较，将其界定为三种类型：竞争模式、谈判模式和体制内外包模式。⑤

其次，在多样化模式界定的基础上，学者们对不同制度模式被选择的原因进行了讨论和分析。沿袭国外学者的研究议程，国内学者重点对公共服务外包的因素进行了分析，其中，任务复杂性（公共服务的属性）、市场成熟度、政治因素、政府间竞争和领导支持与政府的外包管理能力等因素得到经验支持。⑥ 同时，国内学者对我国"逆合同化"问题进行了一系列分析，其中，政治动因（如政治竞争和回应上级关注的能力）、经济动因（如交易成本和激励结构）以及管理动因（如服务质量的监管）是"逆合同化"的重要决定因素。⑦

最后，国内学者也开始深入到公私合作关系的内部，探讨在公私合作中

---

① 钟慧澜、章晓懿：《激励相容与共同创业：养老服务中政府与社会企业合作供给模式研究》，《上海行政学学报》2015 年第 5 期。

② 韩俊魁：《当前我国非政府组织参与政府购买服务的模式比较》，《经济社会体制比较》2009 年第 6 期。

③ 吕芳：《社区公共服务中的"吸纳式供给"与"合作式供给"——以社区减灾为例》，《中国行政管理》2011 年第 8 期。

④ 李礼：《城市公共安全服务供给的合作网络》，《中国行政管理》2011 年第 7 期。

⑤ 王雁红：《全球公共服务合同外包的运作模式及其比较研究》，《中国矿业大学学报》（社会科学版）2015 年第 5 期。

⑥ 刘波、崔鹏鹏、赵云云：《公共服务外包决策的影响因素研究》，《公共管理学报》2010 年第 2 期；魏娜、刘昌乾：《政府购买公共服务的边界及实现机制研究》，《中国行政管理》2015 年第 1 期；钟慧澜、章晓懿：《激励相容与共同创业：养老服务中政府与社会企业合作供给模式研究》，《上海行政学院学报》2015 年第 5 期。

⑦ 黄锦荣、叶林：《公共服务"逆向合同承包"的制度选择逻辑——以广州市环卫服务改革为例》，《公共行政评论》2011 年第 5 期；詹国彬：《公共服务逆向合同外包的理论机理、现实动因与制度安排》，《政治学研究》2015 年第 4 期；潘新美、何彬：《交易成本、激励结构与公共服务"逆向合同外包"》，《东南学术》2016 年第 5 期；董杨：《逆向合同外包：反思中国事业单位改革的新视角》，《行政论坛》2017 年第 1 期。

主体间的互动过程和结构，并以此讨论我国的公私合作运作逻辑以及制度模式。吕纳对公共服务购买中政府的制度逻辑与行动策略进行了研究，发现政府存在双重制度逻辑——公共发展逻辑和权力维持逻辑，并衍生出选择性支持和隐形化控制等策略。① 邓金霞对我国公共服务外包中存在的隐性进入壁垒进行了分析。② 陈天祥和郑佳斯通过对政府购买社会服务双重委托代理下的政社关系进行分析，论述了不同主体的制度—行为逻辑。③

三　公私合作的产出及其影响因素

有关中国公私合作的产出问题，国内学者似乎有着很强的"失败偏见"：他们更愿意去讨论那些失败的公私合作经验，并对其失败的原因进行分析。第一，法律制度。大量的学者将研究视角置于法律制度之上，认为法律制度对于成功的公私合作具有非常重要的意义。④ 第二，合作结构—过程—机制。除了法律环境，行政环境、市场结构、政府间关系以及资源配置格局，⑤ 合作机制的建构，⑥ 权力共享、信息透明、决策参与、信任和相互

① 吕纳：《公共服务购买中政府制度逻辑与行动策略研究》，《公共行政评论》2016 年第 4 期。

② 邓金霞：《公共服务外包中是否存在隐性进入壁垒?》，《中国行政管理》2016 年第 5 期。

③ 陈天祥、郑佳斯：《双重委托代理下的政社关系：政府购买社会服务的新解释框架》，《公共管理学报》2016 年第 3 期。也可参见陈为雷《政府和非营利组织项目运作机制、策略和逻辑——对政府购买社会工作服务项目的社会学分析》，《公共管理学报》2014 年第3 期。

④ 史际春、肖竹：《公用事业民营化及其相关法律问题研究》，《北京大学学报》（哲学社会科学版）2004 年第 4 期；乐园：《公共服务购买：政府与民间组织的契约合作模式——以上海打浦桥社区文化服务中心为例》，《中国非营利评论》2008 年第 1 期；苏明等：《中国政府购买公共服务研究》，《财政研究》2010 年第 1 期；周俊：《政府购买公共服务的风险及其防范》，《中国行政管理》2010 年第 6 期；李海平：《政府购买公共服务法律规制的问题与对策——以深圳市政府购买社工服务为例》，《国家行政学院学报》2011 年第 5 期；蔡礼强：《政府向社会组织购买公共服务的需求表达——基于三方主体的分析框架》，《政治学研究》2018 年第 1 期。

⑤ 敬乂嘉：《社会服务中的公共非营利合作关系研究——一个基于地方改革实践的分析》，《公共行政评论》2011 年第 5 期；王春婷：《政府购买服务绩效的影响因素与传导路径分析——以深圳、南京为例》，《软科学》2015 年第 2 期。

⑥ 敬乂嘉：《政府与社会组织公共服务合作机制研究——以上海市的实践为例》，《江西社会科学》2013 年第 4 期。

尊重的制度平台、协调能力、监管设计、市场机制、合约程序和公共管理能力等都是影响其成效的关键因素。① 第三，合约设计。构建以风险分担机制和收益分配机制为核心的合同，也是公私合作得以成功的关键；② 利用正式契约和非正式契约之间的互补性关系，可以促进公私合作模式的成功。③

　　除了关注公私合作的"失败"，国内学者也对公私合作的潜在风险及其治理问题进行了深入的讨论。第一，公私合作的潜在风险。公共服务的公私合作挑战了我国原有的政府责任机制。④ 由于存在需求方缺陷、供给方缺陷，公私合作可能导致供给体系变得碎片化和"空心化"⑤、公共安全失控以及公共服务质量下降。⑥ 第二，公共风险影响因素。宁靓和赵立波基于模糊综合评价法对公共服务外包风险因素进行了分析；⑦ 徐姝结合交易成本理论和信息经济

① 张万宽、杨永恒、王有强：《公私伙伴关系绩效的关键影响因素——基于若干转型国家的经验研究》，《公共管理学报》2010 年第 3 期；郁建兴、瞿志远：《公私合作伙伴中的主体间关系——基于两个居家养老服务案例的研究》，《经济社会体制比较》2011 年第 4 期；张远凤、赵丽江：《公私伙伴关系：匹兹堡的治理之道》，《中国行政管理》2011 年第 9 期；徐家良、赵挺：《政府购买公共服务的现实困境与路径创新：上海的实践》，《中国行政管理》2013 年第 8 期；王俊豪、付金存：《公私合作制的本质特征与中国城市公用事业的政策选择》，《中国工业经济》2014 年第 7 期；葛忠明：《信任研究中的文化与制度分析范式——兼谈公共非营利合作关系中的信任问题》，《江苏社会科学》2015 年第 3 期；付金存、龚军姣：《公私合作制下城市公用事业的政府规制》，《贵州社会科学》2016 年第 2 期；和军、任晓聪：《城市公交公私合作、逆民营化困境与对策》，《理论月刊》2016 年第 12 期；蓝剑平、詹国彬：《公共服务合同外包中的交易成本及其治理》，《东南学术》2016 年第 1 期；宋世明：《美国政府公共服务市场化的基本经验教训》，《国家行政学院学报》2016 年第 4 期。

② 李珠：《政府公共服务购买的合同制治理机制探讨》，《中国行政管理》2016 年第 2 期；徐延明：《城市公用事业公私合作机制的衍生逻辑及内涵解析——基于有限竞争与有效竞争"两难选择"视角》，《理论学刊》2016 年第 2 期。

③ 刘波、李娜、彭瑾、常爽：《环卫服务外包中的正式契约、关系契约与外包效果——以深圳市为例》，《公共行政评论》2016 年第 4 期。

④ 林霞：《政府购买公共服务中的权威设置与权利保障》，《社会科学家》2015 年第 9 期；王雁红：《公共服务合同外包中的政府责任机制：解构与重塑》，《天津社会科学》2016 年第 6 期。

⑤ 沈荣华：《公共服务市场化反思》，《苏州大学学报》（哲学社会科学版）2016 年第 1 期。

⑥ 石国亮：《公共服务合作供给的生成逻辑与辩证分析》，《江海学刊》2011 年第 4 期。

⑦ 宁靓、赵立波：《基于模糊综合评价法的公共服务外包风险因素研究》，《行政论坛》2016 年第 4 期。

学的理论，从风险主体、风险客体和风险因素三个方面分析了公私合作的风险因素。[①] 第三，公私合作的风险治理。在公共风险频发的情形下，如何实现有效的风险治理？当下的研究发现，在公私合作中需要构建混合责任制，[②] 在多元治理框架下建立多中心问责机制，在多重问责机制之内建构复杂的协调规则，[③] 同时需要建立基于物有所值原则的公私合作风险共担机制。[④]

第五节　研究述评

随着公共治理基础制度——科层制——逐渐受到多维审视，自新公共管理理论和市场化制度理论得以发展，有关公私合作制度的研究开始逐渐增多。围绕公私合作制度的多重影响、制度绩效、制度选择以及内在的机制，无论是国外还是国内学者都对这一问题保持了极高的研究热情。总体来看，国内外学者利用多样化的理论视角——如交易成本经济学、新制度理论、组织理论等，[⑤] 采用多种研究方法——如案例研究、比较案例分析以及定量分析，在多个经验领域中——如教育、医疗、社会服务，[⑥] 针对多样化的研究

① 徐姝：《政府公共服务外包中的风险管理研究》，《中国行政管理》2011年第6期。
② 王雁红：《公共服务合同外包中的政府责任机制：解构与重塑》，《天津社会科学》2016年第6期。
③ 周小付、刘磊：《公私伙伴关系中公共问责的失序与重构》，《浙江学刊》2016年第4期；朱晓红：《社区公共服务合作治理的风险与制度建设——以公益创投项目为例》，《湖南社会科学》2016年第2期；段绪柱、曲万涛：《公私合作供给公共物品的风险及其治理》，《学术交流》2018年第4期。
④ 李军鹏：《建立基于物有所值原则的公私合作风险共担机制》，《国家行政学院学报》2016年第1期。
⑤ Morten Balle Hansen and Andrej Christian Lindholst. 2016. "Marketization Revisited." *International Journal of Public Sector Management*, 29 (5), 398–408.
⑥ Gloria J. Bazzoli, Rebecca Stein, Jeffrey A. Alexander, Douglas A. Conrad, Shoshanna Sofaer, and Stephen M. Shortell. 1997. "Public-Private Collaboration in Health and Human Service Delivery: Evidence from Community Partnerships." *The Milbank Quarterly*, 75 (4), 533–561；许芸：《从政府包办到政府购买——中国社会福利服务供给的新路径》，《南京社会科学》2009年第7期；句华、杨腾原：《养老服务领域公私伙伴关系研究综述——兼及事业单位改革与政府购买公共服务的衔接机制》，《甘肃行政学院学报》2015年第3期；曲延春：《差序格局、碎片化与农村公共产品供给的整体性治理》，《中国行政管理》2015年第5期。

主题，对公共服务供给中的公私合作机制进行了多样性的理论研究，这些研究加深了对公共服务公私合作模式的理解。

但是，这些研究仍然面临一系列困境：国外研究以理论要素的"堆砌"为主，缺乏连贯的理论视角和理论框架；同时，对于公共服务以及公私合作之间的明确关系并没有进行更为清晰的建构，多样且复杂的概念以及多样化的政策领域，都使得这些研究呈现破碎以及堆砌的状态；同样，真正有深度的经验研究也相对匮乏。这些缺陷并没有被国内的研究弥补，反而被放大：国内研究以"跟随性研究"为主（既包括理论的跟随，也包括经验的跟随），[①] 研究的思辨性和对策性不足、理论基础的缺失以及经验研究的缺失，使得对于我国公私合作的基本制度模式、治理机制等问题的理解都呈现较为零散的状态。总体来看，对于公私合作的制度模式和内部过程—机制，公私合作的复杂影响，公私合作模式的条件以及成功的因素，以及公私合作的建构策略等一系列问题，当下研究仍然处于相对零散的状态。以扎实的整合性理论框架为基础，辅之以精细的经验研究，对于有效构建我国公私合作的制度机制具有非常重要的意义。

一 制度模式：太多的概念，太少的机制和要素

在当下有关公私合作的研究中，制度模式是非常重要的研究焦点。但是，虽然多样化的制度模式得到了确认，却没有很好地结构化。大多数学者是在非常多样化的视角下界定制度模式的，这导致我们获得了非常多样化的"制度模式"。因此，这些制度模式如何能够得到累积性的分析成为大问题。学者们执着于获得更多的"新的模式"；但是，他们对于如何整合其他学者所界定的模式却并不关心。针对几乎相同的经验，大量新的概念被提出。然

---

① 例如，曾维和：《公共服务中的伙伴——当代西方国家公共服务合作提供模式及借鉴》，《中国海洋大学学报》（社会科学版）2012 年第 6 期；施从美：《政府服务合同外包：公共治理的创新路径——美国经验及其对中国的启示》，《国外社会科学》2014 年第 1 期；方易：《英国医疗保健领域中的公私伙伴关系：模式检视与政策启示》，《中国行政管理》2016 年第 6 期；黄景驰、弗莱德·米尔：《英国政府与社会资本合作（PPP）项目的决策体系研究》，《公共行政评论》2016 年第 2 期。

而，新概念的提出似乎没有实质性地推进公私合作制度的研究。

之所以有太多的概念，除了理论视角的多样性，一个重要的原因是忽视了公私合作的内在过程和内在的机制。对于特定模式的界定来说，内部过程和机制应该是理解制度模式的关键维度。一旦将过程和机制置于制度模式中，在特定的公私合作制度场域之内，权力结构和互动对于制度模式的塑造作用就可以被更好地识别。所以，问题的关键在于有更多的概念或者模式；我们需要的是更多过程和机制的梳理，并以此为基础构建更为整体、更具累积性的公私合作制度模式的概念框架。只有在基本的概念上形成更为统一的认识，公私合作制度研究的累积性才能得到保证。

二　制度选择：功能性以及缺失的制度环境

更为严重的缺陷来自制度模式的选择问题深陷功能主义的研究。交易成本经济学确实极大地深化了对公私合作制度的理解；但是，这一视角本身的缺陷也导致其"封闭"了更为深入探索的可能性和方向。

交易成本经济学有一个基础假设：一旦某一种制度模式被选择，那么这个制度本身就是"最优"的；或者说，是特定公共服务属性之下的成本最小化的制度安排。[①] 但是，这样的讨论忽视了一个非常严重的问题：制度本身并不是一个功能性的最优化组合，特别是在公共部门中。或许，比较制度分析在私人部门之中可能是有效的，最终，只有那些交易成本最低的制度模式会被选择。这也是在比较制度分析的框架下，制度模式的选择并没有与制度绩效截然区分的原因：一旦特定的制度模式被选择，那么这就是最优的制度模式。比较制度分析假设了制度选择本身的功能性。

但是，在公共部门之中，这样的假设存在很大的问题。出于竞争和选择机制的缺失、公共部门的复杂性、公共部门本身的相对权力优势等原因，其制度选择的逻辑可能比交易成本经济学所预设的"交易成本最小化"要复

---

① Oliver E. Williamson. 1985. *The Economic Institutions of Capitalism*. New York：Free Press, p. 383.

杂得多。而且，对于政府而言，什么是交易成本的最小化，以及特定的制度安排是否能真正实现总成本的最小化，这些基础的问题都是非常模糊的。这意味着，在公共部门中，假设制度模式的选择是公共部门制度成本最小化驱动的，是存在很大问题的。

特别是，基于比较制度分析的理论虽然对于理解公共服务外包在具体服务领域的边界具有非常重要的意义，但是它不能回答这样的问题：为什么几乎相同的公共服务在不同的地区，或者不同的国家，其公共服务供给的制度安排存在系统性的差异？例如，教育私有化（特别是教育券的使用）在很多国家都被广泛采用，并取得了一定的效果，但是在中国，这一制度几乎没有实行。为什么相同的公共服务采用相同的制度安排在不同的条件下其绩效具有系统性的差异？例如，公共交通私有化在很多国家和地区被证明是一个比较好的尝试，但是其在中国则屡屡碰壁。虽然比较制度分析为这些问题的解答提供了某些线索，但是要想系统地回答这些问题则需要更为系统的理论工具和理论框架。

产生这一问题的核心原因与当下制度选择的研究忽视了公私合作制度所嵌入的制度情境有关。对于制度环境的重要性，我们可以用多中心理论的研究进行说明。如前所言，在多中心理论中，奥斯特罗姆夫妇可以有效地界定多样化的制度模式。但是，正如他们观察到的，多中心的制度安排也是有条件的，包括：①不同政府单位与不同公益物品效应的规模相一致；②在政府单位之间发展合作性安排并采取互利的共同行动；③有另外的决策安排来处理和解决政府单位之间的冲突。① 恰恰是这些制度条件，使得多中心理论的解释面临着许多局限。

多中心理论提供了一个有关制度选择的粗略框架，但是其仅仅给出了一个含混的原则，而没有具体的比较分析。比较分析的关键在于对制度环境的作用机制的探讨，但是多中心理论除了强调制度环境的作用之外，没有对它

---

① 〔美〕文森特·奥斯特罗姆：《多中心》，载〔美〕迈克尔·麦金尼斯编《多中心体制与地方公共经济》，毛寿龙译，上海三联书店，2000，第70页。

怎么起作用进行系统研究。同时，其所适用的对象更多集中于美国的特殊政治体制，而对于第三世界国家有关"公共池塘"资源的非正式制度的分析又很难统一到这一完整的框架之中，从而影响了其纳入比较制度分析的潜能。再者，没有一个清晰的理论框架，特别是成本——这应该是公共选择路径特别重视的标准——来解释不同地区、不同环境下的制度选择，而将所有的制度安排都放入"多中心"这一个筐中，没有为分立结构分析和多制度安排留下系统分析的余地。

多中心体制的最大贡献在于看到了多中心，或者多制度安排，特别是非正式制度安排的重要性，探讨了不同公共物品的治理有可选择的不同的治理机制，并不必完全依靠政府组织。但是问题在于，一方面政府组织的功能是可以被一些社会组织和政治组织替代的，政治组织和社会组织的存在可以为我们提供更加开阔的可选择的治理制度空间。但是，多中心理论没有说明在什么时候、什么条件下这种治理结构是存在的。是否只要有制度需求，这样多样化的制度安排就会自动出现？如果不是，那么为什么有的地方具有更多可选择的制度安排，而其他地方可选择的制度空间更小？更小的制度空间是怎样决定治理机制，或者"多中心"的水平和绩效的？另一方面，假设存在一定水平的治理机制，但是面对这么多可选择的治理制度，为什么是这样或那样的制度模式被选择？每一种治理制度的边界在哪里？这种边界的作用机制又是怎么样的？

三　制度绩效研究的碎片化

纵观围绕公共服务市场化绩效的研究，可以发现，随着"市场—绩效"的神话逐渐被打破，市场化制度安排所带来的复杂后果逐渐被确认。后续的研究逐渐转向了讨论影响市场化制度安排出现的因素，但这些研究都没有在条件和绩效之间建立有效的关联。随着对公共服务市场化制度安排理解的深入，交易成本以及管理市场视角被引入，市场化作为一种制度安排的复杂性逐渐得到确认，市场制度的相对绩效条件也逐渐得到了挖掘。但是，管理市场的研究也仅仅在"市场—绩效"的框架内进行，没有对市场安排的制度复杂性进行更深入的讨论。总的来看，"环境条件—制度安排"以及"制度安排—制度绩效"二者之间存在割裂，①交易成本视角的引入也没有在根本上弥补这一缺陷。这也没有办法回答另一个问题：为什么在不同的环境下，市场化制度安排绩效有如此巨大的差异。

同时，当下研究已经注意到了不同的制度安排以及更为复杂的制度影响——例如责任、民主参与、价值等，但是，这些研究没有在特定的制度安排与多样化的制度后果中建立更为明确的理论关联。虽然当下有一些预设，即合作治理更能带来责任、民主和公共性，而纯粹的市场可能带来责任短缺，但是，这些论断主要都是基于理论预设而非经验判断。进一步的问题是，在什么情况下，什么样的制度安排会带来责任、参与和价值？同时，假设公共治理制度已经逐渐转移到公私合作的安排之中，一种不可逆的网络之中，这又会如何影响未来的制度选择、治理能力甚至是政治产出？要深入理解不同制度模式更为复杂和深远的影响，当下的研究似乎是不够的。

四 合作治理是"善"的吗？

新的制度模式——例如合作治理——并没有被很好地整合进当下有关制度模式的界定和选择之中。在当下的研究中，合作治理似乎针对的是原有的公私合作，特别是市场化，在理论上和理念上的替代。合作治理"预设的善"的问题严重束缚了对于这一模式的研究。

当下的研究更为强调合作治理的"善"；但是，合作治理的"善"更多的是理论上和理念上的预设。"几乎没有研究讨论合作治理的影响"，"大多数的研究都将合作本身视为积极的要素"。②事实上，正如 Dorothy M. Daley 的结论所显示的，"几乎没有系统的证据可以证明在什么条件下合作治理是

---

① 这非常明显地体现在当下对公共服务市场化研究所聚焦的两个核心问题：市场化的决定因素以及市场化的后果。有时这两个问题就算在一篇文章中也是被割裂开来讨论的，例如：Germà Bel and Mildred Warner. 2008. "Challenging Issues in Local Privatization." *Environment and Planning C: Government & Policy*, 26 (1), 104-109。

② Michael McGuire. 2006. "Collaborative Public Management: Assessing What We Know and How We Know It." *Public Administration Review*, 66 (s1), s33-s43.

有效的"；① 同样，在 Koontz 和 Thomas 看来，"我们对环境领域的合作治理的影响几乎一无所知"。②

同样，合作治理的相对绩效问题似乎并没有得到应有的理论关切。正如前文所言，本质上，合作治理仅仅是一种提供公共服务、实现公共事务治理的制度模式。在给定的多样化的制度安排——从科层制到市场的连续谱③——之中，合作治理并不如理论预设的那般，是最为有效的公共事务治理模式。合作治理的研究需要回应，"相对传统的模式以及新的市场化模式，合作治理是否能够带来更高的绩效"，毕竟，"合作并不是万能药，它是政策决策者和公共管理者需要基于预期的证据做出的政策选择"。④ 正如 David E. Booher 所言，"合作并不是对所有政策问题都合理，甚至对大部分政策问题都不合理"。⑤ 这说明，当下对于合作治理的研究仍然没有跳出价值的逻辑。对于在什么条件下，什么样的治理机制更可能出现，以及什么样的治理模式更可能带来良好的绩效这一问题，几乎处于相对被搁置的状态。但是，无论如何透彻地理解合作治理，都无法回应这一更为根本的比较制度分析问题。

---

① Dorothy M. Daley. 2008. "Interdisciplinary Problems and Agency Boundaries: Exploring Effective Cross-Agency Collaboration." *Journal of Public Administration Research and Theory*, 19 (3), 477-493.

② Tomas M. Koontz and Craig W. Thomas. 2006. "What Do We Know and Need to Know about the Environmental Outcomes of Collaborative Management?" *Public Administration Review*, 66 (s1), s111-s121.

③ Hal G. Rainey and Barry Bozeman. 2000. "Comparing Public and Private Organizations: Empirical Research and the Power of a Priori," *Journal of Public Administration Research and Theory*, 10 (2), 447-470; Liesbet Hooghe and Marks Gary. 2003. "Unraveling the Central State, but How? Types of Multi-level Governance," *American Political Science Review*, 97 (2), 233-243; Michael Poole, Roger Mansfield and Julian Gould-Williams. 2006. "Public and Private Sector Managers over 20 years: A Test of the 'Convergence Thesis'." *Public Administration*, 84 (4), 1051-1076.

④ Tomas M. Koontz and Craig W. Thomas. 2006. "What Do We Know and Need to Know about the Environmental Outcomes of Collaborative Management?" *Public Administration Review*, 66 (1), 111-121.

⑤ David E. Booher. 2004. "Collaborative Governance Practices and Democracy." *National Civic Review*, 93 (4), 32-46.

五 从碎片化到整合

总之，理论视角的多样性以及"研究的碎片性"——包括研究主题、研究方法以及概念的使用等——仍然主导着整个研究进程。要深入理解中国公私合作制度模式的多样性、不同制度模式的相对绩效以及影响制度绩效的因素，一方面，需要拓展研究的视角。例如，除了考虑成本节约之外，从组织资源依赖理论的视角来看，政治支持/反对对于公共服务外包的决策以及成功的可能性就具有非常重要的影响。① 另一方面，一个整合性的分析框架仍然是必要的。在整体性视角下构建统一的分析框架，以有效整合对制度模式的界定、特定模式的制度绩效以及影响制度模式和绩效的多样化因素，是深入讨论公私合作模式的基本方向。

---

① James M. Ferris. 1986. "The Decision to Contract Out: An Empirical Analysis." *Urban Affairs Quarterly*, 22 (2), 289-311; Werner Z. Hirsch. 1995. "Contracting Out by Urban Governments: a Review." *Urban Affairs Review*, 30 (3), 458-472.

第二章　公私合作制度模式的整合性框架：
基于制度分析的视角

随着公共服务的供给模式逐渐向治理转型，越来越多的社会和市场主体开始参与公共服务供给。围绕特定的公共服务，多样化的供给模式得以建构。如前所言，当下研究虽然对制度模式的多样性、影响制度模式多样化的因素以及制度绩效的比较进行了深入的讨论，但是这些研究都相对碎片化。一个整合性的、用于理解我国公共服务供给过程中的多样化制度模式、影响多样化制度模式的因素以及复杂的制度绩效的理论框架仍然缺失。基于此，本章在交易成本和制度分析理论的基础上，构建了一个统一的分析框架，以期更为深入地理解公私合作制度模式的多样性、影响制度模式的多重因素以及制度后果。

第一节　公私合作的制度分析：整合性框架的建构

一　理论基础：比较制度分析

当下对制度的研究在各个学科都有复兴之势。[①] 道格拉斯·诺思将制度

---

① 例如，在组织理论中有"组织分析中的新制度主义"（参见：Walt W. Powell and Paul DiMaggio, eds. 1991. *The New Institutionalism in Organizational Analysis*. Chicago: University of Chicago Press），在经济学中出现了"新制度主义经济学"（参见：Oliver E. Williamson. 2000. （转下页注）

界定为一系列规则体系，包括正式制度、非正式制度和执行机制。①这一界定与埃莉诺·奥斯特罗姆对制度的定义是一致的，即制度是指"普遍共享的规则、规范等要素组成的体系"。② 这样的定义对于理解制度以及制度对公共治理制度安排的影响非常有效。在制度分析视角下，问题的关键在于针对特定的经济和社会事务，或者某种服务——这样的服务既包括普遍的私人部门的产品和服务，也包括公共服务——的制度性治理结构是如何建构的。

（一）治理机制的多样性

从经济学的视角来看，制度分析源于罗纳德·科斯。沿着"为什么企业会存在"③ 这一问题，科斯发现，市场制度是有成本的，完全市场是不存在的。基于科斯的交易成本思想，威廉姆森对其进行了系统的推进。交易成本主要来自三个方面：有限理性、机会主义和资产专用性。一方面，人类的信息处理能力有限、计算能力有限，对于复杂的决策来说，人们追求的仅仅是满意的结果。④ 对于复杂的、长期的市场交易和决策来说，完全理性几乎不可行。另一方面，人类行为的动机是利己的。"在经济交易中，行为不确定性的根源在于投机。"⑤ 在市场交易中，由于人们的理性是有限的、信息是有成本的，所以，监督也是有成本的。如是，道德风险带来的投机行为大量存在，这会大大限制市场交易的可能性，提升市场交易的风险和成本。再

（接上页注①）"The New Institutional Economics: Taking Stock, Looking Ahead." *Journal of Economic Literature*, 38（3），595-613.），在政治学中出现了七种"新制度主义"（参见：B. Guy Peters. [1999] 2005. *Institutional Theory in Political Science*（*2nd ed.*）. New York: Continuum International Publishing Group）。

① Douglass C. North. 1990. *Institutions, Institutional Change, and Economic Performance.* Cambridge: Cambridge University Press, p. 96.

② Elinor Ostrom. 1999. "Institutional Rational Choice: An Assessment of the Institutional Analysis and Development Framework." In Paul Sabatier, ed. *Theories of the Policy Process*, Boulder, CO: Westview Press, pp. 21-64.

③ Ronald H. Coase. 1937. "The Nature of the Firm." *Economica*, 4（16），386-405.

④ 〔美〕赫伯特·A. 西蒙：《管理行为》，詹正茂译，机械工业出版社，2004，第24页。

⑤ 〔美〕奥利弗·威廉姆森：《资本主义经济制度——论企业签约与市场签约》，段毅才、王伟译，商务印书馆，2002，第74页。

者，资产专用性的存在会产生经济租。具有专用性的资产在投入之后会产生沉淀成本，并且在资产转移的过程中会产生巨大的成本。同时，这样的资产本身就是一种长期投资；长期投资的决策风险是非常高的。怎样对专用性资产所产生的积极效益进行分配，以及怎样对其进行担保就成为非常重要的经济问题。

在以上三种条件中，总有一两种需要采取"安全措施"，即合约治理机制。威廉姆森根据 MacNeil 的合约理论构建了治理机制谱系。MacNeil 认为，从法律角度，可以将不同种类的合约看成一条光谱：一端是古典合约，另一端是关系或诸如婚姻和雇佣关系这样的安排。① 位于"关系性"极端的合约包含很强的人格化因素，是长期性的，可以预期合约双方之间的持续关系。于是，因循新制度经济学的观点，在经济学意义上，可以把组织看成是个体之间（或多或少）的关系网络，其目的是规范组织中成员的交易（包括信息交易）。经济的治理结构取决于资产专用性的大小和交易频率的高低。②

一方面是交易成本的存在，另一方面是契约安排的多样性，二者的相互作用决定了交易的组织方式。正如威廉姆森所述，"交易成本这种方法所赖以建立的前提在于：如果要想节省交易成本，那么，每种治理结构必须与交易的具体属性相适应或者匹配。"③ 无论是正式的组织模式还是一些长期合约安排都可以纳入到交易成本的分析框架中，而决定这一框架的，或者说决定组织的制度模式的，是不同的交易成本和不同的治理制度的匹配。以此为基础，"组织多样性"就是一个可检验的假设，因为不同的组织网络就是不

---

① Ian R. MacNeil. 1974. "The Many Futures of Contracts." *Southern California Law Review*, 47, p. 728.

② 〔美〕奥利弗·威廉姆森：《资本主义经济制度——论企业签约与市场签约》，段毅才、王伟才译，商务印书馆，2002，第 385 页；〔美〕埃里克·弗鲁博顿、〔德〕鲁道夫·芮切特：《新制度经济学——一个交易费用的分析范式》，姜建强、罗长远译，上海人民出版社，2006，第 336 页。

③ 〔美〕奥利弗·威廉姆森：《资本主义经济制度——论企业签约与市场签约》，段毅才、王伟才译，商务印书馆，2002，第 335 页。

同的合约安排；而产生这种多样性的主要原因是对交易成本的节约。比较制度分析的基础在于"分立结构分析"，即对不同的治理制度进行比较，然后分析不同的交易属性；交易属性不同，相应的治理结构即组织成本与权能就不同，进而会导致交易与治理结构的不同。[1]

（二）制度环境与制度选择

利用交易成本的框架，威廉姆森验证了合约的复杂性以及组织安排的多样性。但是，这样的分析面临两个挑战：①非正式制度的角色；②制度环境以及意识形态在制度选择中扮演的角色。这两个挑战都强调非正式的、与法律无关的社会安排，包括社会制度、非正式组织以及意识形态、文化、道德观念等在制度选择中扮演的角色。

威廉姆森并非没有注意到这两个问题。威廉姆森认为，制度安排是分层的，低层次制度安排会嵌入到高层次制度安排中。嵌入性层次影响如下三个较低的层次：制度环境、治理安排以及资源分配和雇佣。[2] 威廉姆森的思路事实上是诺思和格兰诺维特想解决的问题。诺思认为，制度结构高于组织，即威廉姆森所界定的治理机制，是制度结构决定了产权结构，继而决定了制度组织的空间。一方面，在诺思看来，制度和组织是不同的；制度决定了组织的激励结构，进而决定了可以选择的治理机制。[3] 不同于威廉姆森，在诺思的制度结构中，非正式安排扮演着非常重要的角色。[4] 诺思认为，制度环境是一系列用来建立生产、交换与分配基础的基本的政治、社会

---

[1] 〔美〕奥利弗·威廉姆森：《资本主义经济制度——论企业签约与市场签约》，段毅才、王伟译，商务印书馆，2002，第539页。

[2] Oliver E. Williamson. 1994. Transaction Cost Economics and Organizational Theory. In Neil J. Smelser and Richard Swedberg, ed., *The Handbook of Economic Sociology*, New York：Princeton：Princeton University Press, 77 - 107；Oliver E. Williamson. 2000. "The New Institutional Economics：Taking Stock, Looking Ahead." *Journal of Economic Literature*, 38（3），595-613；〔美〕奥利弗·威廉森：《治理机制》，王健、方世建等译，中国社会科学出版社，2001，第468页。

[3] 〔美〕道格拉斯·C.诺思：《制度、制度变迁与经济绩效》，杭行译，上海人民出版社，2008，第3页。

[4] 〔美〕道格拉斯·C.诺思：《理解经济变迁过程》，钟正生等译，中国人民大学出版社，2008，第6页。

和法律规则。[①] 例如，不管什么时候，现存法律（普通法和成文法）都限制着制度安排的演化范围。尽管法律是可以变化的，但至少在短期内，它制约了安排的选择。另一方面，有关制度背景的作用是经济社会学的经典议题，其中以格兰诺维特为典型。格兰诺维特认为，经济关系是嵌入到具体的社会背景之中的。镶嵌的观点强调，具体的关系以及关系结构（或称"网络"）能产生信任，防止欺诈。每个人都喜欢与信誉良好的人打交道，这说明个人并不满意于普遍道德以及制度设计的"防弊功能"。[②]

随着社会结构以及非正式要素被引入，制度环境对于制度选择的影响将变得更为复杂。一方面，制度环境可能影响可供选择的制度空间，另一方面，制度环境会影响不同制度的成本。不仅如此，制度背景甚至还可以改变行动者的偏好；偏好的被改变最终会以文化模板的方式重塑激励结构，最终影响制度变迁的方式。[③]

（三）治理安排的制度分析框架

在比较制度分析的视角下，多样化的制度安排、制度成本以及制度环境一起构建了影响制度选择与制度绩效的基础框架（见图2-1）。这一框架首先整合了制度研究中的层次性视角。如前所言，尽管早期的制度经济学家主要研究交易成本以及制度对交易成本的节约问题，[④] 但随着格兰诺维特对"嵌入"问题的剖析[⑤]、诺思对制度框架的界定[⑥]，以及其他学者对非正式

---

① 〔美〕道格拉斯·C.诺思：《制度、制度变迁与经济绩效》，杭行译，上海人民出版社，2008，第4页。

② 〔美〕马克·格兰诺维特：《镶嵌：社会网与经济行动》，罗家德译，社会科学文献出版社，2007，第11页。

③ 〔美〕尼尔·弗雷格斯坦：《市场的结构——21世纪资本主义社会的经济社会学》，甄志宏译，上海人民出版社，2008，第38页。

④ Oliver E. Williamson. 1985. *The Economic Institutions of Capitalism*. New York：Free Press，p. 336.

⑤ Mark Granovetter. 1985. "Economic Action and Social Structure：The Problem of Embeddedness." *American Journal of Sociology*, 91（3），481-510.

⑥ Douglass C. North. 1990. *Institutions, Institutional Change, and Economic Performance*. Cambridge：Cambridge University Press, p. 5；Douglass C. North. 2005. *Understanding the Process of Economic Change*. New York, N. J.：Princeton University Press, p. 7.

制度等研究的兴起①，制度结构（环境）对制度安排的影响成为新制度经济学最重要的研究议题。② 威廉姆森后期的研究逐渐将制度环境、非正式制度等整合到他的理论模型中，整合的方式也是制度分层的思想。③ 倪志伟根据威廉姆森等学者的制度分层思想，将这些洞见整合到一个制度分析框架中。④ 这种分析思路与埃莉诺·奥斯特罗姆开发的 IAD 框架也具有内在的一致性。⑤ 在 IAD 框架之中，制度被分为三个层次：宪政规则、集体选择规则以及应用规则，三者之间相互嵌套。⑥

其次，制度分析框架的底层是有关人的属性的论述。新制度经济学以及比较制度分析基础是方法论的个人主义，所以，个人的属性是理解制度分析的基础。人的属性主要关注两个问题：一是人的动机，也就是激励机制；二是人的有限理性。一方面，从动机来看，本书延续复杂性的个人行为假设，强调个人行为者利益和激励结构的多样性和复杂性。从有限理性的角度来看，本书强调个人有限的信息处理能力，以及法律和习惯对决策过程的直接影响。⑦

再次，制度选择框架需要考虑不同的制度成本问题。对于制度变迁的底

---

① Avner Greif. 1994. "Cultural Beliefs and the Organization of Society: A Historical and Theoretical Reflection on Collectivist and Individualist Societies." *Journal of Political Economy*, 102 (5), 912-950.

② Thráinn Eggertsson. 1993. "The Economics of Institutions: Avoiding the Open-Field Syndrome and the Perils of Path Dependence." *Acta Sociologica*, 36 (3), 223-237.

③ Oliver E. Williamson. 1996. *The Mechanism of Governance*. Oxford: Oxford University Press, p. 446; Oliver E. Williamson. 2000. "The New Institutional Economics: Taking Stock, Looking Ahead." *Journal of Economic Literature* 38 (3), 595-613.

④ Victor Nee. 2005. "New Institutionalism in Economic and Sociology." In Neil J. Smelser and Richard Swedberg, ed. *The Handbook of Economic Socilogy* (2nd ed.), New York: Russell Sage, p. 86.

⑤ Elinor Ostrom. 1999. "Institutional Rational Choice: An Assessment of the IAD Framework." In Paul Sabatier, ed. *Theories of the Policy Process*. Boulder, CO: Westview Press, p. 98.

⑥ Elinor Ostrom. 2005. *Understanding institutional diversity*. New York, NJ: Princeton University Press, p. 21.

⑦ 〔美〕埃里克·弗鲁博顿、〔德〕鲁道夫·芮切特：《新制度经济学——一个交易费用的分析范式》，姜建强、罗长远译，上海人民出版社，2006，第82~83页。

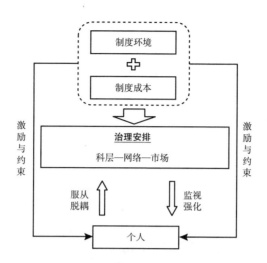

图 2-1　制度安排的分析框架

层分析方法来说，问题的关键在于讨论不同的治理安排会带来不同的局限；这些局限构成了相应的制度成本。人们选择不同的治理机制的任务就是确认最小的不同性质的成本组合，从而使成本最小化的制度模式可以被选择。

最后，纯粹的理性选择模型不能够完全理解制度选择的逻辑，制度背景提供的制度约束和激励对于制度选择的影响同样深远。制度就像一个过滤器，其决定了决策者所能得到的机会。难以获得的机会被附加了"制度税"，这种税在某些情况下高得使某些机会不可得。这样，一个社会所面对的机会部分就由它的制度所决定；制度的变化能产生新的机会组合。总的来看，较高层次的制度变化会导致较低层次的变迁。但是反过来，这种情况不太常见，至少短期内不太常见。较高层次的规则比较低层次的规则更难变迁。①

二　制度环境、公共服务属性与制度绩效：公私合作模式的整体性分析框架

本书将公共服务的公私合作问题视为交易成本问题和制度选择问题。

———————

① 〔瑞典〕汤姆·R. 伯恩斯：《经济与社会变迁的结构化》，周长城等译，社会科学文献出版社，2010，第 238 页。

在公共服务供给的公私合作过程中，一方面，存在多样化的制度模式，另一方面，特定制度模式的运作逻辑和过程在分析公私合作模式的建构过程中扮演着基础性角色。基于此，为了更好地理解公私合作模式、影响因素以及制度后果和绩效，本书设计了制度分析视角下公私合作的整体性分析框架（见图2-2）。

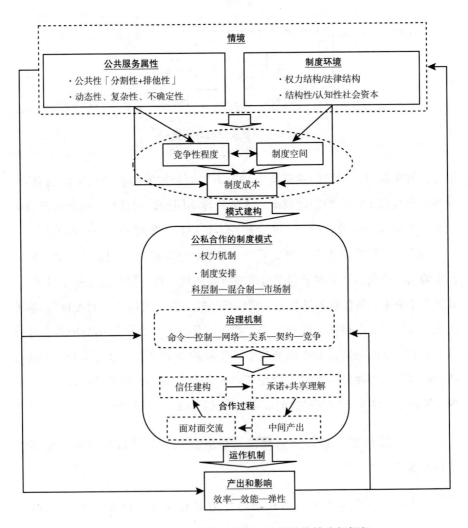

图2-2　制度分析视角下公私合作的整体性分析框架

这一框架主要包括四个模块。模块一，将公私合作作为一个治理模式建构的过程，剖析其多样化的制度模式。模块二，分析影响制度模式被选择的机制。模块三，讨论影响特定制度模式的因素，这包括两个方面：公共服务的属性以及制度环境的作用。模块四，这一框架可以将这些要素整合起来，以分析它们对公私合作绩效的影响。接下来，本章将以这一框架为基础，对多样化的制度模式、制度情境对制度模式的影响以及影响制度绩效的整合性因素进行深入的讨论。

第二节　公私合作的制度模式、治理机制与制度过程

一　制度场域视角下的多样化公私合作制度模式

（一）作为制度场域的公私合作：主体—关系与制度模式的多样性

任何公共服务的制度安排都是为了在特定的区域之内，以特定的公共服务为基础实现公共服务合作供给的过程。围绕特定的公共服务供给产业，可以构建出一个公共治理的场域。所谓治理场域，是指围绕特定的公共服务的供给过程，不同的参与主体——包括政府部门、市场主体、社会部门、目标人群、公众等——构建的一个公共服务的供给制度系统和网络。给定一个公共服务供给的场域，两个要素构建了供给制度模式的基础：制度安排和权力机制。二者一道共同确定了不同公共治理的公私合作模式。

首先，公私合作的制度模式主要是以多主体为基础的。它们也是构建公私合作制度场域的主体。埃莉诺·奥斯特罗姆在对"多中心安排"的逻辑进行分析时认为，任何公共服务的供给以及公共治理的实现都包括三个主体：①寻求某种公益物品或服务的集体消费单位，即公共服务的消费者；②生产它的实体，即公共服务的生产者；③作出安排以连接消费者的中介，即公共服务的提供者。① 在"多中心"安排之中，主体与角色之间的关系并

---

① Vincent Ostrom and Elinor Ostrom. 1999. "Public Goods and Public Choice." In Michael McGinnis, eds. *Polycentricity and Local Public Economies*. Ann Arbor：University of Michigan Press，p. 7；Vincent Ostrom. 1999. "Polycentricity." In Michael McGinnis, eds. *Polycentricity and Local Public Economies*. Ann Arbor：University of Michigan Press，p. 87.

不是一一对应的。我们可以将提供公共服务的主体分解为三个：政府、市场和社会（包括市民和社会组织）。这种分类方法虽然借鉴了萨瓦斯的分类[①]，但三种公共治理制度与公共服务主体是有差异的。同时，不同的角色可能由完全不同的组织扮演：无论是生产者还是供给者，单个公共企业家、政府机构或者社会组织都可能扮演任何一个角色。某些服务的组织也可能没有任何组织机构存在，有时候甚至是必要的。[②] 这一分类对于任何公共服务供给的制度分析都是有效的。

其次，制度安排和权力机制建构了制度模式的基础。在制度场域理论之下，公共治理过程中的公私合作模式主要是由两个基础要素构成的：制度安排和权力机制。所谓制度安排，是指实现公共服务供给的不同主体之间的关系，特别是各种制度规则和机制。这些规则系统地规制了公共部门和私人部门决策权力的分配、信息的流动以及决策流程和规则，进而围绕特定的公共治理场域，构建了不同主体之间的结构性关系。需要注意的是，制度安排并不指涉任何实体。[③] 从这一视角来看，不同制度模式的本质是围绕特定的公共服务供给所构建的关系结构和规则系统。所谓权力机制，是指在公共治理场域之中，不同主体之间的权力结构和关系。制度安排与权力机制一道，构成了多样化的公私合作模式。接下来，本书将沿着这两个基本维度，对公共治理中的公私合作模式的多样性进行概念分析。

（二）制度安排的多样性

在多样化的主体参与的情境下，自新公共管理理论提出以来，对公共服务供给的公私合作的分析主要以比较制度分析为基础。比较制度分析虽然承认制度安排的多样性，但将制度选择集中在"科层—市场"之下。例如，

---

① Emanuel S. Savas. 2000. *Privatization and Public-Private Partnerships*. London：Chatham House，p. 98.

② 〔美〕迈克尔·麦金尼斯编《多中心体制与地方公共经济》，毛寿龙译，上海三联书店，2000，第 89 页。

③ Vincent Ostrom and Elinor Ostrom. 1999. "Public Goods and Public Choice." In Michael McGinnis, eds. *Polycentricity and Local Public Economies*，Ann Arbor：University of Michigan Press，p. 153.

彼得斯是按照每种治理制度的特征来分类的[1]，莱恩按照契约的"长期—短期"分类[2]，萨瓦斯以及索伦森按照供给的主体——市场、社会组织以及政府——分类；[3] 这些分类都缺乏一致性。同时，随着西方国家公共治理实践的转向，经验研究也探讨了制度多样性问题。例如，20 世纪 80 年代美国地方公共治理的市场制度逐渐扩散，但到 21 世纪初则出现了"逆合同化"趋势以及更多的"公私混合"制度实践。[4] 类似的趋势也体现在欧洲社会公共治理制度的变迁历程之中：①地方公共服务的治理制度逐渐"回归"公共部门；②地方公共治理制度逐渐"社区化"。[5]

综合这些理论和经验研究，可以得出如下结论：①"市场—科层"的二分法是不够的，市场和科层之间还有多种多样的"混合安排"；②社会组织以及地方社区的"自我治理"体系也应该是公共治理制度安排多样性的一个维度。基于不同的主体在公共治理场域中扮演的不同角色，本书进一步构建了一个基本的主体—制度安排图谱，以区分不同的公私合作制度安排（见图 2-3）。其中，区域 A 代表传统的科层制，即政府是主要的生产者。区域 B 代表市场化制度，市场组织或非营利组织是公共服务的生产主体。区域 C 代表社会化的制度，即公民自我组织的社会组织或规则体系实现公共服务的供给。不仅如此，除了这三种比较极端的制度安排之外，更常见的是三种制度安排之间的混合（由区域 D-G 代表）。

（三）权力机制

长期以来，有关制度模式的研究都是围绕着功能性的治理要素展开的，制度模式内部的权力机制问题一直被忽视了。但是，从场域结构的基本要素

---

[1]　B. Guy Peters. 2001. *The Future of Governing*. Lawrence：University Press of Kansas，p. 3.

[2]　Jan-Erik Lane. 2000. *New Public Management*. London：Routledge，p. 9.

[3]　Emanuel S. Savas. 2000. *Privatization and Public-Private Partnerships*. London：Chatham House，p. 65.

[4]　Simon Domberger. 1998. *The Contracting Organization：A Strategic Guide to Outsourcing*. Cambridge：Oxford University Press，p. 97；句华：《美国地方政府公共服务合同外包的发展趋势及其启示》，《中国行政管理》2008 年第 7 期。

[5]　赫尔穆特·沃尔曼、姜文：《从公共部门转向私有部门，再回归公共部门？——欧洲国家的服务提供：介于国家地方政府和市场之间》，《德国研究》2011 年第 2 期。

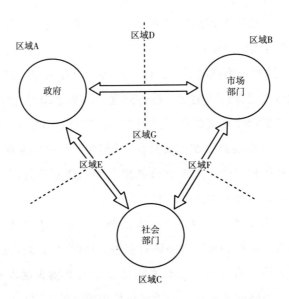

图 2-3   公共治理制度安排的主体—关系的多样性

来看，要理解公私合作的制度模式，必须将权力带回来。所谓权力机制，是指在合作关系的建构过程中，不同主体——主要是私人部门和公共部门——之间的权力关系。在 Bachrach 和 Baratz 看来是，权力不仅意味着"行动者具有实施合乎自己心意的决策的能力"，还意味着"形塑在制度中的'偏向的动员'"。① 在资源依赖的视角下，这种权力关系主要以特定组织为了实现组织生存和发展，实现组织目标所具备的资源、服务供给能力以及合法性等资源的自我供给能力，对对方组织的依赖程度以及替代性资源获得的可能性为基础的。单向的依赖程度越高，权力关系的对称性程度越低。

首先，所有的合作都是不对称的，公私之间的合作更是如此。在公私合作关系的建构中，公共部门至少具备三个方面的先在权力优势。第一，公共部门决定了一个产业的合法性。虽然我们可以在经济学或者技术的视野中界定什么是"公共物品"，但是，鉴于公共价值、公共利益以及公共服务的复

---

① Peter Bachrach and Morton S. Baratz. 1962. "Two Face of Power." *American Political Science Review*, 56（4），947-948.

杂性，对于什么构成了"公共物品"和服务，特定公共物品的公共性，以及其基本的产业结构，人们的认知都是非常模糊的。同样，特定的公共服务是否"应该"由外部主体来供给，这些问题都具备极强的社会建构属性。基于此，公共部门对于服务的公共性、特定公共服务产业以及特定供给制度安排的合法性都具有极强的建构效应。第二，公共部门是影响特定公共治理资源分配的核心主体。特别是在大量新兴的公共治理任务需求中，政府往往是重要的资源供给主体。政府部门的资源分配极大地影响了特定制度安排内部的规则结构。第三，公共部门是议程设置的主体以及合作发起的主体，它们对于产业的组织本身具有先天的优势。虽然公私合作是一种合作性的制度安排，但是，这样的制度安排本身也是需要系统地建构和维持的。在特定的公私合作模式之中，公共部门对于议程的控制在公私合作中扮演着重要的角色。

其次，在中国的制度场域下，公私合作过程本身就面临着更多的权力制约。在中国的公共治理场域之中，公共部门和私人部门之间的结构性惯性更加不平衡。在中国，市场是具有高度建构性的，社会具有极强的统合性特征。在这样的情形下，政府部门在合法性供给、公共治理资源的分配以及合作议程的发起方面具有明显的优势。这也意味着，对于中国而言，公共部门与私人部门之间的权力机制，特别是二者的相对优势，在公私合作模式的建构过程中具有极强的分析性意义。

最后，权力运作过程本身就是制度的内在组成部分。事实上，制度本身就是权力关系的"映射"。这意味着，制度从来都不是简单的主体间的平等的、契约性的合作规则。在公共治理场域，规则从来都具有极强的再分配属性。所以，理解公私合作制度安排中的权力机制本就是理解制度模式的内在属性。

（四）小结：权力机制、共同决策程度以及多种公私合作制度模式

在给定的公共治理的场域，围绕不同的主体，公私合作模式建构主要与两个要素有关：权力机制与制度安排。如前所言，所谓制度安排，其核心是对卷入公私合作或者公共治理场域之中的不同主体的决策权和决策过程进行

规则约束。由此可见，我们可以进一步以政府部门相对于私人部门的权力优势，以及在公共治理中公共部门和私人部门的共同卷入程度作为两个基础维度，对不同的公私合作模式进行更为清晰的界定（见图2-4）。

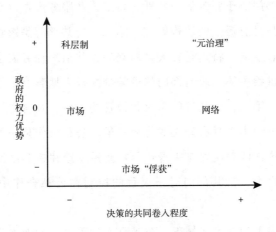

图 2-4　多样化的制度模式

如图2-4所示，在相对权力优势和决策的共同卷入这两个维度下，不同的公私合作类型可以进一步区分。本书可以区分出五种公私合作的纯粹类型：科层制模式、市场模式、网络模式、"元治理"模式和市场"俘获"模式。其中，在不同的模式之中，政府的相对权力优势以及共同决策的程度存在系统性的差异。事实上，相对权力优势以及共同决策卷入的程度是一个连续谱，多样化的公私合作模式可以被纳入到这样的坐标轴之中。这为进一步分析不同的公私合作制度模式提供了重要的概念框架。

进一步，要理解不同制度模式的内部要素，还需要在制度安排以及权力机制这两个要素的基础上，对不同制度模式的内在治理机制以及合作过程和策略进行深入分析，才能真正打开多样化制度模式的"黑箱"。需要说明的是，一方面，制度模式，包括权力机制和制度安排，对治理机制的建构以及合作过程具有系统性影响；但是，另一方面，任何制度模式的建构本身也是由多样化的治理机制以及合作过程在时间中塑造的。这意味着，从公私合作制度模式的构成来看，治理机制以及合作过程是制度模式的内生性要素。接下来，本章将进一步对治理机制和合作过程进行理论分析。

二　制度模式与治理机制

如何区分不同治理模式的内在属性？在比较制度分析视角下，围绕不同主体所建构的关系治理机制是界定治理模式的基础。或者说，治理机制构成了不同治理模式的"砖块"和要素。

正如在交易成本理论之下的讨论，任何交易都是需要治理的，无论这个交易是处于组织内部还是组织外部。同样，对于由多样化的主体所构建的公共服务供给制度而言，由于卷入的主体过多，交易过程中充满了道德风险、机会主义和不确定性，也涉及大量的专用资产投资。在这个过程中，如何保证大量双边交易关系的治理和稳定是公共服务制度建构面临的巨大挑战。特别是，随着卷入主体的增多，解决不同主体之间的关系治理问题就变得尤为关键。

我们可以将所有的治理机制都视为某种协作关系得以运作的规则保证。在制度分析的视角下，常规来看，主要包括三种交易关系的治理机制：科层、竞争—选择以及网络—信任机制。不同的关系治理机制，其核心的激励和约束要素是不同的。科层制主要依赖于命令和控制结构。这是在公共服务供给中被最为广泛使用的机制。竞争—选择机制主要依赖于"退出"，即在服务过程中让大量主体进行相互比较和选择，最终实现资源的有效配置。不同主体之间利用"价格"这一核心信息，实现协同。网络—信任关系主要依赖于三个要素：一是长期契约所建立起来的对于未来合作退出的惩罚机制；二是网络关系中所构成的有效的信息传播机制；三是关系合同中所构建的社会信任、规范以及承诺等社会机制。三者共同构成了网络—信任机制实现合作的基础。

需要说明的是，机制更多扮演的是合作模式的"砖块"角色。虽然不同制度模式主要对应特定机制组合，但是，机制的多样性混合共同构成了理解制度模式多样化的基础。其中，科层制是指生产和服务的提供都是在科层体系中完成的，科层制规则——命令—控制机制——是科层制度的核心。市场制是指政府和市场化组织或者非营利组织签订合同实现该服务供给，其中包括合同签订以及履行等一系列规则，竞争—选择机制是基础。但是，混合制的制度要素非常复杂。在极端情形下，某些公共服务供给的实现是完全可以通过社会制度要素的构建来实现的。例如，埃莉诺·奥斯特罗姆对公共池塘资源治理中的自主治理系统的研究就是典型的案例。[①] 公民通过社会互动形成一套实现公共治理的社会规则。这是公民通过自主治理来解决其所面临的公共问题的一种尝试，这种方式在先前的研究中没有很好地体现，这也契合现有研究强调超越"国家—市场"二分法的努力。[②] 最后，无论是"元治理"还是市场"俘获"模式，其内在的治理机制同样也是对三种机制的混合性调用。其中，"元治理"模式的典型特征就是对几乎所有的关系治理机制的混合，特别是整合性调用。对多样化治理机制的整合是元治理能够有效运作的关键维度。在市场"俘获"模式中，由于私人部门在公私合作中的先在优势，私人部门可能系统利用反科层的机制，以及市场机制——虽然是不平等的——对公私合作关系进行治理。

三　制度模式与合作过程

区分不同的制度模式的核心要素取决于两个方面：一是围绕特定制度模式所构建的关系治理机制；二是在制度模式建构过程中，不同主体之间的合作过程。二者在不同的层次上建构了理解制度模式差异的基础。基于此，不同制度模式除了与治理机制有关，也与不同机制所对应的合作过程有关。在公共服务供给过程中，稳定和有效的制度模式是公共服务供给的先决条件。但是，作为一种制度安排，制度模式——无论任何模式——都是"二阶集体物品"。制度的建构过程充满了复杂的挑战。一方面，制度的建构过程是

---

① Elinor Ostrom. 1990. *Governing the Commons: The Evolution of Institutions for Collective Action.* Cambridge: Cambridge University Press, p. 139.

② Elinor Ostrom. 2010. "Beyond Markets and States: Polycentric Governance of Complex Economic Systems." *American Economic Review*, 100（3），1–33.

嵌入在特定的制度模式以及治理机制之中的；另一方面，不同制度模式需要解决的集体行动问题存在显著差异这一问题，导致不同制度模式和治理机制依赖于不同的合作过程。

从科层制模式来看，科层制机构的设置是一个非常复杂的政治过程。官僚制作为最为传统的公共服务供给模式，其核心是稳定。要建立或者改变特定公共服务的科层制模式，需要面对非常复杂的政治程序和冲突的挑战。例如，在"摒弃科层制"以及"无缝隙政府"的研究中，在政府内部打破科层制的专业分工结构就非常困难。[1] 在科层制内部，改变制度流程的过程一般都涉及不同部门和官僚的权力利益关系、核心的流程调整以及基本管理模式的变化。这样的变化非常依赖于政治权力的运作。

从市场制度来看，当下有关市场制的研究逐渐摒弃了抽象市场观念，以及通过抽象的市场竞争和选择可以提升效率的看法，从而将视线逐渐聚焦于真实的制度安排和过程。[2] 随着公共服务供给从政府的直接供给逐渐转移到利用市场机制，竞争、选择以及激励结构的改变可能在很大程度上降低科层制内部的管理成本，但也带来了新的风险。市场本身并不是零成本的，作为一种制度安排的市场也存在高昂的成本，即交易成本。

交易成本的存在主要与如下事实有关：有限理性、机会主义以及信息障碍，这使得合同的每一个过程都可能是高成本的。[3] 从合约准备来看，需要搜寻潜在市场主体的信息，并对市场主体的资质进行鉴定，从而组织有效的市场竞争；从合约签订过程来看，需要花费时间和成本组织签约，就合同的

---

① 〔美〕戴维·奥斯本、彼德·普拉斯特里克：《摒弃官僚制》，谭功荣译，中国人民大学出版社，2002，第5页；〔美〕拉塞尔·M. 林登：《无缝隙政府：公共部门再造指南》，汪大海、吴群芳译，中国人民大学出版社，2013，第10页。

② Peter Nijkamp, Marc Van Der Burch, and Gabriella Vindigni. 2002. "A Comparative Institutional Evaluation of Public-Private Partnerships in Dutch Urban Land-Use and Revitalisation Projects." *Urban Studies*, 39 (10), 1865-1880; Graeme A. Hodge and Carsten Greve. 2007. "Public-Private Partnerships: An International Performance Review." *Public Administration Review*, 67 (3), 545-558.

③ Oliver E. Williamson. 1985. *The Economic Institutions of Capitalism*. New York: Free Press, p. 98; Gary Miller. 1992. *Managerial Dilemmas: The Political Economy of Hierarchy*. New York: Cambridge University Press, p. 19.

细节进行谈判，以达到目标一致和目标共享。[①] 从合同执行来看，需要监督和评估市场化了的生产主体，处罚违规行为，这要么是成本高昂的，要么是不可能的。[②] 不仅在合同建构的过程中存在高成本，市场建构还需要消费者偏好的信息传递；对于公共服务供给来说，这种信息传递的成本非常高昂。[③] 同时，在不完全市场的条件下（这特别体现在公共服务领域），市场化存在较大的合约风险，这也构成了市场化制度高成本的一部分。[④]

从混合制的建构来看，合作模式的建构也充满着成本和风险。合作模式特别需要信任的构建，但是，作为一种信念，信任的建构需要非常长期的过程。[⑤] 在集体行动的逻辑下，随着卷入主体的增多，"搭便车"的激励就会增加，集体行动的困境就更有可能出现。[⑥] 所以，合作的过程就是调动非常多样化的机制克服集体行动困境的过程。在当下有关合作治理的研究中，合

① Roy Widdus. 2001. "Public-Private Partnerships for Health: Their Main Targets, Their Diversity, and Their Future Directions." *Bulletin of the World Health Organization*, 79 (8), 713 - 720; Nutavoot Pongsiri. 2002. "Regulation and Public-Private Partnerships." *The International Journal of Public Sector Management*, 15 (6), 487 - 495.

② Janet Rothenberg Pack. 1989. "Privatization and Cost Reduction." *Policy Sciences*, 22 (1), 1 - 25; Jonas Prager. 1994. "Contracting out Government Services: Lessons from the Private Sector." *Public Administration Review*, 54 (2), 176 - 184; Mary K. Marvel and Howard P. Marvel. 2007. "Outsourcing Oversight: A Comparison of Monitoring for In-House and Contracted Services." *Public Administration Review*, 67 (3), 521 - 530.

③ David Lowery. 1998. "Consumer Sovereignty and Quasi-Market Failure." *Journal of Public Administration Research and Theory*, 8 (2), 137 - 172; David Lowery. 1999. "Answering the Public Choice Challenge: A Neoprogressive Research Agenda." *Governance: An International Journal of Policy and Administration*, 12 (1), 29 - 55; Oliver Hart and John Moore. 1999. "Foundations of Incomplete Contracts." *Review of Economic Studies*, 66 (1), 115 - 38; Mildred Warner and Robert Hebdon. 2001. "Local Government Restructuring: Privatization and its Alternatives." *Journal of Policy Analysis and Management*, 20 (2), 315 - 336.

④ Emanuel S. Savas. 2005. *Privatization in the City: Successes, Failures, Lessons*. Washington, DC: CQ Press, p. 8.

⑤ John Brehm and Wendy Rahn. 1997. "Individual Level Evidence for the Causes and Consequences of Social Capital." *American Journal of Political Science*, 4 (3), 999 - 1023; Bo Rothstein. 2000. "Trust, Social Dilemmas, and Collective Memories: On the Rise and Decline of the Swedish Model." *Journal of Theoretical Politics*, 12 (1), 477 - 503.

⑥ 〔美〕曼瑟尔·奥尔森：《集体行动的逻辑》，陈郁等译，上海人民出版社，1995，第 3 页。

作达成的过程是非常重要的研究内容。例如，Ansell 和 Gash 将合作划分为如下几个过程：面对面对话、信任建构、承诺、共享理解、中间产出和领导力。[①] Agranoff 在组织理论的视角下将其界定为激活、框架化、动员、系统化整合四个过程。[②] Emerson、Nabatchi 和 Balogh 则将其界定为有原则的接触、共同行动能力、共享动机等过程。[③] 在本书的框架中，四个相互影响的过程扮演着关键角色：面对面的接触、信任建构、承诺和共享理解、短期的收益。这些过程能否在特定的治理模式和治理机制中得到实现，以及这些过程最终能否渐进地构建系统的治理机制，共同影响了制度模式建构的可能性。

除此之外，元治理以及市场俘获模式之中，其内在的合作过程也具有自身的特征。从元治理的角度来看，由于政府部门具有系统的权力优势。在这一模式的运作过程中，政府部门扮演着关键的引领者的角色。同时，随着不同主体的卷入，在政府部门的"引领"之下，不同主体之间的互动、协商以及承诺和信任的建构过程是这一模式的核心过程要素。在市场俘获类型之中，问题的关键仍然是市场建构的过程——这与行政嵌入式模式具有较高的相似性。但是，不同于私人部门的行政嵌入式模式，私人部门对政府的俘获模式更强调私人部门在合作过程中的政治性，以及在政治机制的基础上对合约的建构。

四　小结

通过将公私合作的制度安排嵌入到特定的公共治理场域之中，本书首先构建了分析公私合作制度模式的概念要素。在特定的公共治理场域之中，在主体—关系基础上，通过对不同主体所扮演的生产者、供给者、消费者以及

---

① Chris Ansell and Alison Gash. 2008. "Collaborative Governance in Theory and Practice." *Journal of Public Administration Research and Theory*, 18 (4), 543-571.

② Robert Agranoff. 2007. *Managing Within Networks: Adding Value to Public Organizations*. Washington, DC: Georgetown University Press, p. 39; Robert Agranoff. 2012. *Collaborating to Manage: A Primer for the Public Sector*. Washington, DC: Georgetown University Press, p. 82.

③ Kirk Emerson, Tina Nabatchi, and Stephen Balogh. 2012. "An Integrative Framework for Collaborative Governance." *Journal of Public Administration Research and Theory*, 22 (1), 1-29.

监管者等多样化角色进行类型化分析，本书构建了多样化的公共服务供给的制度模式。整体上来看，一方面，公私合作的制度模式是与公共部门和私人部门之间的相对权力优势高度相关的。另一方面，公私合作模式与公共部门和私人部门在特定的公共治理场域之中的共同决策的卷入程度有关。其中，在"科层制—混合制—市场制"的治理制度序列中，公共治理服务卷入市场的程度逐渐加深，政府对于合同的管理以及对于交易关系的管制程度也逐渐加深。角色卷入的程度也就是共同决策的潜在卷入程度。决策卷入的程度越高，特定制度模式的建构和运作成本往往也越高。这构成了不同制度模式的成本结构的差异。同时，不同的制度模式是由两个核心维度的互动构建的：关系治理机制以及合作建构过程。基于公私部门的相对权力优势、共同决策的卷入程度、制度安排的多样性、治理机制的不同以及过程的特征，可以对不同的制度模式进行总结（见表2-1）。

表2-1　多样化的制度模式：纯粹类型

制度模式	科层制模式		网络模式			市场模式		元治理模式	市场"俘获"模式
政府相对优势	+		0			0		+	—
制度安排	科层制度安排		混合制度安排			市场制度安排		整合型制度安排	准市场
子模式	经典科层制	内部市场	伙伴关系	网络治理	共同生产	生产市场化	外部市场		
治理机制	科层命令—控制承诺	竞争科层	契约关系信任	契约网络关系信任	网络关系信任竞争	科层契约竞争	契约竞争选择	科层网络关系信任竞争	（反）科层控制承诺
核心过程	组织建构 ·政治过程		合作建构过程 ·面对面沟通 ·信任建构 ·承诺+共享理解 ·中间产出			契约建构过程 ·合约准备 ·合约签订 ·合约执行		元治理的建构 ·政治过程 ·面对面沟通 ·制度性规则确立 ·承诺、共享与信任	市场建构 ·政治过程 ·合约过程

资料来源：作者自制。

　　需要说明的是，首先，这些模式都是连续谱。这意味着，任何一种制度模式本质上都是一种纯粹类型。从连续谱的意义上来看，绝大多数的制度都是由非常多样化的治理机制"整合"而成的。这意味着，一方面，混合制才是绝大多数公共服务供给所采用的制度模式；另一方面，正是对不同机制的混合可以有效地界定混合模式的差异。要有效分析公共服务供给过程中的公私合作模式，需要进一步理解制度模式的多样性，这构成了分析公私合作问题的基础。

　　其次，需要注意的是，在本书的框架中，行动者和过程在制度模式的建构中扮演着非常关键的角色。本书并不将制度所塑造的激励和约束系统对制度模式和制度绩效的影响进行单向的假定。制度的绩效确实是通过某种激励和约束系统影响行为者的产出塑造的。但是，制度本身同时也影响了行动者对治理机制以及制度模式进行系统性重塑的可能性。在特定的制度情境的约束下，系统地讨论制度模式通过互动过程何以塑造不同的制度模式，也是这一理论视角的核心内容。

第三节　制度成本、任务属性与制度选择

　　上文已经对不同的公私合作制度模式进行了分析，接下来的问题是讨论影响不同治理模式被选择的因素。在比较制度分析视角下，不同的制度成本是影响制度选择的最为核心的机制。所以，首先需要解决的问题是制度成本的分布以及其对制度模式选择的影响。进一步的问题是，给定制度成本的分布，什么因素会影响制度成本？在制度分析的视角下，公共服务的属性以及制度环境都可能影响制度成本，进而影响制度模式的选择。这是本节将要集中讨论的问题。

一　制度成本问题

　　弗鲁博顿和芮切特在总结交易成本时，将交易成本分为三种类型：市场型交易成本、管理型交易成本以及政治型交易成本。市场型交易成

本是使用市场的成本；管理型交易成本是企业内部发号施令的成本；政治型交易成本是指"就法律意义上的制度而言……政治制度框架的运行和调整所涉及的成本"。① 这种分类将不同制度模式建构中所涉及的成本性质表述得非常清晰，且将政治型交易成本纳入交易成本的分析，对制度分析具有非常重要的意义。所以，本书采用这种成本分类，即在公共治理中，无论选择何种治理制度，都可能涉及三种成本中的一种或多种，即市场的交易成本、科层制度的管理成本以及市场的管制成本。同时，考虑到公私合作制度的丰富性和复杂性，在"社会"一端，建构有效的合作制度也是制度成本的重要组成部分。所以，根据制度模式的分类，本书将关系建构成本纳入考量。这些制度成本的存在均与行动者的治理机制建构过程紧密相关。

首先，交易成本是建构公私合作制度——特别是市场制度——的重要成本。一般来说，交易成本主要与契约的准备和执行过程有关，包括：①契约的准备费用（搜寻和信息费用）；②决定签约的费用（谈判和决策费用）；③监督费用和契约义务履行费用。② 可见，公共治理中的市场制度的交易成本主要包括契约成本和契约风险；契约成本与信息不对称有关；契约风险与道德风险所造成的投机行为有关；这两个方面都与资产专用性相关；资产专用性恰是所有公共治理投资的内在属性。契约成本包括契约准备、签订以及契约执行的成本；契约风险成本主要是风险保障成本。

其次，管理型交易成本包括：①建立、维持或改变一个组织设计的费

---

① 〔美〕埃里克·弗鲁博顿、〔德〕鲁道夫·芮切特：《新制度经济学——一个交易费用的分析范式》，姜建强、罗长远译，上海人民出版社，2006，第89页。

② 〔美〕阿兰·斯密德：《财产、权力和公共选择——对法和经济的进一步思考》，黄祖辉等译，上海人民出版社，2006，第67页；〔美〕埃里克·弗鲁博顿、〔德〕鲁道夫·芮切特：《新制度经济学——一个交易费用的分析范式》，姜建强、罗长远译，上海人民出版社，2006，第99页。

用；②组织运行的费用。① 在公共治理制度中，管理成本主要是组织运行的费用，这与公共组织中的"委托—代理"问题有关。在信息不对称的条件下，代理人可能采取"隐藏行为"和"隐藏信息"的策略，导致道德风险。② 由于公共服务供给的特殊性，成本核算非常困难：对于需要什么，导致的后果是什么，这些后果是否是由官员的行为造成的，会产生什么影响等问题很少有完整答案。同时，信息不对称加大了底层官员的道德风险，也导致激励不完善，甚至是负激励。虽然监督可以解决部分问题，但由于控制递减定律，完全控制和监督是不可能的。所以，管理成本主要源于公共组织中的 X-无效率，即它的单位成本总是高于必需的单位成本。③ 这对于公共治理制度特别是官僚制来说特别重要。

再次，在市场制中，由于市场是不完美的，对市场的管制是必要的，特别是在公共服务的供给过程中。然而，对"市场"的管制也是有成本的④，包括：①建立新的组织和规则；②利用特定的政治资源，比如说法律资源；③管制运行过程的成本，这需要管制对象的详细信息。一般情况下，对于市场的管制不仅涉及一个部门或组织，新规则的创立也是关涉政治结构的问题。所以，管制成本往往是高昂的。

最后，合作关系的建构成本。在市场失灵和政府失灵之间，绝大多数的学者开始寻求某种"社会方案"，即通过参与和合作来建构信任关系被视为解决公共服务供给的新选择。但是，信任本身就是公共物品，合

---

① 〔美〕埃里克·弗鲁博顿、〔德〕鲁道夫·芮切特：《新制度经济学——一个交易费用的分析范式》，姜建强、罗长远译，上海人民出版社，2006，第487页。

② Oliver D. Hart and Bengt R. Holmstrom. 1987. "The Theory of Contracts." In Truman F. Bewley, ed., *Advances in Economic Theory*. Cambridge：Cambridge University Press, p. 89；Eric Rasmusen. 1989. *Games and Information：An Introduction to Game Theory*. Oxford：Basil Blackwell, p. 23.

③ Jan-Erik Lane. 2000. *New Public Management*. London：Routledge, p. 68.

④ 可能是由于管制与"法律"相关，其成本往往被认为是"国家"的，似乎只要法律存在，其就可以自动运行而不需要耗费资源。但是，真实的经济学认识到法律被执行的可能性以及执行的成本都是一个经验问题（参见：Oliver E. Williamson. 1985. *The Economic Institutions of Capitalism*. New York：Free Press, pp. 108-133）。

作关系的建构也是成本高昂的。一方面，几乎所有的信任关系的形成都需要时间。信任关系本质上是一种长期承诺，建立承诺需要时间检验。时间成本的存在也与建构过程的不确定性有关。关系建构需要面对面接触；针对未来的承诺需要保证短期收益——这可以促进时间和合作资本的继续投资，并且需要建构某种理念、共识以及道德共同体。但是这些要素能否有效建构都是不确定的。另一方面，信任关系的建构来自信任本身作为治理机制的脆弱性，关系的维持主要依赖于在发现对方的机会主义行为之后的"退出"威胁，这对于机会主义的惩罚是非常微小的。由于没有独立的第三方，除非关系网络是垄断的和封闭的，否则，基于网络的"祛除"惩罚可能不会真正威胁到机会主义行为。但是，网络的封闭虽然可以带来惩罚效应，但也可能导致资源的不足、权力结构的滥用以及系统性偏差和排斥效应。

二 制度成本和治理制度选择

上文已经界定了公共服务公私合作模式中可能存在的四种制度成本，制度成本的分布是影响治理模式选择的核心影响因素。科层制的优势在于"提供了贯彻行政职务专业化（根据纯粹事务化的考量）原则的最佳可能性，每个职员皆负有个别的任务，他们受过专业的训练，而且在不断的实习中增加自己的专业知识，'切事化'地处理事务"①。但是，随着时间的推移，行政人员自己的利益在说明组织存在的合理性时变得越来越重要——尽管在与外界人士讨论时，行政人员的利益从来都不是唯一的理由。② 所以，科层制的问题在于巨大的管理成本，或者说 X-非效率，这导致了浪费、繁文缛节以及风险规避。但是，科层制中的管制是内部化的，对于市场交易的规避节省了市场制度成本。所以，科层制的成本结构主要是高昂的管理成本，几乎为零的交易成本和管制成本。

---

① 〔德〕马克斯·韦伯：《支配社会学》，康乐、简惠美译，广西师范大学出版社，2004，第46页。

② Gordon Tullock. 1965. *The Politics of Bureaucracy*. Washington, D. C.: Public Affairs Press, p. 4.

在科层制之外，市场制度也拥有自身的优势和风险。市场可以提供的是效率。在市场的竞争条件下，每一个市场主体都会在竞争的压力下改变相应的技术条件，采用创新的制度和技术形式，以获得最大化利润。但是，市场也是有代价的。在市场制中，政府不具备完全的信息和能力知晓生产厂商的行为；生产厂商的失误和欺骗会带来沉重的代价。当政府深深地卷入到契约关系，成为市场主体，交易成本会成为主要的成本来源。市场制的优势在于几乎为零的管理成本：有效的竞争可以促使管理成本趋于零。①

除了交易成本，市场制的管制成本也是市场制度成本的重要来源。在市场制之中，政府的合约角色与管制角色有相互替代的效应：当政府卷入到契约关系之中，政府管制任务在很大程度上被契约执行机制替代。但是，随着政府角色的撤出、市场角色的跟进以及消费者作用的凸显，管制成本会急剧上升。对于本就无法有效进行市场化的公共服务，市场化只不过是转移了"有缺陷"的主体，但并没有改变"缺陷"本身。所以，管制是必要的，但困难重重：怎样管制、如何管制从来就没有头绪。新组织和新规则的建立、新的管制信息的获得都缺乏制度化的手段，管制困境最终使市场化的成本非常高昂。②

对于混合制而言，制度成本的结构更为复杂。在混合制中，决定其成本结构的核心因素是混合的逻辑。混合制的核心特征是某种长期伙伴关系的建构，长期信任在其中扮演着核心角色。所以，混合制最重要的成本源于关系建构。除此之外，混合制之中存在大量的市场机制以及交易关系，所以，交易成本也是混合制中重要的成本部分。混合制主要通过多边关系进行构建，所以关系扮演了管制者的角色。相较而言，混合制中的管制成本取决于"混合"的逻辑。同时，在基于长期关系建构的混合制中，管理问题基本上被长期关系覆盖。长期关系的结构以及对于长期关系的管理最终决定了混合

① 当然，这是针对 X-效率而言的，有关 X-效率，可参见：Harvey Leibenstein. 1966. "Allocative Efficiency versus X-Efficiency." *American Economic Review*, 56（3），392-415。

② Jan-Erik Lane. 2000. *New Public Management*. London：Routledge, p. 78.

制的管理成本。

总之，要讨论公共治理中的制度选择，首先需要清晰地界定每一种制度模式的成本结构。如表 2-2 所示，饱受诟病的科层制虽然在绩效表现上似乎"一团糟"，但在双方高度相互依赖且信息高度不对称的情况下，科层制往往是最好的选择。[①] 在节约交易成本和管制成本方面，官僚制是最成功的。同时，市场制是非常重要的制度模式。但是，正如 Lane 的警告："广泛意义上的公共管理，不仅需要意识到契约在公共部门中的优势，还要理解契约制的限度。"[②] 市场制带来高度不确定性和扩大选择权的负面效应往往使管制失效。即使管制是可能的，高昂的成本也使得在考虑市场制度时需要作出谨慎的权衡。同样，在混合制中，关系建构的成本和市场的交易成本也会是这一制度模式被选择的重要掣肘因素。

表 2-2 制度成本的成本结构

	官僚制	混合制	市场制
交易成本	✕	√	√
组织—管理成本	√	—	✕
管制成本	✕	—	√
关系建构成本	—	√	—

说明："✕"表示与制度形式相应的成本水平几乎为零；"—"表示与制度形式相应的成本水平一般，或者无法准确界定；"√"表示与制度形式相应的成本水平很高。

资料来源：作者自制。

三 公共服务的属性与制度选择

上文介绍了不同的制度成本分布。遵循比较制度分析的逻辑，不同的制

---

① Gary J. Miller. 1992. *Managerial Dilemmas：The Political Economy of Hierarchy*. Cambridge：Cambridge University Press, p. 152.

② Jan-Erik Lane. 2000. *New Public Management*. London：Routledge, p. 182.

度模式之所以被选择，是因为"总制度成本的最小化"。或者说，制度选择的核心是"匹配"。不同的公共服务拥有不同的属性，如可竞争性、可排他性、流动性、复杂性等，都会影响治理模式的选择。① 特定制度安排与特定公共服务的属性有关，是比较制度绩效的结果。②

在对公共服务供给制度进行分析的过程中，首先需要确认公共服务的属性。其中，公共服务的公共性，即可竞争性和可排他性程度，是影响制度成本的关键。同时，公共物品的治理可能面临大量的其他属性，例如埃莉诺·奥斯特罗姆所强调的动态性、复杂性和不确定性③，这些要素共同影响着公共治理的过程成本。这些成本并不因特定公共服务供给模式的选择而消失。例如，随着公共服务的"公共性"和复杂性的提升，官僚制中的监督和管理成本，市场制中的测量、签约以及事后的契约治理成本，混合制中的长期关系的建构成本都会上升。唯一的区别在于，不同的物品属性意味着成本变化的结构存在差异。换言之，随着公共服务的复杂性和公共性同时提升，不同制度模式的制度成本虽然都会提升，但是变化的幅度存在差异。这是公共治理任务属性—制度模式匹配的内在机理。

需要注意的是，公共服务属性之所以重要，除了对制度成本结构和分布的直接影响之外，其可能造成的竞争效应会带来制度成本分布的差异。竞争性市场通过向政府传递成本和质量信息，对高绩效的生产者进行选择，从而实现绩效提升。④ 但是，面对具有潜在市场失灵风险的公共服务市场——例如社会服务领域，这样的条件往往不具备，有可能损害市场制度的

---

① Elinor Ostrom. 2005. *Understanding Institutional Diversity*. New York, N. J. : Princeton University Press, p. 209.

② Donald F. Kettle. 1992. *Sharing Power: Public Governance and Private Markets*. Washington D. C. : The Brookings Institution, p. 78; Oliver Hart, Andrei Shleifer, and Robert W. Vishny. 1997. "The Proper Scope of Government: Theory and an Application to Prisons." *The Quarterly Journal of Economics*, 112 (4), 1127-1161; Elinor Ostrom. 2005. *Understanding Institutional Diversity*. New York, N. J. : Princeton University Press, p. 145.

③ Elinor Ostrom. 2005. *Understanding Institutional Diversity*. New York, N. J. : Princeton University Press, p. 149.

④ James Buchanan. 1971. "Principles of Urban Fiscal Strategy." *Public Choice*, 11 (1), 1-16.

比较成本优势。[①] 随着公共服务的复杂性和公共性的上升，市场制度被建构的可能性和成本也会上升。建构有效的竞争制度既可能源于技术上的不可行——例如某一物品本就是公共物品，具有强的垄断性特征，也可能因为制度上的不可行——一旦早期没有相应的服务市场作为基础，新的竞争性市场的建构也会面临制度性阻碍。

四　小结

至此，本章可以对制度模式选择与公共服务属性之间的关系进行总结。为了实现公共服务的有效供给，存在不同的治理制度。特定的公共治理制度的选择是与治理的属性、治理制度的特定成本结构以及最低制度成本相匹配的。[②] 如图 2-5 所示，随着公共服务的公共性和复杂性的上升（横轴 G 表示），不同的治理安排的成本结构存在差异。其中，科层制的成本结构［C（B）］最平滑，但其初始成本最高。市场制的成本结构［C（M）］最陡峭，其初始成本也最低。混合制的成本结构［C（H）］以及初始成本都处于中间状态。这可以得到两个基本结论：第一，任何制度的成本都会因为公

---

① Robert H. Carver. 1989. "Examining the Premises of Contracting out." *Public Productivity and Management Review*, 13 (1), 27-40; Elliott Sclar. 2000. *You Don't always Get What You Pay for: The Economics of Privatization*. Ithaca, N. Y.: Cornell University Press, p. 78; David M. Van Slyke. 2003, "The Mythology of Privatization in Contracting for Social Services." *Public Administration Review*, 63 (3), 296-315; Jocelyn M. Johnston, Barbara S. Romzek, and Curtis H. Wood. 2004. "The Challenges of Contracting and Accountability Across the Federal System: From Ambulances to Space Shuttles." *Publius: The Journal of Federalism*, 34 (3), 155-182; Germà Bel and Mildred E. Warner. 2008. "Does Privatization of Solid Waste and Water Services Reduce Costs? A Review of Empirical Studies." *Resources, Conservation and Recycling*, 5 (2), 1337-1348; Mildred E. Warner and Germà Bel. 2008. "Competition or Monopoly? Comparing Privatization of Local Public Services in The Us and Spain." *Public Administration*, 86 (3), 723-735; Germà Bel, Xavier Fageda, and Mildred E. Warner. 2010. "Is Private Production of Public Services Cheaper Than Public Production? A Meta-Regression Analysis of Solid Waste and Water Services." *Journal of Policy Analysis and Management*, 29 (3), 553-77.

② 例如，Williamson 在研究为什么一个国家的驻外机构不能市场化这一问题时，界定了契约的"忠诚"属性，这在市场制度中很难得到提供，只有在科层制中才能得到满足（参见：Oliver E. Williamson. 1999. "Public and Private Bureaucracies: A Transaction Cost Economics Perspective." *The Journal of Law, Economics, & Organizations*, 15 (1), 306-342.）。

共服务的复杂性的上升而上升；第二，不存在"万能药"的制度模式，只存在"配适"的，或者说，成本最小化的模式。从"配适"的角度来看，市场制可能仅仅适用于那些复杂性和公共性较低的公共服务；在面临更为复杂的公共服务时，科层制可能是"最不坏"的解决方案。例如，城市垃圾处理服务是适合市场模式的典型，其相对科层制来说具有比较优势①，但外交服务就不一定了。②

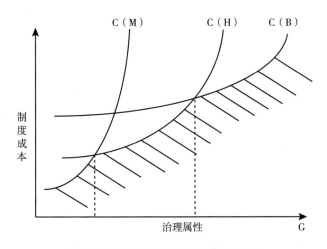

图 2-5 治理属性与制度成本的关系

第四节 制度环境、制度选择与制度绩效

上文主要对制度成本问题进行了讨论。但是，影响制度选择的因素除了公共服务的属性以及由此导致的制度成本之外，公共服务制度所嵌入的制度环境也是讨论制度模式选择的关键因素。

---

① Emanuel S. Savas. 2000. *Privatization and Public-Private Partnerships*. London：Chatham House，p. 69.

② Oliver E. Williamson. 1999. "Public and Private Bureaucracies：A Transaction Cost Economics Perspective." *The Journal of Law，Economics，& Organizations*，15（1），306-342.

一 制度环境影响制度模式的机制

（一）制度环境与制度空间

一般情况下，任何制度都涉及一个组织结构；但是，正如科尔曼所言，制度本身就是公共物品，制度的供给也面临集体行动困境。① 一般来说，与其创造一个新的治理制度，不如对一个已经存在的制度进行适应或者利用。② 同时，任何制度的发明都是知识调动过程。所以，制度创新就像是技术创新一样，是一个困难的过程。如果革新必须等待新安排形式的发明，那么，新制度安排的供给时滞非常长。所以，对于大多数国家来说，它们并不一定可以低成本地选择市场制——市场作为一种制度模式是需要创造的；③所有其他制度模式也是如此。④ 然而，如果在一种情况下被证明可行的安排形式稍作变动后也能适用于另一情况，制度供给的时滞就会被缩减。⑤ 这说明，原有的制度结构非常重要。原有制度不仅作为影响新的制度选择，最重要的是，原来存在的制度可以实现功能置换，从而大大降低新制度安排的成本。⑥ 由此可见，制度背景的重要性就体现在不同的制度安排是否存在，它们是否可以以低廉的成本完成功能转型，从而完成其他公共治理任务。

另外，制度环境会对新制度的出现进行差异性激励，影响不同制度的总体成本。获得正式制度承认的制度安排能够获得合法性，制度运转的成本更

---

① James C. Coleman. 1990. *The Foundations of Social Theory*. Cambridge：Harvard University Press，p. 480.

② Anne O. Krueger. 1990. *The Political Economy of Controls：American Sugar*，NBER Working Paper，No. 2504.

③ 〔美〕唐纳德·凯特尔：《权力共享——公共治理与私人市场》，孙迎春译，北京大学出版社，2009，第 11 页。

④ Michael Hechter. 1990. "The Emergence of Cooperative Social Institutions." In Michael Hechter, Karl-Dieter Opp, and Reinhard Wippler, eds., *Social Institutions*. New York：Aldine de Grayter, p. 78.

⑤ Lance E. Davis and Douglass C. North. 1971. *Institutional Change and American Economic Growth*. Cambridge：Cambridge University Press, p. 9；Douglass C. North. 1990. *Institutions, Institutional Change, and Economic Performance*. Cambridge：Cambridge University Press, p. 21.

⑥ Douglass C. North. 2005. *Understanding the Process of Economic Change*. N. J.：Princeton University Press, p. 81.

低。能够获得社会制度背景认可的制度也如其符合正式制度一样，在运转的过程中也会受到鼓励。特别是，就算正式制度不承认一些制度模式，这些模式即便可以存在，其维持也是艰难的，成本也是高昂的，风险也是非常大的。总之，正式的以及非正式的制度背景是否鼓励新的制度安排、会怎样鼓励，以及新的制度安排是否可以低成本地进行实验，这在很大程度上影响了可以选择的制度模式。

（二）制度环境与制度成本

威廉姆森对嵌入性的理解是："对'嵌入性很重要'这一命题的一阶反应是把制度环境视为各种变动参数；这些参数中发生的变化改变了治理制度的比较成本。"[1] 这构成了制度背景作用的第二个机制：影响不同制度模式的相对制度成本，从而改变制度安排和制度选择。前文已经论述，制度的可选择性和多样性是需要验证的命题，问题的关键在于不同制度模式的制度成本，而这种制度成本在不同的公共服务中是不同的。同时，在不同的制度背景下，不同的制度模式的制度成本也是不同的。

在科层制中，上下级之间的信任关系越强，下级对上级的任务以及他们对整个管理制度的核心目标是一致的、统一的，管理成本就会越低。但是，这要求人们有着相似的经历、处于相似的社会背景之中。在市场安排中，由于涉及合约履行，具有第三方执行合约的制度环境会大大降低市场的交易成本。此时，市场安排的相对成本会降低，这也是制度背景对制度安排起作用的重要方式。

二 制度环境与制度模式的选择

上文主要讨论了制度安排对公共治理制度模式的影响机制，接下来，本章将进一步扩展这一框架。如上所述，诺思将制度主要分为正式制度和非正式制度，将制度环境分为政治结构、产权结构和社会结构三个方面。[2] 政治

---

① 〔美〕奥利弗·威廉姆森：《治理机制》，王健、方世建等译，中国社会科学出版社，2001，第422页。

② Douglass C. North. 1990. *Institutions, Institutional Change, and Economic Performance.* Cambridge: Cambridge University Press, p. 87.

结构是指一系列政治安排，产权结构指确保私人产权体系得以界定和实现的规则体系，二者都是相对正式的制度安排；社会结构是相对非正式的制度体系，所以，综合而言，制度环境主要包括两个方面：正式制度结构和社会制度结构。正式制度环境表现为权力结构和法律结构；相应地，社会制度结构是相对非正式的、在社会中广泛存在的制度实践，往往是新制度安排的来源。但这种制度环境界定没有完整梳理社会结构的本质——社会结构比非正式制度包含更多的要素，本书对社会制度结构的讨论将转向社会资本视角，用社会资本替代社会制度结构。

（一）正式制度结构和制度选择

1. 权力结构

公共治理制度创新并不是通过市场化来实现的，而是通过一系列反复的对话协商程序进行集体决策的过程实现的。[①] 在特定的公共服务供给模式中，权力结构与以下两个因素相关：第一，是否存在公众参与的制度结构；第二，是否具有权力分享安排。这构成了特定公共服务供给场域中的权力开放性标准。如果公众参与渠道多，在政治规则层面权力是共享的、复合的，那么这种权力结构就更开放。如果公众参与渠道少，权力高度集中，这种权力就属于封闭的权力结构。当然，权力结构的开放性程度并不是非此即彼的；开放性是一个连续的，并且是一个不完整的系谱。要作为一个经验的和实证的变量，需要对具体的结构背景进行分析。

开放的权力结构之所以重要，首先在于分享的、民主的和参与的权力结构可以"增大"制度空间，鼓励多样化的制度实践。其次，不同的权力结构对不同的制度成本也有影响。参与的可能渠道越多，权力共享的范围越大，政治权力所受到的制约就越大。对于生产者来说，这降低了参与政府交易的风险、腐败的可能性以及市场的交易成本。最后，共享的权力安排可以降低信息流动的成本。信息问题——无法获得真实个人信息，无法保证个人

---

① Amir Hefetz and Mildred Warner. 2007. "Beyond the Market vs. Planning Dichotomy: Understanding Privatization and its Reverse in US Cities." *Local Government Studies*, 33 (4), 555- 572.

披露真实信息——是公共财政和公共政策面临的一个基本难题。[①] 开放的权力结构有助于信息的流动，从而降低市场的交易成本以及合作建构的成本。

2. 法律结构

极端来看，产权结构与权力结构是相似的，"产权体系描述了社会中权力的分配"[②]。但产权结构不只包括权力的分配，还与有效的法律体系有关。法律结构是正式制度结构的另外一个重要部分。有效的法律体系主要有两个作用：①降低交易成本，这是有效产权体系形成的重要原因；②建构有效的市场体系。有效的市场体系不仅包括法律规则，还包括有效的政府机构对规则的有效执行。

首先，法律结构包括清晰的产权界定和低廉的法律执行成本。考虑到公共服务供给的特殊性，即公共服务与政治相关，并且有着自身的契约和法律逻辑——"合同或者合同的有效性和可执行性要遵从无数的公共部门合同的规定"[③]——的情况下，这一机制的作用就更加明显。权利体系越明晰，市场主体在与政府做交易的过程中就越具有清晰的预期，不确定性就会降低，市场和其他的混合安排越会受到鼓励。其次，权利体系的明晰性还依赖于是否存在一套由法庭来执行的、透明度高的、全国性的竞争规则；如果不存在，短期合同制就不可能顺利地运行。[④] 换言之，一个高效的法律体系可以降低契约的执行成本、降低合约的市场风险，降低风险保障的成本，从而降低市场的交易成本。最后，法律结构影响有效市场建构的能力。有效的市场建构需要一个政府机构建构有效的规则体系，并且有效地执行。如果这一体系不存在，短期合同制顺利运行的可能性微乎其微。[⑤] 可见，有效市场结

---

① 〔以〕阿耶·L. 希尔曼：《公共财政与公共政策》，王国华译，中国社会科学出版社，2006，第390页。

② Thráinn Eggertsson. 1993. "The Economics of Institutions: Avoiding the Open-Field Syndrome and the Perils of Path Dependence." *Acta Sociologica*, 36 (3), 223-237.

③ 〔英〕简·莱恩：《新公共管理》，赵成根译，中国青年出版社，2004，第210页。

④ 〔澳〕欧文·E. 休斯：《公共管理导论》（第二版），彭和平等译，中国人民大学出版社，2004，第48页。

⑤ Owen E. Hughes. 2003. *Public Management and Administration: An Introduction*. New York: Palgrave Macmillan, p. 450.

构的出现是以有效的"政府—市场"关系和有效的规则建构和执行为前提的，这样的制度体系会鼓励市场化和社会化的制度安排，促使制度安排的去官僚化。

3. 小结

从正式制度结构和制度选择的关系来看，不同的权力结构和法律结构对制度空间和制度成本的影响是不同的（见表2-3）。首先，不同的正式制度结构对于制度空间的影响存在差异。开放的权力结构有利于形成更多的可选择的、有历史基础的制度机制。如果权力结构是开放的、法律权利是明晰的，那么，可以选择的制度空间是可以扩大的。其次，开放的权力结构以及明晰的法律结构可以有效降低市场的交易成本。同理，对于关系建构成本亦然。同时，开放的制度空间会鼓励多样化治理机制的建构以及混合制度安排的出现。对于管制成本的影响来说，有关私营化的证据表明，并非所有的国家都有能力设计管制制度，以提供一个"公平"管制过程的合理承诺。这说明，在一个有效的产权体系中，管制成本可以降低；开放的权力结构同样提供了开放的信息交流机制，降低了市场管制的成本。

表 2-3　正式制度结构与制度选择

	权力结构		法律结构	
	开放的	封闭的	明晰的	模糊的
制度空间	√	×	—	—
管理成本	—	—	—	—
交易成本	√	—	√	×
管制成本	√	—	√	—
关系建构成本	√	×	√	×

说明："√"表示存在这样的可能；"×"表示没有可能性；"—"表示影响机制不确定。
资料来源：作者自制

（二）社会资本与制度选择

为了系统分析社会制度背景对于制度模式的影响，本书将社会制度背景的作用机制转换为社会资本对于制度模式选择的影响，从而规避社会制度背景概念的非精确性。帕特南把社会资本看作对生产力有影响的人们之间构成的一系列横向联系。这些联系包括公民约束网和社会准则。[1] 在该定义中，社会资本的主要特征是它促进了社会成员相互利益的协调与合作。在对社会资本进一步讨论的过程中，诺曼·厄普霍夫区别了两种相互关联的分类现象：①结构性的；②认知性的。[2] 其中，结构性分类与各种社会组织有关，尤其是组织、规则、先例和程序以及大量有助于合作的网络。认知性分类是从认知过程以及其理念中得来的，被文化和意识形态所加强，特别是指有助于合作行为和互利集体行动的标准、价值、态度和信仰。[3] 基于此，本书所采用的社会资本的分类模式如下：一种是结构性的，即以社会组织和社会网络为形式的社会资本，包括一系列非正式的社会安排；另一种是认知性的，即与文化和意识形态相关，包括被广泛研究的信任关系。

1. 结构性社会资本

结构性社会资本主要包括社会组织、社会网络和非正式规则。这些因素可以显著影响制度模式的选择。首先，有效的制度安排往往需要众多的参与主体。例如，政府向社会组织购买公共服务是非常有效的制度安排[4]，但社会资本决定了社会组织的质量。[5] 其次，结构性社会资本还有助于提高公民参与水平[6]，而有效的制度创新需要有效的沟通和协调。再次，结构性社会资本的

---

[1] 〔英〕罗伯特·帕特南：《使民主运转起来》，王列、赖海榕译，江西人民出版社，2006，第 203 页。

[2] Noman Uphoff. 2000. "Understanding Social Capital: Leading from the Analysis and Experience of Participation." In Partha Dasgupta and Ismail Serageldin (ed.), *Social Capital: A Multifaceted Perspective*. Washington D. C.: The International Bank for Reconstruction and Development, p. 79.

[3] Noman Uphoff. 2000. "Understanding Social Capital: Leading from the Analysis and Experience of Participation." In Partha Dasgupta and Ismail Serageldin (ed.), *Social Capital: A Multifaceted Perspective*. Washington D. C.: The International Bank for Reconstruction and Development, p. 79.

[4] Lester M. Salamon. 1995. *Partners in Public Service*. Baltimore: Johns Hopkins University Press, p. 301.

[5] 郑苏晋：《政府购买公共服务：以公益性非营利组织为重要合作伙伴》，《中国行政管理》2009 年第 6 期。

[6] Nojin Kwak, Dhavan V. Shah, and R. Lance Holbert. 2004. "Connecting, Trusting, and Participating: The Direct and Interactive Effects of Social Associations." *Political Research Quarterly*, 57 (4), 643-652.

不同结构性要素也会对制度空间和制度成本产生影响，从而影响制度模式的选择。最后，从社会组织来看，其可以支持诸多制度模式的存在。结构性社会资本的存量越大，可能支持的公共治理安排的制度模式就越多。从社会网络来看，其在社会关系中拥有较高的信息潜力，[①] 能够降低交易成本、管理成本[②]、管制成本和关系建构成本。从非正式制度来看，其可以在一定程度上弥补正式安排的不足。[③] 非正式制度会正向鼓励相互之间的合作性行为，[④] 提高信息的流动性和准确性，降低市场的交易成本和管制成本。[⑤]

2. 认知性社会资本

认知性社会资本包括内化的社会准则、社会信任和文化模式。它们的存在对于公共治理的制度空间以及不同制度的成本结构的影响也是非常显著的。总体上来看，认知性社会资本可以极大地影响制度空间和特定制度建构的成本。一方面，共享的社会准则和普遍的信任可以促进社会参与，在新的制度安排需要相互依赖的主体之间进行协商和合作时，这种安排尤为重要。[⑥] 另一方面，由于公共治理制度安排是一个寻求社会最优解（optimal solution）的过程，最佳的公共治理制度安排应当反映社会整体的价值观念[⑦]，所以文化

---

① 詹姆斯·科尔曼：《人力资本创造中的社会资本》，载帕萨·达斯古普特、伊斯梅尔·撒拉格尔丁编《社会资本——一个多角度的观点》，张慧东等译，中国人民大学出版社，2005，第 27 页；〔美〕马克·格兰诺维特：《镶嵌：社会网与经济行动》，罗家德译，社会科学文献出版社，2007，第 11 页。

② 〔美〕弗朗西斯·福山：《国家构建——21 世纪的国家治理与世界秩序》，黄胜强、许铭原译，中国社会科学出版社，2007，第 59 页。

③ 〔美〕道格拉斯·C.诺思：《制度、制度变迁与经济绩效》，杭行译，上海人民出版社，2008，第 56 页。

④ 〔美〕罗伯特·C.埃里克森：《无需法律的秩序——邻人如何解决纠纷》，苏力译，中国政法大学出版社，2003，第 204 页。

⑤ Joe Walls and Brian Dollery. 2001. "Government Failure, Social Capital and Appropriateness of the New Zealand Model for the Public Sector Reform in Developing Countries." *World Development*, 29 (2), 245-263.

⑥ Elinor Ostrom, Larry D. Schroeder, and Susan G. Wynne. 1993. *Institutional Incentives and Sustainable Development.* Boulder: Westview Press, p. 89.

⑦ David A. Lowery. 2000. "Transactions Costs Model of Metropolitan Governance: Allocation Versus Redistribution in Urban America." *Journal of Public Administration Research and Theory*, 10 (1), 49-78.

价值观念具有重要作用。

同样，社会准则、信任以及文化模式也会分别对不同制度的成本产生差异化影响，从而影响制度模式的选择。首先，从社会准则来看，其对于解决存在于集体中的公共物品问题是非常重要的。[①] 其次，学者们对于认知性社会资本的探讨主要集中于信任的作用。[②] 信任的存在可以增大制度空间，[③] 降低交易成本、关系建构成本和管制成本。[④] 同时，高度的信任促进合作，进而降低管理成本，虽然降低的成本水平值得探讨。最后，从文化信仰来看，其对制度模式的选择固然重要，但它起作用的方式难以确定。文化的作用经常在科层制组织中被探讨，所以我们首先关注文化观念对管理成本的影响，而对于制度空间、交易成本以及管制成本来说，文化的影响都是不确定的。

（三）小结：社会资本与制度选择

经过上文的分析可以发现，社会资本可以系统地影响制度空间以及制度成本，从而影响制度模式的选择。如表 2-4 所示，社会资本的两个方面——结构性社会资本和认知性社会资本——的存在对于公共治理制度的选择具有重要意义。丰富的结构性和认知性社会资本，一方面，可以扩大制度选择的范围；另一方面，可以降低不同的制度成本，虽然降低的程度有差

---

① 〔美〕詹姆斯·科尔曼：《人力资本创造中的社会资本》，载〔英〕帕萨·达斯古普特、〔埃〕伊斯梅尔·撒拉格尔丁编《社会资本——一个多角度的观点》，张慧东等译，中国人民大学出版社，2005，第 28 页。

② David G. Carnevale. 1995. *Trustworthy Government: Leadership and Management Strategies for Building Trust and High Performance*. San Francisco, CA: Jossey-Bass, p. 79.

③ 〔美〕弗朗西斯·福山：《信任——社会美德与创造经济繁荣》，彭志华译，海南出版社，2001，第 320 页。

④ Mark Granovetter. 1985. "Economic Action and Social Structure: The Problem of Embeddedness." *American Journal of Sociology* 91 (3), 481-510; Avner Greif. 1994. "Cultural Beliefs and the Organization of Society: A Historical and Theoretical Reflection on Collectivist and Individualist Societies." *Journal of Political Economy* 102 (5), 912-950; Kevin Sansom. 2006. "Government Engagement with Non-State Providers of Water and Sanitation Services." *Public Administration and Development*, 26 (3), 207-217; Ruth Hoogland DeHoog. 1990. "Competition, Negotiation, or Cooperation: Three Models for Service Contracting." *Administration & Society*, 22 (3), 317-340; Stephen Goldsmith and William D. Eggers. 2004. *Governing by Network*. Washington D. C.: The Brookings Institution, p. 91.

异。所以，在一般情况下，社会资本越丰富，可能支持的公共治理制度就越多样化，并且制度绩效会越高。

表 2-4　社会资本的作用机制

	结构性社会资本		认知性社会资本		
	社会组织/网络	非正式制度	社会准则	信任	文化信仰
制度空间	√	√	√	√	—
管理成本	—	—	—	√	—
交易成本	√	√	√	√	—
管制成本	√	√	—	√	—
关系建构成本	√	√	√	√	—

说明："√"表示存在可能性；"✕"表示没有可能性；"—"表示影响机制不确定。
资料来源：作者自制。

三　总结：制度环境与制度模式的综合模型

前文已经对制度环境的作用机制、正式制度结构以及社会资本通过相应的作用机制影响制度模式的选择进行了完整分析。基于此，我们可以对制度环境与制度模式的选择之间的关系进行总结。

如表 2-5 所示，开放的权力结构既可以实现制度空间的扩展——因为人们受到进行制度知识扩展的激励，也可以在这种条件下降低市场交易成本、关系建构成本和管制成本，进而支持市场和混合制度安排。明晰的法律制度可以建构清晰的产权体系以及低成本的产权执行机制。在这样的情境下，关系建构成本、交易成本和管制成本均下降，关系信任机制以及契约机制更容易实现，混合制以及市场制所需要的条件均可能得到更好的满足。丰富的结构性社会资本意味着多样化的组织和社会网络以及多样化的非正式制度，它会增加公共治理制度的可选择空间、提升信息潜力、降低交易成本和管制成本，进而支持政府与市场以及社会组织之间的合同关系，市场机制以及关系—信任机制均会被鼓励。认知性社会资本可以扩大制度选择空间，降低市场安排中的交易成本和管制成本，鼓励市场制度。[①]

表 2-5　制度环境与制度模式的选择

	制度环境			
	正式制度结构		社会资本	
	开放的权力结构	明晰的法律机制	结构性社会资本	认知性社会资本
制度多样性	√	—	√	√
科层制	—	—	—	—
市场制	√	—	√	√
混合制	√	—	√	√

说明："√"表示相应的制度结构支持相应的制度安排的出现；"—"表示相对来说更可能被替代；相反的逻辑也成立。

资料来源：作者自制。

最后，考虑到正式制度与非正式制度之间往往具有相互替代和相互促进的效应[②]，以及社会资本、政治制度安排之间的相互促进效应[③]，所以，分析社会资本和正式制度环境之间的互动关系，以及这样的互动对制度选择的影响是非常有价值的。总休来看，一个国家或地区的权力开放程度与社会资本的丰富性之间具有正向关系，且二者的多样性与制度安排的多样性是正相关的，都鼓励去官僚化的制度安排。同时，不同的制度环境倾向于鼓励不同制度安排的出现：开放的正式结构（特别是有效的法律体系）倾向于鼓励市场化制度安排的出现，丰富的社会资本倾向于鼓励社会化制度安排的出现。

[①] 〔美〕B. 盖伊·彼得斯：《官僚政治》（第五版），聂露、李姿姿译，中国人民大学出版社，2006，第 60 页。

[②] Andrew Stone, Brian Levy, and Ricardo Paredes. 1992. "Public Institutions and Private Transactions: The Legal and Regulatory Environment for Business Transactions in Brazil and Chile." *Policy Research Working Paper Series*, 254 (11), 334-349; Victor Nee. 2000. "The Role of the State in Making a Market Economy." *Journal of Institutional and Theoretical Economics*, 156 (1), 64-88.

[③] Robert D. Putnam. 1993. *Making Democracy Work*. Princeton: Princeton University Press, p. 203; 刘春荣：《国家介入与邻里社会资本的生成》，《社会学研究》2007 年第 2 期。

第五节　公私合作绩效：整合模型

回到本章的基本分析框架（见图 2-1），基于比较制度分析视角，本书建构了一个理解制度模式选择以及制度绩效的整合模型。这一分析框架在"制度环境+公共服务属性—制度安排"以及"制度安排—制度绩效"之间建立桥梁。不同的制度模式构建了不同的利益结构和激励结构，影响了制度的绩效水平和发展方向。但是，中间层次的制度安排是深深嵌入在制度环境之中的。制度环境塑造了制度安排中个人的激励和约束，改变了公私合作的制度完备性，进而影响了制度绩效。所以，要分析公私合作制度模式的多样化绩效，既需要分析制度模式及其产生的激励效应，还需要讨论不同制度环境对制度模式的激励以及对不同制度模式制度成本的影响。这些要素和机制共同影响了特定公私合作制度模式的绩效。

一　公共服务属性与制度绩效

公共服务属性是影响制度绩效的核心因素。公共服务的属性可以在两个方面影响公私合作制度模式，从而影响制度绩效。一方面，不同公共服务的属性会显著影响不同制度的制度成本，进而影响特定制度的相对成本。例如，随着公共服务公共性、公共服务的复杂性以及不确定性的提升，公共服务的测量和信息等问题会显著影响市场制度的相对成本优势。这意味着，公共服务的公共性和复杂性的提升，增加了通过市场，或者是通过简单的公私合作解决治理问题的成本。同样，随着公共服务复杂性的提升，"棘手问题"就会出现，任何简单的治理模式——无论是科层制还是市场制——可能都无法有效应对；更为复杂和混合的治理制度就具有能力上的相对优势。[1] 公共服务本

---

[1]　Brian W. Head. 2008 "Wicked Problems in Public Policy." *Public Policy*, 3 (2), 101-118; Catrien JAM Termeer, Art Dewulf, and Robbert Biesbroek. 2019. "A Critical Assessment of the Wicked Problem Concept: Relevance and Usefulness for Policy Science and Practice." *Policy and Society*, 38 (2), 167-179.

身的属性，以及是否存在与之匹配的治理制度，是影响公私合作制度绩效的关键因素。

另一方面，不同的公共服务属性意味着不同的竞争性市场存在的可能性。一旦存在竞争性市场，意味着不同的主体均参与到了特定公共服务的供给过程中。这些主体既可能是私人部门，也可能是社会部门，甚至可能是政府机构本身。问题的关键在于，一旦特定的公共服务可以有多样化的供给者和生产者，构建竞争市场的基本条件就具备了，多样化的制度空间就有可能出现，基于不同制度模式的比较就可以节约市场或者混合制的成本。同样，竞争性结构的存在也会显著降低市场的合同过程的成本以及市场制度建设的成本。

二　制度环境与制度绩效

（一）正式制度环境

制度环境对制度绩效的影响主要包括两个方面：一是正式制度环境的作用；二是社会资本的作用。其中，正式制度结构主要包括两个方面：权力结构和产权结构。开放的权力结构会增加资源在政府以及多样化主体之间的分配，增加和提升非政府主体的谈判机会、资源和能力，从而扩大制度空间，降低市场以及其他混合安排潜在的不稳定性，降低混合制度以及市场制度的建构成本。① 例如，一旦社会组织拥有更高的政治地位，那么，由于社会组

---

① B. Guy Peters. 1998. "With a Little Help from Our Friends: Public-Private Partnerships as Institutions and Instruments." In J. Pierre (ed.), *Partnerships in Urban Governance*. New York: St. Martin's Press, p. 35; Donald F. Kettle. 1992. *Sharing Power: Public Governance and Private Markets*. Washington D. C.: The Brookings Institution, p. 36; Elliott Sclar. 2000. *You Don't always Get What You Pay for: The Economics of Privatization*. Ithaca, N. Y.: Cornell University Press, p. 78; Steven Rathgeb Smith. 1996. "Transforming Public Services: Contracting for Social and Health Services in the U. S." *Public Administration*, 74 (1), 113-127; H. Brinton Milward and K. G. Provan. 2000. "Governing the Hollow State." *Journal of Public Administration Research and Theory*, 10 (2), 359-79; Witold J. Henisz. 2002. "The Institutional Environment for Infrastructure Investment." *Industrial and Corporate Change*, 11 (2), 355-389; Trevor L. Brown and Matthew Potoski. 2004. "Managing the Public Service Market." *Public Administration Review*, 64 (6), 656-668; Kelly LeRoux and Jered B. Carr. 2007. "Explaining Local Government Cooperation on Public Works Evidence from Michigan." *Public Works Management & Policy*, 12 (1), 344-358.

织与政府之间的目标一致性更高，政府与社会组织之间的合作结构就更有可能被建立，二者之间的制度成本也会降低。[①] 同时，由于公共服务领域的高专用性投资，更多的公民参与可以有效降低市场和混合制之中的交易成本、管制成本以及关系建构成本。[②]

同样，产权结构也会通过影响制度成本，最终影响特定制度模式的绩效。一方面，有效的产权体系可以提升政府承诺的可信性，降低与政府交易的市场风险，从而降低市场成本和关系建构成本。[③] 另一方面，有效的市场制度安排也依赖于一个围绕合约安排的管制性法律体系，在整体上降低市场化过程中各个主体面临的不确定性，从而降低市场化制度安排的风险，节约

① James Ferris and Elizabeth Graddy. 1986. "Contracting Out: For What? With Whom?" *Public Administration Review*, 46 (4), 332-344; Charles R. Wise. 1990. "Public Service Configurations and Public Organizations: Public Organization Design in the Post-Privatization Era." *Public Administration Review*, 50 (1), 141-155.

② Mathew D. McCubbins and Thomas Schwartz. 1984. "Congressional Oversight Overlooked: Police Patrols versus Fire Alarms." *American Journal of Political Science*, 28 (1), 165-179; Jocelyn M. Johnston and Barbara S. Romzek. 1999. "Contracting and Accountability in State Medicaid Reform: Rhetoric, Theories, and Reality." *Public Administration Review*, 59 (5), 383-399; William R. Potapchuk, Jarle P. Crocker Jr, and William H. Schechter. 1999. "The Transformative Power of Governance." *National Civic Review*, 88 (3), 217-248; David Stasavage. 2002. "Private Investment and Political Institutions." *Economics & Politics*, 14 (1), 41-63; Trevor L. Brown and Matthew Potoski. 2003. "Managing Contract Performance: A Transaction Costs Approach." *Journal of Policy Analysis and Management*, 22 (2), 275-297; Albert Hofmeister and Heiko Borchert. 2004. "Public-Private Partnerships in Switzerland: Crossing the Bridge with the Aid of a New Governance Approach." *International Review of Administrational Science*, 70 (2), 217-32; Pamela Bloomfield. 2006. "The Challenging Business of Long-Term Public-Private Partnerships: Reflections on Local Experience." *Public Administration Review*, 66 (3), 400-411; Yijia Jing and Emanuel S. Savas. 2009. "Managing Collaborative Service Delivery: Comparing China and the United States." *Public Administration Review*, 69 (s1), S101-S107; M. Ramesh, Eduardo Araral, and Xun Wu, eds. 2010. *Reasserting the Public in Public Services: New Public Management Reforms*. London, UK: Routledge, p. 29.

③ H. Brinton Milward and Keith G. Provan. 2000. "Governing the Hollow State." *Journal of Public Administration Research and Theory*, 10 (2), 359-379; Mounir Zouggari. 2003. "Public-Private Partnerships: Major Hindrances to the Private Sector's Participation in the Financing and Management of Public Infrastructures." *International Journal of Water Resources Development*, 19 (2), 123-29; Yijia Jing and Emanuel S. Savas. 2009. "Managing Collaborative Service Delivery: Comparing China and the United States." *Public Administration Review*, 69 (s1), S101-S107.

制度成本。① 无论是市场建立以及运行的过程，还是其他混合的公私合作伙伴关系的建构，有效的产权体系都可以保证即便复杂的治理结构被建构，不同主体的基本权利和责任也可以得到有效的分配。不仅如此，特定的合作模式还可能存在专门的法律规则，这可以显著降低公私合作的制度成本，提高制度绩效。

（二）社会资本

正式制度环境对于制度绩效的影响只是故事的一方面；作为总体制度环境的另一维度，社会制度环境对于理解制度绩效的差异也有非常重要的作用。特别是，作为社会制度结构的基本组成要素，社会资本的丰富程度在很大程度上决定了特定制度模式所嵌入的制度环境，从而影响制度安排，进而影响制度绩效。

从结构性社会资本来看，社会组织、社会网络以及约束不同主体关系的非正式制度都会通过各个机制影响特定制度模式成功的可能性。首先，多样化社会组织的存在可以刺激竞争，降低市场以及混合制度的成本。② 特别是社会组织与政府目标一致性程度更高，更有可能降低混合以及市场制度的成本，提高制度绩效。③ 其次，社会组织的多样性是多样化制度安排的基础；其中，多样化社会组织的存在是合作制度得以建构的基石。

---

① Nutavoot Pongsiri. 2002. "Regulation and Public-Private Partnerships." *The International Journal of Public Sector Management*，15（6），487-495；Darrin Grimsey and Mervyn Lewis. 2004. *Public Private Partnerships*：*The Worldwide Revolution in Infrastructure Provision and Project Finance*. Cheltenham，U. K.：Edward Elgar，p. 65；Brian Brewer and Mark R. Hayllar. 2005. "Building Public Trust through Public-Private Partnerships." *International Review of Administrative Sciences*，71（3），475-92；Cesar Queiroz. 2007. "Public-Private Partnerships in Highways in Transition Economies：Recent Experience and Future Prospects." *Transportation Research Record*：*Journal of the Transportation Research Board*，1996（1），34-40.

② Tom Entwistle and Steve Martin. 2005. "From Competition to Collaboration in Public Service Delivery：A New Agenda for Research." *Public Administration*，83（1），233-42；Mildred E. Warner and Germà Bel. 2008. "Competition or Monopoly? Comparing Privatization of Local Public Services in The Us and Spain." *Public Administration*，86（3），723-735.

③ Trevor L. Brown and Matthew Potoski. 2003. "Managing Contract Performance：A Transaction Costs Approach." *Journal of Policy Analysis and Management*，22（2），275-297.

围绕公共服务混合制安排的社会网络可以在整体上构建丰富和多样化的治理机制，诸如在政府与市场化主体之间构建正式的或非正式的论坛、组织以及网络，这可以保证成本、收益、创新以及绩效等信息的高效率传播，实现信息成本节约，降低市场制度以及多样化合作制度建构的成本。[①] 最后，结构性社会资本可以促进公民参与。[②] 如上文所述，公民参与可以进一步提升相互承诺的可信性，降低市场以及混合制度安排的制度成本。[③]

从认知性社会资本来看，作为支持特定制度模式的"心智模型"，社会准则、社会信任以及社会文化也会对制度模式产生影响。由于所有的公私合作制度都是一个制度过程，需要一系列治理机制来保证，这需要"相互的善

① Evan M. Berman and Jonathan P. West. 1995. "Public-Private Leadership and the Role of Nonprofit Organizations in Local Government: The Case of Social Services." *Review of Policy Research*, 14 (1-2), 235-51; Kurt Thurmaier and Curtis Wood. 2002. "Interlocal Agreements as Overlapping Social Networks: Picket-Fence Regionalism in Metropolitan Kansas City." *Public Administration Review*, 62 (5), 585-598; Stephen Goldsmith and William D. Eggers. 2004. *Governing by Network*. Washington D. C.: The Brookings Institution, p. 64; Trevor L. Brown and Matthew Potoski. 2004. "Managing the Public Service Market." *Public Administration Review*, 64 (6), 656-668; Robert Gibbons. 2005. "Four Formal (izable) Theories of the Firm?" *Journal of Economic Behavior and Organization*, 58 (2), 200-245; Beth Gazley. 2008. "Beyond the Contract: The Scope and Nature of Informal Government-Nonprofit Partnerships." *Public Administration Review*, 68 (1), 141-154; Jered B. Carr Kelly LeRoux, and Manoj Shrestha. 2009. "Institutional Ties, Transaction Costs, and External Service Production." *Urban Affairs Review*, 44 (3), 403-427.

② 这本是社会资本最为重要的功能：社会资本可以促进社会参与，促进政府信任，促进民主的实现，并进一步提高政府负责任的可能性参见：Robert D. Putnam. 1993. *Making Democracy Work*. Princeton: Princeton University Press, pp. 201-225; Chaeyoon Lim. 2008. "Social Networks and Political Participation: How Do Networks Matter?" *Social Forces*, 87 (2), 961-982。

③ James S. Coleman. 1988. "Social Capital in the Creation of Human Capital." *American Journal of Sociology*, 94 (S1), S95-S120; James C. Coleman. 1990. *The Foundations of Social Theory*. Cambridge: Harvard University Press, p. 313; Robert D. Putnam. 1993. *Making Democracy Work*. Princeton: Princeton University Press, p. 260; Tony Bovaird. 2004. "Public-Private Partnerships: From Contested Concepts to Prevalent Practice." *International Review of Administrative Sciences*, 70 (2), 199-215.

意"；相互的善意会降低市场以及混合制的制度成本。[①] 同时，信任机制可以有效降低市场制度安排中的交易成本以及混合制度安排中的关系建构成本，提高公私合作的制度绩效。[②] 最后，社会准则——一般体现为专业标准以及围绕专业标准所构建的专业协会和论坛——有助于构建目标共享的制度体系和制度安排，降低市场制以及混合制的制度成本，影响公私合作的制度绩效。[③]

三　正式制度环境与社会资本的强化效应

最后，一般而言，作为整体的制度环境也是相互影响的，这主要体现在两个方面。首先，正式制度与非正式制度是相互影响的，非正式制度往往是"适应"正式制度的结果。[④] 一旦正式制度和非正式制度之间相互兼容，二者就会存在相互替代和促进效应，相互增强的制度环境会对公私合作的绩效产生促进作用。但是，二者也可能存在竞争甚至冲突。一旦冲突效应存在，

---

① Ian Kavanagh and David Parker. 2000. "Managing the Contract: A Transaction Cost Analysis of Externalisation." *Local Government Studies*, 26 (4), 1-22; John D. Montgomery. 2000. "Social Capital as a Policy Resource." *Policy Sciences*, 33 (3-4), 227-243; Phillip J. Cooper. 2003. *Governing by Contract*, Washington D. C.: CQ Press, p. 26; Herrington J. Bryce. 2005. *Players in The Public Policy Process: Nonprofits as Social Capital and Agents*. New York: Palgrave Macmillan, p. 78.

② Charles WL. Hill. 1990. "Cooperation, Opportunism, and the Invisible Hand: Implications for Transaction Cost Theory." *Academy of Management Review*, 15 (3), 500-513; Preet S. Aulakh, Masaaki Kotabe, and Arvind Sahay. 1996. "Trust and Performance in Cross-Border Marketing Partnerships: A Behavioral Approach." *Journal of International Business Studies*, 27 (s1), 1005-1032; Frank L. Jeffries and Richard Reed. 2000. "Trust and Adaptation in Relational Contracting." *Academy of Management Review*, 25 (4), 873-882; Brian Brewer and Mark R. Hayllar. 2005. "Building Public Trust through Public-Private Partnerships." *International Review of Administrative Sciences*, 71 (3), 475-92; Eoin Reeves. 2008. "The Practice of Contracting in Public Private Partnerships: Transaction Costs and Relational Contracting in the Irish Schools Sector." *Public Administration*, 86 (4), 969-986; Sergio Fernandez. 2009. "Understanding Contracting Performance an Empirical Analysis." *Administration & Society*, 41 (1), 67-100.

③ H. George. Frederickson. 1999. "The Repositioning of American Public Administration." *PS: Political Science & Politics*, 32 (4), 701-711; Jered B. Carr, Kelly LeRoux, and Manoj Shrestha. 2009. "Institutional Ties, Transaction Costs, and External Service Production." *Urban Affairs Review*, 44 (3), 403-427.

④ Kellee S. Tsai, 2006. "Adaptive Informal Institutions and Endogenous Institutional Change in China." *World Politics*, 59 (1), 16-41.

嵌入其中的公共服务公私合作安排就可能被冲突性的制度环境撕扯，降低制度绩效。[1]

其次，这种相互影响也体现在社会资本以及政治制度之间的相互作用。[2] 这恰恰与当下对于"政治制度—社会资本"关系的批判有关：越来越多的学者强调，不同于早期强调社会资本对政治制度绩效的影响，社会资本与政治制度能力之间往往是相互影响的。[3] 所以，一旦政治制度和社会资本之间存在相互支撑效应，嵌入在相互支撑的制度环境之内的公私合作制度的绩效可能存在"乘数效应"，从而有利于进一步提高制度绩效。

第六节　结论以及本书的安排

一　结论

随着公共服务供给向"治理"转型，理解公共服务中的公私合作模式及其绩效问题已经远远超越了早期的"科层"或"市场"问题。一方面，我们需要理解公私合作制度模式的多样性，以及特定的制度模式可能产生的复杂的激励和约束机制，进而影响公私合作的制度绩效。另一方面，正如 Awortwi 的呼吁，是时候重新思考那些围绕公私合作制度安排的"基础"了，[4] 特别

[1] Andrew Stone, Brian Levy, and Ricardo Paredes. 1992. "Public Institutions and Private Transactions: The Legal and Regulatory Environment for Business Transactions in Brazil and Chile." *Policy Research Working Paper Series*, 254 (11), 334–349; Victor Nee. 2000. "The Role of the State in Making a Market Economy." *Journal of Institutional and Theoretical Economics*, 156 (1), 64–88.

[2] Robert D. Putnam. 1993. *Making Democracy Work*. Princeton: Princeton University Press, p. 205.

[3] 例如，社会资本与民主的关系就不仅仅是"社会资本→民主"，而更有可能是"相互依赖"的。参见：Pamela Paxton. 2002. "Social Capital and Democracy: An Interdependent Relationship." *American Sociological Review*, 67 (2), 254–277。

[4] Nicholas Awortwi. 2004. "Getting the Fundamentals Wrong: Woes of Public-Private Partnerships in Solid Waste Collection in Three Ghanaian Cities." *Public Administration and Development*, 24 (3), 213-24.

是支持公私合作的正式制度结构和社会制度结构。① 以新制度经济学以及制度分析框架为基础，本书构建了一个理解公私合作制度安排之制度绩效的理论框架。这一框架既可以讨论公私合作制度模式的多样性以及其对制度绩效的影响，也可以将制度模式置于特定的制度情境之中，讨论公共服务的属性、正式的和社会的制度结构对制度模式以及制度绩效的影响。对于当下松散的公私合作制度研究而言，这一概念框架是对整体研究的重要推进。

二 本书的结构安排

本书的理论目标是在制度分析的整体框架下，理解公私合作制度模式的多样性、制度模式的建构过程、影响制度模式选择的因素以及公私合作的制度绩效。

从基本的理论目标来看，本书已经在本章对理解制度模式之多样性的概念性分析框架进行了建构。但是，其中有一个核心的问题需要解决：在制度环境与制度模式之间，不同的制度模式本身是如何建构的？在传统的公私合作研究之中，这一问题往往被隐藏在对于制度模式的先在性假设之中，忽视了制度模式的建构本身是一个政治过程，也需要卷入公共治理场域不同主体之间的复杂互动中，特别是在原有的制度模式几乎不存在的情况下。基于此，本章将制度模式的建构过程本身纳入到特定的公共治理的场域之中，分析不同的主体建构不同市场制度安排的多样化机制。任务属性、制度环境要素和制度模式之间的过程、机制和策略性的"黑箱"在一定程度上得到了填补。当然，这样的过程和机制也会显著影响制度模式的建构结果，并进一步通过不同主体的策略，进而影响最终的公私合作的治理成果。这些内容构成了本章的核心内容。

从第三章开始，本书将深入到制度模式的内部，以不同的制度模式为焦点，进一步分析不同的制度模式的建构条件、运作机理以及最终的治理结

---

① Kelly LeRoux, Paul W. Brandenburger, and Sanjay K. Pandey. 2010. "Interlocal Service Cooperation in US Cities: A Social Network Explanation." *Public Administration Review*, 70 (2), 268-278.

果。沿着政府部门的相对权力优势和不同的决策卷入程度，本书主要对公私合作的极端模式，即市场俘获型模式（第四章）和行政嵌入式模式（第五章）进行了深入的分析。需要说明的是，纯粹的市场模式以及纯粹的科层制模式是本书分析的起点而不是焦点。这两种模式已经有过较多的讨论，且相关理论成果已经非常丰富。同样，纯粹的元治理模式也具有极强的理念性。什么是元治理以及通过什么样的机制"抵达"和建构元治理模式，这本身就是一个问题。所以，在本书的框架里面，并没有对这三种模式的运作机理进行深入分析。它们构成了理解多样化公私合作制度模式的"锚点"和"终点"。

基于此，本书的第四章主要以原有的科层制模式为起点，以武汉市江滩治理的市场化改革过程为案例，对江滩市场化改革过程中的市场俘获模式的建构过程、运作逻辑以及最终的绩效进行了分析。本书的第五章则以河南 G 县农商行为案例，在精准扶贫的场域之下，以 G 县农商行完成金融扶贫任务的过程为基础，对金融扶贫中的行政嵌入式治理模式进行了分析。其中，扶贫的任务属性、卷入到中国地方的政府—银行关系的程度构成了行政嵌入式治理模式的环境要件。在此基础上，私人部门的策略性响应是理解这一模式最终产生的治理后果的关键。

本书的第六章是对整个研究框架的一个定量的初步检验。通过对中国 PPP 项目数据库的系统梳理，本书的第六章建构了一个理解 PPP 项目绩效的理论框架和数据库。通过量化分析，本书在第五章将对基本分析框架进行初步检验。

由于本书的研究方法较为多样，案例来源以及每一章分析的重点存在差异，为了进一步整合本书的发现，第七章对该研究的核心结论进行了总结，并进一步对研究的核心理论框架所涉及的理论命题和基础结论进行了系统的再梳理。同时，在第七章，针对本书的核心结论，对公私合作中所涉及的政策启示和建议进行了系统的说明，以期为未来的中国公私合作的进一步发展提供政策支撑和路径选择。

第三章　相对权力优势、制度建立成本与公私合作制度的建构机制

本章对公共服务供给中的公私合作制度模式的多样性问题进行了深入的理论讨论。本章将以本书第二章的理论框架为基础，讨论制度模式建构机制的多样性以及制度模式的选择问题。特别是，本章将公私合作的制度模式建构过程嵌入在特定的公共治理制度场域之内，讨论权力结构以及制度建立成本对公私合作模式建构的影响，以及不同制度模式带来的差异性后果和绩效。

导　论

随着越来越多的国家，包括中国，开始采纳公私合作的制度实践，围绕公私伙伴关系的制度模式，国内外学者展开了一系列讨论。总体而言，从制度模式的建构和选择来看，当下学界主要基于两种视角——经济学视角和社会学视角——进行了讨论。

经济学视角主要以交易成本经济学为理论基础，讨论在政府购买公共服务领域中契约机制设计的多样性。在经济学视角下，政府购买公共服务本质上是一种通过契约机制实现公共服务供给的模式。相较科层制，即传统的公共治理模式而言，有效的契约机制能够降低交易成本，提高公共服务的供给效率。如本书第二章所言，在公共治理的科层制模式中，政府既是生产者，

亦是供给者。科层制模式在 20 世纪 50 年代遭受抨击。新公共管理学派认为，政府应该放弃传统角色定位，主张在公共服务体系中引入市场机制，以发挥市场在成本与效率上的优势，提高公共服务供给的质量和水平。[①] 但是，新公共管理学派的观点只能说明市场化是可行的，并不能保证引入市场制度的效果。[②] 交易成本经济学对早期极端的市场化逻辑进行了纠正。以科斯、威廉姆森等为代表的经济学家认为市场机制的运行是有成本的。[③] 有限理性、机会主义以及高信息成本的存在使得政府引入市场机制面临潜在风险。[④] 公私契约实践的结果也往往不尽如人意：除了面临潜在风险，效率提升的预期目标几乎没有实现[⑤]，越来越多的公私合作开始出现逆合同化。[⑥] 基于此，在政府公共服务购买的实践中，从交易成本的视角来看，在公共治理中引入私人部门不能局限于市场制度，而需要设计专门的治理机制。由于受到公私交易中的专用性、不确定性以及频率等因素的影响，合同对应的有效治理机制也是多样的，大致可分为市场、科层与复合治理。[⑦] 在这一分类的基础上，学者对于不同治理制度选择的影响因素进行了丰富的研究。第

---

① 李学：《不完全契约、交易费用与治理绩效——兼论公共服务市场化供给模式》，《中国行政管理》2009 年第 1 期。

② 李文钊、蔡长昆：《政治制度结构、社会资本与公共治理制度选择》，《管理世界》2012 年第 8 期。

③ Ronald Harry Coase. 1937. "The Nature of the Firm." *Economica*, 4 (16), 386-405; Oliver E. Williamson. 1991. "Comparative Economic Organization: The Analysis of Discrete Structural Alternatives." *Administrative Science Quarterly*, 36 (2), 269-296.

④ Oliver E. Williamson. 1991. "Comparative Economic Organization: The Analysis of Discrete Structural Alternatives." *Administrative Science Quarterly*, 36 (2), 269-296.

⑤ 王雁红：《公共服务合同外包的运作模式及其比较：基于三个典型案例的经验研究》，《行政论坛》2016 年第 5 期；Marcos Fernández-Gutiérrez, Oliver James, and Sebastian Jilke. 2017. "Competition and Switching in Public Service Markets: Can They Reduce Inequalities?" *Regulation & Governance*, 11 (1), 41-63。

⑥ 詹国彬：《公共服务逆向合同外包的理论机理、现实动因与制度安排》，《政治学研究》2015 年第 4 期；黄锦荣、叶林：《公共服务"逆向合同承包"的制度选择逻辑——以广州市环卫服务改革为例》，《公共行政评论》2011 年第 4 期；董杨：《逆向合同外包：反思中国事业单位改革的新视角》，《行政论坛》2017 年第 4 期；潘新美、何彬：《交易成本、激励结构与公共服务"逆向合同外包"》，《东南学术》2016 年第 5 期。

⑦ 陈郁：《企业制度与市场组织——交易费用经济学文选》，格致出版社，2009，10~11 页。

一，之所以选择市场模式，主要原因包括财政压力、选举竞争、情感承诺、意识形态、政治支持等。[1] 第二，复合模式的选择原因更为复杂，包括社会资本水平和政府提供公共服务的能力[2]、社区参与感[3]、低交易风险、低生产能力和高合作经验的有利性[4]、公共服务项目是否盈利[5]等。

　　立足于我国公共服务外包的具体实践，根据涉及的合同主体和合同关系，当下研究主要归纳了三类契约机制。第一类为一重契约。这是一种理想类型，指为了实现公共服务的供给和公共治理目标，政府和缔约组织之间建立了一种正式而平等的契约关系。[6] 第二类为双重契约，指政府与社会组织之间既存在显性的正式契约，又存在隐性的关系契约。[7] 同时，政府会对合同关系进行管理。例如，为提高公共服务市场的竞争性，政府会试图采用政

① Agnieszka Kopańska and Roman Asinski. 2019. "Fiscal and Political Determinants of Local Government Involvement in Public-Private Partnership." *Local Government Studies*, 45 (6), 957-976; Antonio M. López-Hernández, José L. Zafra-Gómez, Ana M. Plata-Díaz and Emilio J. de la Higuera-Molina. 2017. "Modeling Fiscal Stress and Contracting Out in Local Government: The Influence of Time, Financial Condition, and the Great Recession." *The American Review of Public Administration*, 48 (6), 565-583; Shihyun Noh and Ji Hyung Park. 2020. "Factors Influencing the Extent of Local Public Spending Through Contracting-Out and Intermunicipal Contracting in New York: Focusing on Institutional Constraints, Histories, and Fiscal Capacity." *Local Government Studies*, 46 (2), 206-227; Huanming Wang, Bin Chen, Wei Xiong and Guangdong Wu. 2018. "Commercial Investment in Public-Private Partnerships: The Impact of Contract Characteristics." *Policy and Politics*, 46 (4), 589-606.

② Yuan Cheng. 2018. "Exploring the Role of Nonprofits in Public Service Provision: Moving from Coproduction to Cogovernance." *Public Administration Review*, 79 (2), 203-214.

③ Alisa V. Moldavanova and Nathaniel S. Wright. 2020. "How Nonprofit Arts Organizations Sustain Communities: Examining the Relationship Between Organizational Strategy and Engagement in Community Sustainability." *The American Review of Public Administration*, 50 (3), 244-259.

④ Simon Porcher. 2016. "Neither Market nor Hierarchy: Concurrent Sourcing in Water Public Services." *Journal of Public Administration Research & Theory*, 26 (4), 800-812.

⑤ Amir Hefetz, Mildred Warner, and Eran Vigoda-Gadot. 2014. "Concurrent Sourcing in the Public Sector: A Strategy to Manage Contracting Risk." *International Public Management Journal*, 17 (3), 365-386.

⑥ 朱玉知：《契约伦理与公共行政精神——公共合同有效治理的两个维度》，《陕西行政学院学报》2008 年第 3 期。

⑦ 陈天祥、郑佳斯：《双重委托代理下的政社关系：政府购买社会服务的新解释框架》，《公共管理学报》2016 年第 3 期；刘波等：《环卫服务外包中的正式契约、关系契约与外包效果——以深圳市为例》，《公共行政评论》2016 年第 4 期。

策干预，减少政府与社会组织之间以关系契约为基础的"管家关系"，强行"塞入"以正式契约为基础的"委托代理关系"。① 第三类为多重契约，指涉及更多缔约主体的契约关系，如近年来地方政府购买服务中包含"委托方""管理方""代理方"的多边合同模式。②

可见，当前研究多以显性合同和隐性合同为基础，并对中国的公私合作中的契约关系的界定产生了争论。同时，也有部分学者拓展了契约机制理想类型和多样化制度安排的讨论，囊括了超越"市场—科层"多种多样的混合机制的讨论③，例如根据信息模糊的程度，将复合治理细分出紧密机构、松散机构和关系网络三种形态④，以及根据提供公共服务三种不同的主体划分出七种契约机制。⑤

社会学视角主要以社会组织为研究对象，将政府购买公共服务视为政府实现公共职能的治理手段，关注政府在公共治理中引进市场制度之后，所建构的政社关系。以中国的国家—社会关系为视角，当下研究归纳出了"浮动控制"⑥"行政吸纳服务"⑦ 等模式。如是，中国一直处于强国家弱社会的情景之中：社会组织在政府主导下嵌入发展。

随着公共服务改革的深入，政府购买服务给传统政社关系模式带来了新的变化。近年来，中国政府提供公共服务的方式从"制造"向"购买"转

---

① 敬义嘉：《社会服务中的公共非营利合作关系研究——一个基于地方改革实践的分析》，《公共行政评论》2011 年第 4 期。

② 郎晓波：《剩余控制权：社会组织自主性的机制考察——以 H 市多边合同执行为例》，《中国行政管理》2020 年第 4 期。

③ 李文钊、蔡长昆：《政治制度结构、社会资本与公共治理制度选择》，《管理世界》2012 年第 8 期。

④ 李晨行、史普原：《科层与市场之间：政府购买服务项目中的复合治理——基于信息模糊视角的组织分析》，《公共管理学报》2019 年第 1 期。

⑤ 李文钊、蔡长昆：《政治制度结构、社会资本与公共治理制度选择》，《管理世界》2012 年第 8 期。

⑥ 吴建平：《理解法团主义——兼论其在中国国家与社会关系研究中的适用性》，《社会学研究》2012 年第 1 期。

⑦ 徐盈艳、黎熙元：《浮动控制与分层嵌入——服务外包下的政社关系调整机制分析》，《社会学研究》2018 年第 2 期；唐文玉：《行政吸纳服务——中国大陆国家与社会关系的一种新诠释》，《公共管理学报》2010 年第 7 期。

移。政府购买服务的实践，不仅是对新公共管理提供的"竞争药方"的认可①，也是基层政府"借道"社会组织用以解决行政能力不足问题的治理工具。② 作为治理工具的政府购买服务项目也改变了政社关系。这种混合型的新型国家社会关系既延续了传统的政社关系模式，又激发了社会组织的竞争性发展。③ 例如，在政府购买社会组织服务的新型关系中，由于不同层级政府对社会组织采取了"浮动控制"的策略，相应的，社会组织则采取"分层嵌入"策略来应对。④

总体而言，社会学视角的共识是：在政府购买服务领域，随着社会治理策略的调整，政社关系发生了微妙的变化。但是，政社关系基本延续传统模式，即政府处于主导和控制的地位，提供专业服务的社会组织在资源结构上单向依附于政府。在这种合作模式下，社会组织并未扮演政策预期中的"伙伴"角色，他们更多地扮演着"伙计"的角色。

综而述之，经济学视角强调政府与私人部门之间的契约关系，主要阐释契约机制的理想类型和形态变化。社会学视角聚焦政社关系变革，讨论作为治理手段的政府购买服务对政府与社会组织之间的互动逻辑和策略的影响，以及最终建构的政社关系模式。但是，上述研究在以下方面有待推进。

第一，交易成本理论和契约理论讨论了政府引入市场机制的交易成本问题，总结和提炼了科层—市场之间的多样化制度安排。但是，中国政府购买服务是深深嵌入在特定的组织场域之中的。仅仅研究契约机制忽视中国情景下政府购买服务的交易成本结构，把公共服务市场视为预先存在的，忽略了公共服务市场建构中的二阶交易成本。

第二，政社关系理论侧重观察国家力量，预先假设了行政主导的结构，

---

① 王思斌：《中国社会工作的嵌入性发展》，《社会科学战线》2011 年第 2 期。

② Donald F. Kettl. 1993. *Sharing Power：Public Governance and Private Markets.* Washington D. C.：The Brookings Institution Press, pp. 235–237.

③ 黄晓春、周黎安：《政府治理机制转型与社会组织发展》，《中国社会科学》2017 年第 11 期。

④ 徐盈艳、黎熙元：《浮动控制与分层嵌入——服务外包下的政社关系调整机制分析》，《社会学研究》2018 年第 2 期。

关注国家对社会组织的控制和吸纳。但是，在微观的权力空间中，政府与社会组织之间不只是单向的依附关系，而且是双向的权力互动关系。在特定公共治理场域，两者之间的关系既不是纯粹的平等交易关系，也不是纯粹的吸纳控制关系，而是存在多样化的关系互动模式。不同的互动模式不仅取决于政府购买服务的交易成本，还取决于在特定公共服务场域中，政府和经济社会组织的相对权力优势。

第三，不同的建构方式和策略选择机会形成不同的合同关系模式，进而产生不同的后果和绩效。无论是交易成本和契约理论还是政社关系理论，重点都集中于合同关系模式的结构和类型，缺乏对于特定制度模式形成的过程、后果和绩效的讨论。

所以，目前的研究很难有效解释在政府购买公共服务领域中不同公私合作模式的建构机制。特别是，在政府购买公共服务的过程中，影响合同关系建构的核心变量有哪些？建立市场的交易成本由哪个主体承担？在组织场域中，双方所处的地位和角色是怎样的？这些核心变量又是如何影响了合同治理关系的形成机制和策略选择？这些机制和策略又是如何形成特定的模式，从而产生何种绩效？而这些问题是本章的核心。

本章的研究目的是通过对政府购买公共服务——最常见同时也是使用范围非常广泛的公私合作模式——的多案例比较分析，探讨公私合作过程中所呈现的多样化关系模式，从而为公私合作制度的多样化模式提供新的理论证据。特别是，本章系统分析了在公私合作制度——合同关系——的构建场域之内，不同主体之间的相对议价能力以及原有的竞争性制度的存在与否是如何影响制度模式建构的过程和不同主体的建构策略以及制度后果。

本章包括七个部分，主要内容如下。第一部分为导论，即简要介绍研究背景。第一节是本章的分析框架，即在经济社会学视角下，基于资源依赖理论和交易成本理论，以相对权力结构和制度建立成本两个维度，提出制度机制形成和策略建构的分析框架。第二节是研究设计。第三至六节为案例研究部分。基于理论分析和经验证据，本章主要对武汉市青山区、深圳市坪山区、恩施州利川市三个不同类型的政府购买公共服务过程进行分析，分别提出了创制型、建制型和协商型这三种合同关系模式形成的机制。同时，基于对演进过程的制度分析，发现合同关系模式的形成机制与两个变量紧密相关，即相对权力结构和公共服务市场的制度建立成本。第七节对本章的内容进行了总结，提出了四种合同关系模式建构机制的理想类型，阐释其中的关键变量、影响机制及形成的模式与后果。

第一节 权力结构、制度成本与制度模式的建构：分析框架

不同于当下有关合同关系模式的讨论，在第二章理论框架的指引下，本书将政府与经济社会组织之间的合同关系模式的建构过程纳入讨论，并将这一过程嵌入在特定的公共服务供给模式的制度场域之中。这一场域的制度情境在很大程度上影响了政府与经济社会组织之间的互动过程、机制和策略，最终影响了合作模式的选择和建构。

一 制度场域视角下的分析框架建构

本书认为，权力结构和制度安排构成了分析不同公私合作模式的两个基本维度。其中，卷入到公共治理场域中的不同主体的相对权力结构在治理制度模式的建构中扮演着关键的角色。相对权力结构对于结构化的相对分配优势具有重要作用；以此为基础，本章构建了一个理论框架，以分析特定公共服务治理场域之内的公私合作模式建构的内在过程和机制（见图 3-1）。

首先，相对权力结构是结构化的分配效应的产物，其决定了制度建立成本的分配。类似于"权力的第三张面孔"[1]，享有权力结构优势的主体可以利用多种机制影响交易过程，决定交易成本由谁承担，某些交易是否提上议程，并改变社会对该交易的认知，等等。当政府具有分配优势时，政府会根

---

[1] 〔英〕史蒂文·卢克斯：《权力——一种激进的观点》，彭斌译，江苏人民出版社，2012，第 101~103 页。

据自身利益，决定由谁承担制度建立成本。其次，相对权力结构反映了行为者之间资源和力量的对比，影响行为者之间的预期和行为选择。本质上，制度的形成和变迁是互动博弈的结果；而博弈的结果取决于行为之间的相对权力。其中，资源不对等和可信性、风险厌恶、时间偏好之间的基本关系影响了协议的形成。① 议程设定权力、资源分配状况、制度建立成本的分配等均是嵌入在经济社会背景和制度基础之中的，这些变量之间的复杂互动，共同影响了互动博弈的结果，从而决定了市场制度与合同关系模式的形成和变迁。

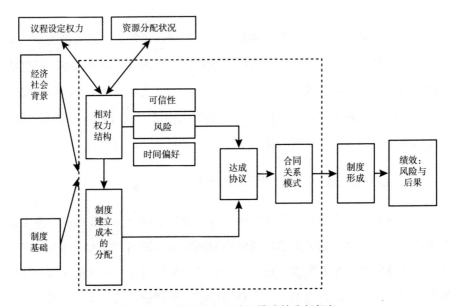

图 3-1　公共服务合同关系模式的分析框架

二　核心理论要素

（一）相对权力结构

作为影响制度模式建构的关键力量，在特定的公共治理场域之内，不

---

① 〔美〕杰克·奈特：《制度与社会冲突》，周伟林译，上海人民出版社，2009，第213～217页。

同主体，特别是政府部门与社会主体之间的相对权力结构是影响公私合作模式建构的关键变量。特别是，在中国的政府—社会关系场域之内，政府部门和社会主体之间的权力互动是理解公私合作模式建构的重要基础。首先，国家对经济社会组织采取了非常丰富的管理和控制手段。随着社会组织的公共治理职能逐渐被"发现"，中国在社会组织管理体制方面正逐步从"分类控制"转向"嵌入型监管"①，政府对社会组织的反向嵌入成为新的趋势。② 政府购买公共服务的根本目的是提高服务能力，而不是下放权力，因此，政府不仅没有让渡权力，在有些情形下，政府会通过多种"隐形控制"手段实现权力再生产。③

其次，在政府的管理和控制下，社会组织也会采取多样化的应对策略，例如依附以及嵌入。在公共治理中，地方政府有综合治理的特征，而社会组织具有专业治理的特征，于是，政府与社会组织的合作关系中存在内在张力。④ 在行政主导型的合作中，这一矛盾最终以社会组织的妥协告终。为了获得合法性和生存，有的社会组织会采用"策略性应对"寻求资源和自主性。⑤ 但是，迫于生存压力，多数社会组织会选择牺牲结构自主性，从而换取实际自主性。⑥ 这类社会组织通过"组织模仿"深度嵌入政府的行政社会工作⑦，最终形成了外部服务行政化、内部治理官僚化和专业建制化的组织形态。⑧

---

① 刘鹏：《从分类控制走向嵌入型监管：地方政府社会组织管理政策创新》，《中国人民大学学报》2011 年第 5 期。

② 管兵：《竞争性与反向嵌入性：政府购买服务与社会组织发展》，《公共管理学报》2015 年第 3 期。

③ 吕纳：《公共服务购买中政府制度逻辑与行动策略研究》，《公共行政评论》2016 年第 4 期。

④ 陈家建、赵阳：《"低治理权"与基层购买公共服务困境研究》，《社会学研究》2019 年第 1 期。

⑤ 黄晓春、嵇欣：《非协同治理与策略性应对——社会组织自主性研究的一个理论框架》，《社会学研究》2014 年第 6 期。

⑥ Gordon White. 1993. "Prospects for Civil Society in China: A Case Study of Xiaoshan City." *The Australian Journal of Chinese Affairs*, 29, 63-87.

⑦ 吴月：《隐性控制、组织模仿与社团行政化——来自 S 机构的经验研究》，《公共管理学报》2014 年第 3 期。

⑧ 朱健刚、陈安娜：《嵌入中的专业社会工作与街区权力关系——对一个政府购买服务项目的个案分析》，《社会学研究》2013 年第 1 期。

其中，在政府购买社工服务中社工机构的回应策略最为典型。

由此可见，在特定的权力结构之下，政府部门和经济社会组织都可能采取非常复杂的权力策略；这样的策略会显著影响公共治理场域之内公私合作制度模式的建构。相对权力结构反映了治理主体的力量对比，决定了治理主体的预期目标能否实现。相对权力结构主要包括两个维度，即议程设定权和资源分配状态。

1. 议程设定权

政策议程设定是政策制定过程的起点。[①] 如果说政策制定过程是为了决定"如何解决问题"，那么议程设定则是为了决定"解决什么问题"。某项事件只有被纳入政府的问题清单，才有可能得到具有可操作性的解决方案。所以，正如 Thomas Dye 所言，决定哪些问题将成为政策问题，甚至比决定哪些政策将成为解决方案还要重要。[②] Donald Baumer 和 Horn Carl Van 等也强调议程设定的重要性；他们认为，为设立政策议程的斗争也许比制定政策过程更重要。[③]

因此，议程设定权力对权力分配的影响非常重大。议程设定权最早受到 Bachrach 和 Baratz 等学者的关注，这被称作权力的"第二张面孔"。Bachrach 和 Baratz 认为，"权力具有两副面孔，一副是行动者实施合乎自己心意的决策的能力，另一副则是融塑在制度中的'偏向的动员'"。[④] 换言之，权力不仅体现在决策过程中，而且体现在议程设定过程中。掌握议程设定权的行动者可以决定哪些问题可以讨论，哪些不能讨论；还可以通过"非决策"使有损于其利益的诉求推迟或阻隔在议程之外。由此，议程设定权能增加权力结构中行动者的协议力量，同时帮助行动者维持现

① John W. Kingdon and Eric Stano. 1995. *Agendas, Alternatives, And Public Policies* (2nd ed.). New York: Harper Collins, pp. 11-12.

② 〔美〕托马斯·R. 戴伊：《理解公共政策》，彭勃译，华夏出版社，2004，第178~184页。

③ Edward Cavin, Donald C. Baumer and Horn Carl Van. 1985. *The Politics of Unemployment.* Washington D. C. : CQ Press, pp. 142-153.

④ Peter Bachrach and Morton S. Baratz. 1962. "Two Face of Power." *American Political Science Review*, 56 (4), 947-948.

有优势地位，再生产其所拥有的权力。

但是，正如政治资源的分布是不平等的，议程设定权的分布同样是不均衡的。随着中国国家治理体系和治理能力的完善，议程设定权的分布呈现逐渐分散的态势。在改革开放初期，中国政府的议程设定更多依据政府自身对政策议题的判断，由政府独立、主动地挑选政策议题。随着改革开放的深入，政府议程更容易受到专家、媒体和公众等多方的影响；议程创建模式也从政治权威主导模式、经济理性引导模式转变为多元主体互动模式。①

2. 资源分配状态

在权力结构中，不均衡的资源分配形成了不对等的力量分布。行为人可支配资源决定了其拥有的协议力量，这就是 Maynard 所说的"资源拥有力量"②。反之，如果 A 比 B 拥有更强的协议力量，A 通常将在协议利益中获得更大的份额。同时，在社会互动中，关于控制资源的信息比关于行为人动机的信息——包括他们对于收益逻辑的理解的信息——更容易察觉到③，所以，在资源分配中占有相对优势的强势主体的策略选择能够导致最有利于自身的均衡结果。而在博弈过程中，弱势主体只能被动接受强势主体的均衡策略，以获得现有秩序下的最大利益。

在政府购买公共服务的过程中，政府和社会双方在不同类型资源上占据不同的优势。政府作为购买方具有经济资源和政治资源。在经济资源方面，各级政府部门能够通过购买的方式，利用财政途径为社会组织提供充裕的资金支持。在政治资源方面，政府能够限制社会组织的准入门槛，制定行业制度、监管体系等配套政策。例如，黄晓春等发现，大多数公共服

---

① 王绍光：《中国公共政策议程设置的模式》，《中国社会科学》2006 年第 5 期。

② John Maynard Smith. 1982. *Evolution and the Theory of Games.* Cambridge：Cambridge University Press, pp. 267-272.

③ 〔美〕杰克·奈特：《制度与社会冲突》，周伟林译，上海人民出版社，2009，第 301 ~ 312 页。

务型社会组织主要围绕如何从不同政府部门获得合法性和自主性展开行动。① 社会组织作为供给方，主要优势在于提供更高质量和更专业的公共服务，弥补政府在供给能力方面的"短板"，诸如提供电子政务、法律咨询等。

至于哪种资源优势更能影响力量对比，取决于政府和社会组织之间的资源依赖程度，包括需要交换的资源对组织的重要程度、替代性资源可获得的可能程度以及组织对资源的利用程度。即使交换过程中存在不对等，只要交换是互惠互利的，交换就会持续进行。除此之外，资源影响力量对比的另一个判断标准是，行为人能够在冗长且代价高昂或者最终失败的协议中掌握的资源数量。换言之，博弈双方在未达成均衡结果时将得到的报偿，决定了"失败值"。假设政府和社会组织的"失败值"分别为△A 和△B。如果△A＝△B，政府和社会组织的失败值相等，即失败成本相等，那么博弈中不存在关键的不对等力量。但是，如果△A＞△B，那么博弈中的协议力量不相等，且政府拥有更强的协议力量。②

（二）制度交易成本

除了相对权力结构，制度交易成本的分配也会影响治理主体的策略选择；治理主体会偏好交易成本更低的制度安排。然而，交易成本的概念在新制度经济学中众说纷纭。交易成本最早是在 1937 年由罗纳德·科斯提出的，他将交易成本定义为"利用价格机制的费用，包括为市场交易而花费在搜寻信息、进行谈判、签订契约等活动上的费用"③。随后，奥利弗·威廉姆森、张五常、道格拉斯·诺思等人对这一概念进行了完善。肯尼斯·阿罗如此定义交易成本，即"经济系统运用所花的全部费用"。④

---

① 黄晓春、嵇欣：《非协同治理与策略性应对——社会组织自主性研究的一个理论框架》，《社会学研究》2014 年第 6 期。

② Martin J. Osborne and Ariel Rubinstein. 1990. *Bargaining and Markets*. San Diego：Academic Press，pp. 86-93.

③ Ronald Harry Coase. 1937. "The Nature of the Firm." *Economica*，4（16），386-405.

④ Kenneth J. Arrow. 1969. "The Organization of Economic Activity：Issues Pertinent to the Choice of Market Versus Non-Market Allocation." *Joint Economic Committee of Congress*，1，1-16.

无论如何定义，交易成本大体可以分为两类：一是建立市场制度所需的交易成本，二是执行交易过程所需的交易成本。[1] 如前文所述，在公共服务研究领域，大部分研究将市场制度视为既定条件，继而忽视了建立市场制度所需的交易成本以及制度建立成本的承担者。因此，本书将制度建立成本纳入考量。

参考 Dahlman 从过程角度对交易成本的界定[2]，按照政治交易过程，本书将制度建立成本分为三个维度：交易达成前的政治动员成本、交易中的谈判成本和交易后的契约治理成本。基于此，本书认为，制度建立成本主要分为以下三个部分：一是主体搜寻成本，具体包括交易主体搜寻价格信息、产品信息和寻找适合的交易对象所花费的事前交易成本；二是契约协商成本，主要指交易过程中，双方为达成交易所付出的成本，具体包括委托成本、双方就交易细节进行协商讨论并最终达成某项交易条款的成本以及在交易达成后正式起草合同的成本；三是维护市场结构稳定性的成本。[3] 签约后的违约、搭便车、机会主义行为都将导致执行契约的制度建立成本上升。面对治理机制的差异化制度成本，理性的决策者会选择成本最低的治理机制。

制度建立成本由谁承担，取决于缔约各方的相对议价能力；而相对议价能力的大小取决于政治交易所处的相对权力结构。相对权力结构会影响制度建立成本的分配过程，或者说影响谁的利益会被考虑、谁承担政治交易的成本，从而系统地影响制度产出。[4]

（三）协议达成的影响因素

在治理主体的互动过程中，资源不对等和可信性、风险厌恶、时间偏好

---

① 黄少安：《产权经济学导论》，山东人民出版社，1995，第34~36页。

② Carl J. Dahlman. 1979. "The Problem of Externality." *Journal of Law and Economics*, 22（1），141–162.

③ 陈郁：《企业制度与市场组织——交易费用经济学文选》，格致出版社，2009，第27~35页。

④ 蔡长昆：《政府职能转变的制度逻辑——基于交易成本政治学视角》，社会科学文献出版社，2018，第48~52页。

之间的基本关系影响了最终的协议达成。协议的特征表现为一系列的讨价还价，并且，其中的次序结构影响了协议结果。本书将政府购买公共服务的参与者假设为政府和社会组织，分别用 G 和 S 表示。政府（G）有两种选择：一是妥协；二是利益最大化。如果选择妥协，意味着政府充分认可社会组织的价格和服务，主动建立配套制度，承担制度建立成本。如果选择利益最大化，表明政府把制度建立成本降到最低程度，实现预算效应最大化，期望缓解财政压力。社会组织（S）也有两个策略：一是妥协，满足政府的标价和要求，主动承担制度建立成本；二是利益最大化，社会组织追求利益至上，如果收益低于期望值，将会结束合作协议。由此，我们可以构建政府与社会组织的博弈模型（见表 3-1）。

表 3-1 讨价还价的政府购买协议博弈

S（社会组织）	G（政府）	
	妥协	利益最大化
妥协	$\triangle S, \triangle G$	$X, X + \in G$
利益最大化	$X, X + \in S$	$\triangle S, \triangle G$

资料来源：作者自制。

在这个模型中，我们假设 $\triangle S$ 和 $\triangle G$ 小于 X，且 $\in S$ 和 $\in G$ 大于 0，那么就有两个策略组合能够解决协议问题，即（利益最大化，妥协）和（妥协，利益最大化）。$\triangle$ 值表示行为人在未能达成均衡结果的情况下将得到的补偿，即失败值。$\in$ 值将表示其中某个行为人的分配优势。在这个博弈中，行为人的主要目的就是达到 $\in$。[1]

第一，可信性。对于社会行为人而言，可信性的两个来源是关于预先承诺的标准理念。①博弈者掌握一种预先承诺的技术，使选择策略的利益可以产生变化。预先承诺需要相应的监督机制，例如工会领导预先承诺在资方谈判时采取某种策略。②可信性与行为人的协议力量直接相关。协议力量越强

---

① 〔美〕杰克·奈特：《制度与社会冲突》，周伟林译，上海人民出版社，2009，第 75~80 页。

势的一方，作出策略选择的可信性越高。

第二，风险偏好。失败值会影响博弈者的风险偏好；失败值和接受风险的关系成正比，和风险厌恶的关系成反比。假设双方都完全了解信息，包括协议力量对比和失败值。从社会组织的角度来看，有两个理由使其发现政府的承诺可信并选择妥协策略。①政府将会承担较小的失败成本，所以政府更可能接受风险，并且尝试利益最大化策略的承诺。②由于社会组织将会承担更大的失败成本，其将会更加倾向于风险厌恶，并且更加不可能质疑政府的承诺。行为人之间资源的差异越大，失败值和风险态度的关系也就越紧密。也就是说，△A 和△B 的差异越大，社会组织选择策略妥协的概率越大。

第三，时间偏好。时间偏好也会影响协议结果。时间偏好受资源占有情况的影响，根据未来折现的参数来衡量。如果政府和社会组织有不同的时间偏好，未来协议的价值对于政府而言高于对社会组织的价值。在讨价还价模型中，有一个参数 d。对于社会组织来说，在 d（X+∈S）和 X 之间并无显著的偏好差异。如果政府的承诺延误了协议的结果，延误的成本就可能影响社会组织的策略。如果社会组织的 d 大于 X/（X+∈S），那么，社会组织将接受政府对利益最大化策略的承诺，选择妥协策略。因此，成本高昂的协议使得拥有较少资源的一方更愿意接受目前较小的份额，而占有资源优势的谈判者往往得到较大份额的利益。

市场的社会结构从本质上而言是权力系统。[①] 在权力系统中，不均衡的资源分配和议程设定权力形成了不对等的力量分布。治理主体通过影响其他主体对自己在某种情况下行为的预期来限制其他人的行为。协议的成功是"策略承诺的可信性"和"谈判者对于风险和时间的态度"共同作用的结果。资源不对等和可信性、风险厌恶、时间偏好之间的基本关系影响了协议的形成。强势的治理主体能够限制他人选择某种均衡策略，从而产生最有利

---

① 〔美〕尼尔·弗雷格斯坦：《市场的结构——21 世纪资本主义社会的经济社会学》，甄志宏译，上海人民出版社，2008，第 11~12 页。

于自身的均衡结果。

（四）作为调节变量的环境

无论是合作的建构过程还是制度的建构过程都是嵌入在特定的经济社会环境和制度环境之中的。这些环境要素会影响契约建立过程中的成本、相对议价能力以及制度建构的成本，最终影响制度模式的选择。

1. 经济社会环境

经济社会环境的变革可能带来新的政治机会或者限制、影响资源的分配，改变协议力量的对比，也会对组织技术和交易手段产生影响，从而影响制度建立成本。最典型的是市场改革带来的后果。自 20 世纪 70 年代末实行经济改革以来，市场化的发展和政府改革的推进改变了公共服务的提供方式和范围。随着社会组织资源增多、议程设定权力上升，社会组织在公共服务领域的相对协议力量有所上升，达成政治交易的可能性也会提高。

2. 制度环境

制度环境主要包括两个方面：正式制度结构和非正式制度结构。[1] 首先，制度环境构建了基本的激励和约束机制，界定了组织的行为范围。在制度环境中，"组织是因为建立了正确的结构和过程，而不是因为它们的产品数量和质量而获得报酬"[2]。因此，组织的生存策略主要围绕如下两个维度展开。第一个维度是为资源和市场竞争，提高生产绩效，组织因为有工作效率而得到回报。第二个维度是为政治权力、制度合法性竞争，从而获得社会和经济的正当性。如果一个组织想要获得合法性，并因此使自己的社会资源诉求能够得到认可，那么这个组织所奉行的价值观就必须与更宽泛的社会价值观相一致。因此，正如 Grassowitz 在地方慈善制度建立的案例中所描绘的场景，当场域中的在位者对规范、价值观开展有意识的制度化时，其他组织

---

① Oliver E. Williamson. 1991. "Comparative Economic Organization: The Analysis of Discrete Structural Alternatives." *Administrative Science Quarterly*, 36（2），269-296.

② 〔美〕沃尔特·W. 鲍威尔、保罗·J. 迪马吉奥：《组织分析的新制度主义》，姚伟译，上海人民出版社，2008，第 46~53 页。

的行为也会追随其变化。①

其次，制度环境影响制度建立成本。其一，制度环境可能固化预期、界定利益合法性、界定成员身份等认知性因素，影响特定利益被组织和动员的可能性。其二，制度环境中法律的、非正式的规则，以及认知性的政府—公民关系的信念和共识，会影响政治交易成本，从而影响政治交易达成的可能性。

最后，制度就是权力结构本身，所以制度环境建构了资源和议程设定权力的分配结构和转移程序，这决定了协议力量的对比，从而影响制度变迁的过程。②

（五）合同模式的绩效：风险与后果

在不同的环境下，政府与社会组织会选择不同的策略和机制形成合同关系。而不同的形成机制会显著影响公私合作模式的构建，导向不同类型的公私合作模式，产生不同的风险与结果。

合作模式的绩效主要从目标达成的情况、风险、服务供给的质量、成本的节约等几个方面进行考量。目标达成的情况主要指是否成功提供公共服务。公私合作的最终目的是提供公共服务；只要能够顺利提供公共服务，公私合作的目标就算达成。公私合作的风险则更为复杂。总体来看，公共服务的市场化制度所带来的绩效改善非常有限。③ 同时，市场化制度供给会影响公共价值。例如，公共服务的市场化对公民权利、公民参与、民主行政和政

---

① 〔美〕沃尔特·W. 鲍威尔、保罗·J. 迪马吉奥：《组织分析的新制度主义》，姚伟译，上海人民出版社，2008，第46～53页。

② 蔡长昆：《从"大政府"到"精明政府"：中国政府职能转变的逻辑——交易成本政治学的视角》，《公共行政评论》2015年第2期。

③ Rhys Andrews and Steven Van de Walle. 2013. "New Public Management and Citizens' Perceptions of Local Service Efficiency, Responsiveness, Equity and Effectiveness." *Public Management Review*, 15 (5), 762 - 783; Morten Balle Hansen. 2010. "Marketization and Economic Performance: Competitive Tendering in the Social Sector." *Public Management Review*, 12 (2), 255-274; José M Alonso and Rhys Andrews. 2016. "How Privatization Affects Public Service Quality: An Empirical Analysis of Prisons in England and Wales, 1998 - 2012." *International Public Management Journal*, 19 (2), 235-263.

府责任的潜在威胁被视为市场机制的关键缺陷。[①] 同时，公共服务的公私合作可能带来的其他制度风险[②]，如市场化可能带来竞争性的制度逻辑[③]、腐败[④]等。服务供给质量和成本的节约主要与公共服务提供的效率和效能有关。市场制度的引入带来服务效率的提高，同时政府与社会组织之间的关系，包括目标一致性程度、信任、社会文化、社会准则等，都会对公私合作的制度效率造成影响。

[①] Stephen P. Osborne, Zoe Radnor, Tony Kinder, and Isabel Vidall. 2015. "The SERVICE Framework: A Public-service-dominant Approach to Sustainable Public Services." *British Journal of Management*, 26 (3), 424-438; Richard C. Box. 1999, "Running Government Like a Business: Implications for Public Administration Theory and Practice.", *American Review of Public Administration*, 29 (1), 19 - 43; Tom Christensen and Per Laegreid. 2002. "New Public Management: Puzzles of Democracy and the Influence of Citizens.", *Journal of Political Philosophy*, 10 (3), 267-295; Robert B. Denhard and Janet Vinzant Denhardt. 2000. "The New Public Service: Serving Rather Than Steering." *Public Administration Review*, 60 (6), 549-559; John Nalbandian. 2005. "Professionals and the Conflicting Forces of Administrative Modernization and Civic Engagement." *American Review of Public Administration*, 35 (4), 311-326; H. Brinton Milward. 1996. "Symposium on the Hollow State: Capacity, Control and Performance in Interorganizational Settings.", *Journal of Public Administration Research and Theory*, 6 (2), 193-195; Linda DeLeon and Robert B. Denhardt. 2000. "The Political Theory of Reinvention." *Public Administration Review*, 60 (2), 89-97.

[②] Phillip J. Cooper. 2003. *Governing by Contract*. Washington D. C.: CQ Press, pp. 63-65; Amir Hefetz and Mildred Warner. 2004. "Privatization and its Reverse: Explaining the Dynamics of the Government Contracting Process." *Journal of Public Administration Research and Theory*, 14 (2), 171-190; H. Brinton Milward and Keith G. Provan. 2000. "Governing the Hollow State." *Journal of Public Administration Research and Theory*, 10 (2), 359-379; Barbara S. Romzek and Jocelyn M. Johnston. 2002. "Effective Contract Implementation and Management: A Preliminary Model." *Journal of Public Administration Research and Theory*, 12 (3), 423-453.

[③] Ingo Bode. 2013. "Processing Institutional Change in Public Service Provision." *Public Organization Review*, 13 (3), 323-339.

[④] Ting Gong and Na Zhou. 2015. "Corruption and Marketization: Formal and Informal Rules in Chinese Public Procurement." *Regulation & Governance*, 9 (1), 63-76; Elliott Sclar. 2000. *You Don't always Get What You Pay for: The Economics of Privatization*. Ithaca, NY: Cornell University Press, pp. 6-8; Von Weizsäcker, Ernst Ulrich, Oran R. Young, and Matthias Finger, eds. 2005. *Limits to Privatization: How to Avoid Too Much of a Good Thing*. London, Earthscan; Yijia Jing and E. S. Savas. 2009, pp. 11 - 13. "Managing Collaborative Service Delivery: Comparing China and the United States." *Public Administration Review*, 69 (s1), s101-s107.

三 小结

鉴于现有研究存在的不足，本书提出如下研究问题：中国政府购买服务项目呈现哪些制度模式？这些制度模式的形成机制和策略是什么？为了回答以上问题，本书立足于制度分析视角，围绕制度建立成本和相对权力优势两个变量，构建了一个合同关系形成的"制度建立成本—相对权力优势"分析框架。接下来，本书将通过比较案例分析方法对这一治理框架进行更为深入的阐释和讨论。

第二节 研究设计

一 比较案例分析

针对研究问题，本章采取了比较案例研究方法。笔者选取了武汉市青山区、恩施州利川市、深圳市坪山区，以说明政府购买合同关系的典型类型（见表3-2）。之所以选择这三个地点，有两个原因。第一，理论适配性。本书选取的三个样本案例，在制度建立成本和相对权力结构方面呈现显著的不同，因此理论与案例对象之间具备适配性。第二，数据的可得性。本书需要以深度访谈的形式获取实证材料。通过多种"进场"渠道，课题组对以上三个案例涉及的关键人物进行了半结构化访谈，收集到了相关资料。

表 3-2 样本案例的基本情况

	恩施州利川市	武汉市青山区	深圳市坪山区
服务类型	律师咨询	红色物业	社会工作
市场建立者	政府	企业	政府
合同起始	2014 年	2015 年	2012 年
经济发展水平	最低	较高	最高
调研时间	2020 年 7 月 22 日~31 日 2021 年 8 月 16 日~20 日	2020 年 7 月 13 日~17 日	2018 年 7 月 27 日~8 月 9 日 2018 年 10 月 10 日~25 日

资料来源：作者自制。

二　资料搜集

2018~2020 年，课题组成员对多地政府购买服务展开了多次实地调研，并在整个调研过程中进行了多次回访。调研过程中主要运用了三种方法。第一，半结构式访谈。对于每个案例，笔者对合约双方进行了深度访谈。每次访谈时间在 30~90 分钟不等，访谈全程录音，并转译成电子文档，用于建立资料库。第二，焦点小组。为了更为深入地了解合约双方的特征以及关系模式，在市区级政府部门、街道办、社区居委会和承担公共服务的社会组织，笔者进行了多次焦点群体访谈。第三，二手资料收集。除了调研数据外，为进一步完善政府购买服务的过程，笔者收集了从中央到地方部门的政府购买服务管理办法及相关政策文件和合同材料。最终，半结构式访谈和焦点小组所获得的一手资料，以及其他二手数据共同构成了本书的数据库，从而形成"证据三角"，提升了案例研究的信度和效度。

第三节　创制型机制：以武汉市红色物业购买项目为例

面对老旧社区的管理难题，在武汉市青山区，市场型物业公司主动承接老旧社区物业管理项目，不仅另辟蹊径，提供"物超所值"的服务，而且积极向政府"靠拢"，与政府共同探索了建立红色物业的具体落实方案。公司先于政府打开公共服务市场，青山区购买红色物业项目成为私人部门作为核心的制度倡导者以构建公私合作关系模式的典型案例。

一　制度情境

（一）经济社会环境

伴随着经济的高速发展和现代服务业转型升级加快，居民对物业管理水平的要求也逐步提高。为改善城市社区人居环境，完善基层治理体系，武汉市印发了《关于实施"红色引擎工程"推动基层治理体系和治理能力现代化的意见》及相关配套文件。其中，打造"红色物业"是"红色引擎"的关键部分。一方面，"红色物业"的打造要求各区各单位通过政府购买服务的方式，支持物业服务企业为市场失灵、自治失效、无物业管理或管理不善的老旧小区提供基本物业服务，从而加强和创新党对物业服务企业的领导。另一方面，"红色物业"的打造要求结合实施"百万大学生留汉创业就业计划"，组织和鼓励物业服务企业招聘高校毕业生特别是党员大学生，建设一支高素质的物业服务管理队伍。2017年，全市共组建19家"红色物业"企业，公开选聘近1000名红色物业大学生。2017年5月，J物业基于前期丰富的物业管理经验，率先在青山区推行红色物业工作。在青山区委组织部的大力支持和帮扶下，J物业不仅组建了全公司面积最大、人员配备最强、办公设备最完善的红色基地，而且还接收了组织部选派的红色物业大学生。

（二）制度环境

2017年4月，武汉市根据市第十三次党代会部署要求，开始推行"红色引擎工程"，并将打造"红色物业"作为"红色引擎工程"的主攻方向和创新之举。在市委领导的大力推动下，"红色引擎"成为武汉市亮点工程。为配合武汉市出台的"红色引擎工程"的相关意见，其他部门陆续出台了相关政策。市委组织部出台了《关于实施"红色物业"计划推动基层社会治理创新的试点方案》，提出了红色物业的实施内容，主要包括三个方面：组建一批公益性企业化物业服务实体、以党建引领改造一批现有物业服务企业、选聘和推荐一批党员大学生从事社区物业服务管理工作。武汉市房管局出台了《关于贯彻落实"红色物业"计划推动物业服务融入基层社会治理创新的试点方案》，提出由市房管局和区委牵头，负责辖区"红色物业"计划相关工作的具体组织实施，市、区房管局分别成立领导小组及工作专班。

二　相对权力结构

（一）议程设定权

J物业创始人L作为青山区政协委员，凭借较高的政治敏锐性，创造性地探索了物业融入基层社会治理的运营方式。2015年，J物业凭借丰富的物业工作经验和广泛的社会认可，承接下A小区的物业管理工作。A小区作为武汉市规模相对较大的公租房小区，同样面临着巨大的挑战。接管的第一年，各类邻里矛盾、投诉纠纷就高达一万余起。经过深入调研走访，物业公司与街道、社区、业委会和房管部门达成协议，探索形成"四位一体"的管理模式，即"街道不缺位、社区补好位、业委会摆正位、物业公司服务到位"。J物业除了运用"四位一体"的方式借助多方力量，并且主动投入200余万元用以建设小区，超编18人配备项目员工，甚至为员工特别设置了500元的"委屈奖"，鼓励员工做好服务工作。①

因此，当2017年5月武汉市政府提出"红色物业"概念时，J物业早已做好充足的准备。J物业成立了红色物业部，专门负责红色物业，并且积极申报红色物业五星级企业。区房管局与J物业合作，共同实践党委领导下的"三方联动"。自此，J物业迅速成为市场型物业企业红色化的典型代表，A小区也成为社区治理的标杆之一。2018年12月，武汉J物业管理服务的A小区荣获"2018中国红色物业示范基地项目"称号，继而以"A小区模式"为蓝本，推进其他红色物业项目。

（二）资源分配状况

公共租赁住房是指限定建设标准和租金水平，面向符合规定条件的城镇中等偏下收入住房困难家庭、新就业无房职工和在城镇稳定就业的外来务工人员出租的保障性住房。A小区是武汉市的公租房小区。小区内有21幢建筑，可提供的公租房房源达到5235套，房源数占到了全市23个公租房项目总房源的两成多。按照政策规定，市房管局负责这类公租房的管理工作。但是，管理公租房仅仅依靠政府的力量远远不够。因此，为提高公租房管理质量，政府需要购买公租房管理服务，即把属于政府职责范围、由财政支出安排的公租房入住和退出管理、租金收缴、房屋使用管理、维修养护、综合管理等公共服务事项，按照一定的方式和程序，交由具备条件的社会力量或事业单位承担，政府根据合同约定向其支付费用。

---

① 陈永全：《用开放包容胸怀 达合作共赢发展——访武汉市第十七届劳动模范李钢》，《住宅与房地产》2019年第13期。

为创新党对物业服务企业的领导，建设一支高素质的物业服务管理队伍，政府还招聘了一批红色物业大学生，补充物业服务力量。这批红色物业大学生的工资由财政负担，待遇不低于物业从业人员的平均水平，发展路径主要包括三条：第一条是进入社区两委，担任社区工作人员；第二条是进入物业企业，直接同物业企业签订劳动合同；第三条是在招录公务员时，作为类比于大学生村干部的从业经历来认定。物业公司将红色物业大学生视为重要的可资利用的组织资源，正如 J 物业公司负责人所言：

> 招聘红色物业大学生的初衷是提升物业从业人员的素质和水平，补充物业队伍。再一个也是表明政府的支持。也就是说，政府出钱招一些大学生，给物业公司去用，他们就按照红色物业要求去推动。①

对于物业公司而言，承接政府购买服务项目在短期内付出了高昂的经济成本，但是能够有效地帮助企业提高声誉，积累社会资本，从而促进企业规模的扩张。2017 年，在促进红色物业迅速成长的同时，J 物业的分公司如雨后春笋般迅速扩展，营收规模扩展至 5000 万元级。J 物业也得到了业内的认可和社会的关注，随着"市优秀示范项目"的推广，J 物业获得了"2018年中国物业服务特色品牌企业——红色物业""市红色物业五星级企业"等荣誉。

三 制度建立成本的分配

市政府为了管理 A 小区的公租房，聘请了两家机构，一家运营公司"主内"，一家物业公司"主外"。运营公司负责承担公租房运营管理服务事项和政府履职所需辅助性事项，包括入住和退出管理、租金收缴和房屋使用管理、维修养护、综合管理。物业公司则负责提供小区的保安服务、保洁服务、绿化服务、设备设施维护服务等。在政府购买服务的公开招标中，J 物

---

① 访谈编码：20200714WQQH-JSJ。

业公司凭借之前累积的管理经验和社会认可度脱颖而出，与 A 小区签下合约。前期，物业公司是和修建公租房的武汉地产集团保障房有限公司签订合约。后期，物业公司是和业主形成的业委会签订合约。

在签订合约之后，物业公司需接受多方的监督、管理和考评。一方面，政府对物业公司进行考评；考评主要采用满意度调查的方式。政府委托第三方，对每个小区的物业服务每年实行一次满意度测评，根据小区总户数的比例"挨家挨户上门访问"，或是通过电话问询收集居民对物业服务的评价。其次，政府统一张挂住宅小区公共服务管理评议二维码，市民扫描张挂在各小区物业服务中心和楼栋内的二维码，即可反映问题、参与评议，继而作出"满意""基本满意""不满意"的评价。基于这些数据，武汉市住房保障和房屋管理局每年会公示物业公司红黑榜，评选"十优满意单位""十差不满意单位"。对问题受理不及时、评价不满意的物业企业，政府会采取督办和约谈等措施，下达整改通知书，对拒不整改的进行信用记分等处理。如果连续登上物业黑榜，那么物业企业会失去投标政府购买服务的资格。

另一方面，是社区干部对物业公司的监督。J 物业公司的红色物业项目主动引入交叉任职的方式，承担部分的监督成本，即让社区支部书记或主任担任物业公司项目部的评质专员。社区干部有权对项目物管成员进行评质，调配物管成员配合社区提供公共服务，并向公司高层指出项目实施的不足之处。物业公司不仅会参加三方联动会议，而且会主动邀请社区干部参加项目部的周例会。

四 合同关系的运作

早在"红色物业"概念提出以前，J 物业便在摸索党建与社区物业管理工作相结合的方式。首先是联合建立党组织。2015 年底，A 小区完成棚户区改造工程后，J 物业公司董事长联合 A 小区党总支书记 Z，很快成立了一个三人党支部。社区干部利用 J 物业提供的平台，长期坐班，耐心化解居民各类矛盾。其次，复刻"四位一体"的管理模式，聚焦服务质量，积极"向党靠拢"。物业公司主动融入社区治理工作，"一件件不计成本"

地化解社区大量的疑难杂症。J 物业公司董事长虽然不是党员，但是"党性观念"特别强，经常教导项目员工说"跟党走就行了，什么问题都可以解决"。

2017 年 4 月，在武汉市大力推进"红色物业"项目的背景下，J 物业率先落实红色物业概念，顺理成章地成为青山区市场型企业红色化的典型代表。"红色物业"的合法化加快了 J 物业红色化的步伐。虽然政府没有提供一套红色化的系统方案，但是在摸索过程中，J 物业的红色板块工作日趋成熟和完善。

首先，强化党组织建设，将党建和党员服务的元素融合到物业服务的过程中。J 物业专门设立了红色物业职能部门，部门的一把手由公司党委书记担任。红色物业部门需要成立党支部，部门下的每一个项目部都配备一名党建指导员，行政级别和项目经理同级，用以协助企业开展党的工作和活动。同时，J 物业鼓励员工成为党员，对于党员身份的员工每个月补助 200 元。截至 2018 年，物业公司党员人数增长至 30 人。要求在每周的社区党员接待日，物业公司的党员也要为社区居民提供义务服务。正如 J 物业公司工作人员 W 介绍道：

> 我们这边，公司提倡一天一件"好人好事"。说白了，我们就是把市场化的东西做成了免费的，相当于是学雷锋的奉献精神。在党的领导下，我们上门服务是纯帮忙性质的。我们每周有一个党员接待日，我做的事就是什么免费的磨刀、帮老人理发、量血压、维修一些小型家电等，这基本是我们每周都会做的事情。①

此外，J 物业通过吸纳红色物业大学生，扩充党建人才队伍。2017 年，D 通过报考红色物业大学生项目，成为 A 小区的"第一书记"，负责"在日常工作中打上红色引擎工程的烙印"。2018 年底，D 转入 J 物业，担任 J 物

---

① 访谈编码：20200714WQQH-JJL。

业党支部书记，负责党建工作。在 D 看来，红色物业大学生的引入有助于 J 物业公司提高党建工作质量：

> 2018 年，物业公司这一块就觉得，我在社区抓红色引擎工程可能还是有点心得吧，物业这一块的党建也想提升一下。尤其是红色物业 2017 年开始推动之后，民营企业阻力一开始还是比较大的。J 物业的董事长在政治上还是比较敏感的，当时想跟我谈一下，抓一下这一块。①

其次，主动融入基层治理，并将新理念贯穿于实践之中，以低价有偿的方式提供"超值服务"。一是打造双网融合，即社区网格员和物业楼管员的双重覆盖。A 小区 19 栋楼划分了 15 个网格，配备了 15 个网格员，物业公司则配备 8 个楼管员配合社区工作。面对居民的矛盾和纠纷，社区网格员和物业楼管员共同化解，促进邻里关系。二是加入社区党总支组建的"天天敲门组"。J 物业的党员同社区的党员群众一起促成了 120 人的"天天敲门组"。通过分类敲门、上门服务，收集居民基本信息、诉求等。从全面市场化的业主满意度调查到全面融入社区的"天天敲门组"，从无差别催缴物业费到主动减免困难业主费用，J 物业为社区居民提供了"物超所值"的服务，具有强烈的公益性色彩，正如 W 所介绍的：

> 还要提一个概念，就是物业行业"质价相符"。我收你一块钱，是给你提供一块钱的服务，三块钱就提供三块钱的服务。但是我们这边基本上可以说是，以一块钱的价格，可以提供价值两到三块钱的服务。②

第三，加入"三方联动"机制，主动加强与社区的沟通和联系。一方

---

① 访谈编码：20200714WQQH-JSJ。
② 访谈编码：20200714WQQH-JJL。

面，参与社区每周五的三方联动会议，包括社区干部、运营公司和物业公司。在会议上审议居民提出的需求，会后组团上门服务。另一方面，参与社区"大党委"，每月参加大党委会议。大党委包含了"社区这一圈之内的单位"，包括运营公司、物业公司、孵化器、学校、卫生院等。然后，由社区"大党委"集中调动这里各方的资源来服务这一块的居民。通过"大党委"会议，社区可以有效整合资源，现场对接和解决问题。

> 从"四位一体"到"三方联动"，这个是红色物业的很大的一个机制。因为在很多你们自己住的商品房小区，其实物业和社区是两家单位，基本就是你做你的事，我做我的服务，两家没什么交集的。基本上，我们刚进驻的时候，就主动和社区沟通，主动融入基层治理，在服务的过程中我们做的很多是政府部门的服务，我们也参与了，也去做了……前一段时间，小区内存在困难群体，爷爷一个人带孩子，爸爸被抓了，孩子基本上属于无人看管，我们就会联络这种资源，社区支部书记直接在会上与学校的书记对接，讨论孩子该怎么照顾。①

通过低价有偿的方式，J物业不仅打造了红色物业品牌，而且在日常运行中获得了不少社区资源。一方面，通过社区和物业交叉任职的方式，加强双方的融合。物业公司邀请社区"两委"成员兼任物业服务项目义务的质量总监，推荐物业公司党员负责人担任社区"两委"成员，推动共建共治。同时，社区党委协助物业公司开展党建工作，并且根据物业需求，帮忙联系相关资源。

> 我们通过链接各种资源给物业公司省了很多钱。其实，他们公司项目部这一块儿，党员只有两个人，2016、2017年的时候，我们就派了一位党建指导员过去，成立了一个临时党支部，指导他们建立党组织。

① 访谈编码：20200714WQQH-JJL。

所以，就是因为它那个公司是我们大党委的成员单位，所以我们就会对它的工作有一系列的指导，包括党组织的建立、服务的优化、队伍的壮大、骨干的培养等。①

最终，物业赢得业主信任，两者相处融洽。社区业主对公共事务也有了更大的参与热情，"各显神通"，积极配合并协助物业公司开展日常工作。

> 像我们三楼有一位，搞曲艺的夏先生。像做物业这一块很多宣传，我经常找他帮我创作大鼓；他是唱湖北大鼓的。比如2019年刚刚颁布的那个《武汉市物业管理条例》，哪一些是物业负责的，哪一些不是物业负责的，这一块居民是模糊的。我就让夏老师帮我创作个大鼓，然后他说大鼓有点不太好表达，就给我们搞了个三句半。我们的员工加夏老师一起搞一个三句半，就在小区里面表演，让大家知道这个条例里面大概有哪一些东西。②

五 小结

红色物业的案例展现了公私合作制度的创制型形成机制。在红色物业市场建立之前，市场型的物业公司便开始发挥企业家精神，捕捉可以利用的信息和资源要素，围绕特定公共服务创造需求，开创具有"红色"色彩的物业服务产品。物业公司通过承接令武汉市政府"头疼"的老旧社区项目，"迎难而上"，不仅在一定程度上解决了服务质量与盈利水平之间矛盾，积累了相关工作经验，而且在政府和社会中树立了良好的声誉，提升了企业影响力。在武汉市推进红色物业之时，物业公司迅速抓住"政治机会窗口"，

---

① 访谈编码：20200713WQQH-SSJ。
② 访谈编码：20200714WQQH-JJL。

成为第一批落地的红色物业企业。

在双方的合同关系中，虽然政府是相对权力优势方，但是红色物业的实质内容是由物业公司界定、落实和扩充的。物业公司通过积极与市住建局、街道、社区等部门展开合作，加强党建队伍建设，参与"三方联动"机制，主动融入基层治理框架，提供了符合政府偏好的物业服务。事实证明，物业公司主动打造"红色物业"品牌的策略为企业的生存和发展争取到了长远利益。

第四节　建制型机制：以深圳市坪山区社工服务项目购买为例

深圳市坪山区率先在全国探索政府购买社工服务项目，早在 2011 年便实现了社工服务的全区覆盖，2014 年初更是被国家民政部评选为"首批全国社会工作服务示范地区"。因此，坪山区购买社工服务项目具有典型的政策实践与相对完整的政策历程，有利于合同关系模式的制度分析。

一　制度情境

（一）经济社会环境

深圳市地处南部海滨，毗邻香港，是我国首批经济开放特区，改革开放的"试验田"。凭借得天独厚的地缘优势和强劲有力的政策扶持，地方政府积攒了充裕的财政资金，为实行制度创新奠定了坚实的经济基础。自 2006 年 12 月被民政部确立为社工制度试点城市以来，深圳便不断摸索建立社工制度。通过学习借鉴香港和台湾地区以及国外的经验和理念，深圳提出了"社工组织民间化运作，政府购买服务"的社会工作发展方向，发布了《关于加强社会工作人才队伍建设推进社会工作发展的意见》以及七个配套文件（简称"1+7"文件），并引进香港社工督导制度，为社工机构的发展提供了制度保障。根据文件要求，深圳各区纷纷向社工机构招募社会工作者，逐渐形成了"一社区一社工、一片区一小组、分类分片相结合"的社区社会工作格局。在市政府和民政局的积极扶持下，深圳社工组织从无到有，迅速壮大。2007 年，深圳只有首批社工 37 名，9 家社工服务机构。经过 14 年的发展，深圳市政府购买的社工达到 9000 多名，全市社工服务机构发展近 200 家。[①]

2011 年坪山区率先在全市完成社区服务中心的全覆盖，分别在所辖 23 个社区建造社区服务中心，采取"政府购买、社会合作"的运作方式，向社会招标引入社工机构专业运营。然而，在基层出现了一个奇怪的现象，"站长"取代了"书记"，"社工机构"取代了"社区服务中心"，居民群众只能看到社会组织的身影。于是，自 2016 年起，深圳市将社区治理建设的重心放置于"以党建为引领，以服务为抓手"。由此，政府与社工机构的合作关系模式发生了重大转变。

（二）制度环境

党的十八大以来，党中央关于强化基层党建、重构社会治理的政治信号充分释放。党的十八大报告提出"创新基层党建工作，夯实党执政的组织基础"[②] 的目标。随后，党的十八届三中全会强调了"充分发挥基层党组织的战斗堡垒作用"[③]。习近平总书记就基层党建发表了系列讲话，强调"要完善共建共治共享的社会治理制度"[④]，"完善党委领导、政府负责、民主协商、社会协同、公众参与、法治保障、科技支撑的社会治理体系"[⑤]。要把加强党的基层组织建设，作为贯穿社会治理和基层建设的一条红线，推动服务和管理力量向基层倾斜，在建立区域性大党建格局、资源整合型党建工作模式、基层党建工作支撑体系等方面不断创新。全面推进"全域党建"，就是要建立健全党的组织体系：在纵向上，健全市、区、街道和社区党组织的四级联动体系；在横向上，要以街道社区党组织为核心有机联结各

① 资料来源：访谈（补充）。
② 《十八大以来重要文献选编》（上），中央文献出版社，2014，第 42 页。
③ 《十八大以来重要文献选编》（上），中央文献出版社，2014，第 544 页。
④ 《习近平著作选读》第 2 卷，人民出版社，2023，第 332 页。
⑤ 《十九大以来重要文献选编》（中），中央文献出版社，2021，第 287 页。

个单位。

在此背景下，深圳市围绕基层党建工作，先后出台了《中共市委办公厅印发〈关于推进社区党建标准化建设的意见〉的通知》（深办发〔2015〕16 号）、《关于大抓基层大抓支部强化城市基层党建的若干措施》（深办发〔2017〕14 号）、《关于加强党群服务中心建设管理的意见》（深办发〔2017〕24 号）等文件。根据文件要求，全市 642 个社区统一设党委，行使"四项权力"，包括人事安排权、重要事项决定权、领导保障权和管理监督权。作为社区服务力量的组成部分，社工也被纳入基层党建的管理范畴，必须在社区党委的领导下，为社区居民提供公共服务。

二　相对权力结构

（一）议程设定权

在民政系统的部署下，深圳市的社区社会工作服务有条不紊地开展，在提升社区服务水平方面的专业作用得到初步显现。2009 年，市政府将购买社工岗位服务纳入政府采购体系，由市政府采购中心统一组织实施。自此，深圳市提供的所有社工服务都采用了政府购买的方式，购买岗位的社工在民政、教育、司法、残联、卫生、妇儿等 10 多个领域开展服务。深圳市购买社工服务的制度创新在社会工作和社会学界引起巨大反响。2010 年 1 月，深圳社会工作服务政府采购得到了社会政策领域专家学者的认可，入选"2009 年度中国社会政策十大创新"。

经过几年的探索，深圳市从购买岗位社工转变为社区服务中心项目化。2010 年，深圳市制定了《深圳市社区服务发展规划》，将社区服务中心建设作为重点。2011 年，坪山区建立了 24 个社区服务中心，率先实现全区全面覆盖。社区服务中心采取政府购买服务的方式，给每个服务中心配备了至少3 名社工和若干辅助人员。购买社工服务的工作主要由民政系统牵头。首先由社区申报需求，拟定服务内容，测算经费规模。经街道、区民政局审批备案之后，再由区民政局负责采购，民政系统下的街道公共服务办负责对接购买社工服务项目的具体内容。① 在市政府和民政局的积极扶持下，坪山区购买社工服务的项目实践渐入佳境。2014 年初，坪山区被民政部确认为"全国社区治理和服务创新实验区""首批全国社会工作服务示范地区"。2015年，为了进一步规范政府购买社工服务的程序，深圳市民政局、深圳市财政委员会研究制定了《政府购买社会工作服务实施办法》。

到了 2016 年，组织部开始在购买社工服务工作方面扮演关键角色。具体表现在，第一，项目前期由组织部把关。在初审阶段，街道组织部和民政部通过召开联席会议，共同审议项目的合理性和可行性。审查结束后，社工机构的社会工作人员还需要通过街道组织部的面试考察，才能最终确定招录人选。第二，组织部设有专职人员管理党群服务中心。区委组织部向社会工作协会购买社工，安排在各个街道组织部，专职负责管理社区党群服务中心。第三，强调党委的领导。根据《中共深圳市委办公厅印发〈关于推进社区党建标准化建设的意见〉的通知》，深圳市所有社区服务中心全部改名为社区党群服务中心，强调在服务中体现党组织的作用。社区党委书记为社区党群中心主任，担任社区服务中心主任的社工转变为社区党群服务中心的项目主管，社区工作站、社区居委会等主体也共同纳入社区党群中心的架构中，社区党委书记在社区治理主体中的核心领导地位确立。

（二）资源分配状况

社工队伍的壮大在很大程度上依赖于政府充足的财政投入。社区服务中心建立初期，深圳市建立了针对社会工作经费的公共财政保障体系，平均每个社区按照"4+2"配置模式（4 名社工加 2 名行政辅助人员），购买社工服务经费为 50 万元。其中，市、区财政对社会工作予以适当倾斜，要求民政局每年安排一定比例的福利彩票公益金用于购买社工服务、社工培训、社工督导人才队伍建设等项目。在此基础上，坪山区出台了《坪山区社会工作人才扶持办法》，每年支出约 100 万元扶持资金，用于继续教育、人才补

---

① 陈琪：《治理共同体建构：深圳社会工作嵌入社区治理的实践研究》，《社会福利（理论版）》2021 年第 10 期。

贴，从而吸引优秀社工人才扎根坪山区，降低社工流失率，稳定社工人才队伍。

政府购买服务所支付的资金不仅包括社工本人的工资、福利，而且也是社工机构维持生存的重要保障。自 2015 年 9 月，深圳市人民政府全面推广"民生微实事"，由市、区两级财政承担费用，平均每个社区的"民生微实事"项目每年有 200 万元的资金保障。政府鼓励社区党群服务中心把"民生微实事"中的服务类项目交给社工机构，从而提高社工和社工机构的待遇，调动其积极性。由于工作性质，社工机构的主要合作对象是社区党群服务中心。

对政府而言，建立社工服务市场是承接政府社会服务职能的重要依托。随着政府职能加快转变，政府改革的方向成为促进社区职能从行政化向服务化转变。但是，在中国目前"上面千条线，下面一根针"的倒金字塔式管理体系中，社区身处塔底，处于人力资源、财力资源、权力资源和时间资源严重短缺的窘境。因此，社区基层没有余力为社区居民提供专业的社会服务。购买社工服务则能弥补公共服务供给匮乏的问题。社工人才能够提供专业化的社会服务，更好地回应民众的需求。社工服务机构则是社工人才发挥作用的重要平台，有助于整合社会工作资源。

三　制度建立成本的分配

2011 年 7 月，坪山区正式启动社区服务中心项目，旨在率先形成"一社区一中心"的服务格局。为实现这一目标，坪山区大力推动社区服务中心的建设，一方面，积极将社区服务中心建设列入政府中心议程。坪山区将社区服务中心建设列入该区"十大民生工程"和公共服务白皮书。另一方面，主动承担制度建立成本，接连印发相关制度文件，诸如《推进全国社区治理和服务创新实验区建设方案》和《推进全国社会工作服务示范地区建设方案》，以及国内首个地方性社会工作人才扶持办法——《坪山新区社会工作人才扶持办法（暂行）》。2014 年，坪山区被国家民政部确认为"全国社区治理和服务创新实验区""首批全国社会工作服务示范地区"，标志着坪山区社区服务中心项目的运作模式走向成熟。

社区服务中心项目由政府出资，采取竞争性购买模式，通过采购招投标的方式，交由社会组织运营，由第三方进行评估。初期，社会组织的招标主要由民政系统牵头。首先，由社区申报需求，拟定服务内容，测算经费规模。经街道、区民政局审批备案之后，再由区民政局负责采购，民政系统下的街道公共服务办负责对接购买社工服务项目的具体内容。

深圳市政府购买社工服务拥有一套相对完整的服务绩效评估体系。承包社区服务中心项目的社工机构会受到三个方面的考核：街道组织部、社区干部和第三方机构，考评权重分别为30%、10%和60%。但是，由于每年考核之前就会完成招标工作，年终评估对政府采购招标结果的影响较弱。政府采购招标主要考虑投标过程中社工机构提出的方案、服务和成本等。此外，政府会避免太多社工资源被单一的社工机构垄断，因而政府与社工机构的合同一般都是一年一签。此外，坪山区社工协会也会对各个社工机构进行评估和监管，定期走访、考察质量，为表现优异的社工机构申请专项补贴。

四　合同关系的运作

（一）民政部门主导下的契约合作（2011~2014年）

2011年，坪山区率先实现社区服务中心全覆盖，并引入社工机构提供公共服务。在民政系统的主导下，政府与社工机构之间维持着"竞争型"合作关系。虽然政府主张"政府主导，民间运作"，但是，在实际运作中，政府对社工机构的干涉较少，注重保护社工以及社工机构的独立性和专业性。社工机构对自己的战略定位，也是"与政府开展合作的伙伴关系"。

在社区服务中心，社工机构基本按照自己的专业原则独立运作。社区党委与社工机构之间是较为平等的合作关系，"社区党委偶尔会来指导社工工作"。在民政系统的领导下，社工机构的工作内容更加强调服务的专业性，要求提高基础服务质量，扩大服务覆盖面。社工机构在每年年初都会根据50万元的活动经费拟定社区服务计划，包括常规服务、文娱健康、个案辅导等项目。在实施项目的过程中，社区党委只会在少数情形下加以提醒和指导，比如提醒社工在举办活动时注意做好安全工作。除了基础服务外，政府希望社工机构能够成为社区自治的推动者。因此，合同会明确要求社工机构每年培育一定数量的社会组织，并将草根社会组织的培育作为评分占比较大的项目。

（二）组织部主导下的双向嵌入（2015~2018年）

2015年，深圳市出台了《关于推进社区党建标准化建设的意见》，加大了组织部对社区党建的管理力度。在"党建标准化"的指导下，社区服务中心发生了显著的转变。一方面是硬件设施的变化。按照文件要求，社区服务中心更名为社区党群服务中心，统一名称、标志；同时需要设置儿童"四点半学校"、老年人日间照料、图书阅览、心理咨询和文体活动等功能区域；通过政府购买招收的社工和行政辅助人员需统一着装，体现"党组织服务群众"的特征。

另一方面，政府与社工机构的合同关系开始趋向建制性。区委组织部从名义上的领导转变为实质上的领导。在签订合同时，街道组织部在选定社工机构之后，还会对社工进行面试。面试不仅考察社工的个人的资质、从业经历以及岗位胜任能力，还会从思想政治层面考察该社工是否符合党组织的要求。正如党群服务中心的一名社工所介绍的应聘经历：

> 他们会通过对话，看你简历，了解你们之前的工作情况，看你的能力行不行；然后就是现场面试跟你聊天，看你口头表达能力强不强。还要你有没有一些政治上敏感的东西，现在组织部他们很在乎这些东西。[①]

签订合同之后，相比民政系统，组织部对社工机构的管理更加精细化。一是强调服务要加强党的特色。在前期，社工提交项目方案时，街道组织部会审核项目是否嵌入了党建元素。在项目内容上，组织部提出了"5+1+2"的服务要求，即包括五项基础服务，一项特色服务和两项外部合作项目。组织部强调，社工机构要通过特色活动，加大党建的宣传力度，打造党建红色

---

① 访谈编码：20181210SPSJ-SG。

品牌。此外，侧重增加了党的相关工作，要求把党的文化宣传教育如党的十九大精神、社会主义核心价值观融合到针对青少年群体的工作中，以及组织党员服务社区居民，发挥党员的先锋模范作用。

考核文件还提出了硬性指标，比如要求社工每周至少要走访 20 个困难户，员工的党员身份也是加分项。组织部专门设置了社工部，坪山区社工协会通过岗位购买的方式聘请专人负责所有服务中心社工的动态监管，每周收集所有社区社工的周总结和周计划，其中包括详细的活动时间和内容以及服务人群和人数等。组织部还会每月召开联席会议，要求社区组织委员和党群中心负责人都要参加，汇报每月工作内容。

为了适应这些要求，社工和社工机构都需要妥协。一是服务内容的妥协。社工在专业服务的基础上，需要"想方设法"把党建元素融进服务活动中。这迫使非党员的社工必须去了解党的相关知识，摸索社会工作与党建元素结合的方式。组织部通过考核评估的手段，也有意识地吸纳、发展社工主管成为党员，以便加强思想政治教育。但是，无论社工是否具备党员身份，将党建元素与专业服务相结合都是一项非常艰难的挑战。正如在访谈中大量的社区工作者所表达的困惑：

> 现在就有一个新的要求，不是明文规定，我们在服务里要体现党的元素……我们一直是学社工的，对党的认识可能没有那么多，所以没办法。如果在活动里面一定要加入党的元素，我们会觉得有点不太能做到。写的那些活动，从我们专业看来会感觉很奇怪，看起来跟党没有太多的关系。比如说一个亲子教育小组，这个小组怎么加上党的东西？怎么样更合理地加进去，其实是有点困难。①

二是服务对象的变化。社工需要熟悉党员群体。尽管非党员的社工对党员活动并不熟悉，但是需要去联合社区组织动员党员志愿者。于是，社工在

---

① 访谈编码：20180803SPSJ-SG。

设计组织活动时，不能局限于专业原则，而要结合政治环境和党建元素。因此，在这一过程中，社工扮演的不仅是服务者，更多的是党群联系的枢纽。正如一位街道组织部的书记所言：

> 现在整个社工定位就是这样，不需要你有太高的专业性，你只要做好一个党群的联系就好。然后你通过服务，让居民更加认可你的工作，而你现在是属于社区党委，那么认可你就相当于是认可社区党委。①

在建制型合同关系中，社区党委与社工机构之间的关系也从合作伙伴转变为领导和控制关系。深圳市政府在《关于推进社区党建标准化建设的意见》的文件中，明确指出社区党委对社区党群服务中心的领导作用，因此，在中心服务的社工同样受到社区党委的领导。在组织部面试社工时，也会向社工传递领导观念，即"是否能接受社区党委的领导"。现在社工机构开展活动的内容会越来越受到社区党委的影响和管控。除此之外，社工的工作内容很大部分被社区事务挤占，社工的时间和精力都要分摊出来处理社区的行政事务，因此"在做社工时，思考没办法像以前那么专注了"。之前社工带头发展的社会组织也逐渐走向沉寂。正如一位社工的"抱怨"：

> 像我们社工，就是一个人要干三个人的活，组织部明确要求，我们属于党委下面的，就像一个下属一样，所以党委很多活动是归到社工这块来做的；整个妇联、关工委什么活都放到社工那里去的……像我的话，我还兼职社区妇联的副主席，我还是关工委的委员，所以我们社工就会变得很忙，很多会议都要去开。我作为这个中心的代理主管，每周五都会参加这个工作站的班组例会，比如有什么要汇报的，或者说他们

---

① 访谈编码：20181210SPSJ-SG。

那边有什么安排，有一些需要协助的，那我们都会有一个配合的过程。①

建制型合同关系也为社工机构争取到了更多资源。社工逐渐意识到"跟党委走得越近，资源越多，服务也更好开展"。一方面，社区党委能提供资源支持。社区党群中心每年的经费是 50 万元，但 80% 用于支付人力成本，剩下的 20% 还要扣除社工机构的管理费用，最后结余的才是服务费用和行政费用。因此，仅凭政府配备的基础经费，不能支撑社工机构开展一年的活动。而社区党委还拥有大量服务提供的预算，例如每年 200 万元的民生微实事项目，包括工程、货物和服务类。其中服务类项目，由居民议事会、社区党委审核通过后，再交由街道公共服务办聘请的第三方审查。如果社工与社区党委相处融洽，那么更有可能中标服务类项目。另一方面，建制型合同关系也有助于社工扩大服务群体的范围。在党委支持下，社工组织活动的范围可以从服务中心拓展到各个居民小组的站点。在配合社区党委的服务时，增加了与居民联系的契机，也有利于社工完成"建档立卡"的指标。

我们觉得可能有相应的一些资源可以利用，我们为什么不去？麻烦是麻烦点，毕竟社区的工作可能是量大，也比较紧急，我们要先抽时间完成……对于其他的服务中心来说，走访建档这个是比较难的。在我们这边的话，从来不用担心，因为社区党委要求我们要一直走，同时我们这边像有一些常规服务，比如爱心午餐，你要到每个老年人家中给他送餐，你就可以了解他最近这一周或者最近这段时间的身体情况和生活情况。这不就是一个加法？这些东西我们都可以通过这种常规服务去了解到，那真的就是不愁这方面指标的完成了。②

---

① 访谈编码：20180807SPSJ-SG。
② 访谈编码：20181210SPSJ-SG。

五　小结

社工服务项目的案例展现了公私合作制度的建制型建构机制。虽然在政府购买社工服务的初始阶段，政府对其相对权力优势的利用并不显著，但是，在深圳的社工服务市场制度的建构过程中，政府始终保持着相对权力的优势。在初始阶段，政府以购买社工服务的方式助推社工机构发展，但是财政支持并没有使得社工机构与政府之间产生强烈的依附关系。社工机构不是作为政府的附属机构，而是保持了很大的独立性。在签订合约之后，机构具有很大的自主权，在业务方面能自主运作，自行决定服务供给的方式；在财务方面自主经营、自负盈亏；在人力资源管理方面，也拥有独立的权力，独立负责员工的招聘、培训工作。随着市委组织部的介入，政府作为相对权力优势方，为了达成目标，主动承担合同管理的成本，对于社工机构的控制力度从弱到强。从人员的选定到日常工作，区委组织部专门设置了社工部管理所有中心的社工。

第五节　协商型机制：以利川市法律顾问项目购买为例

恩施州利川市各级政府部门自 2014 年开始推行法律顾问制度，相继出台多项配套政策，拨付法律顾问工作经费，最终在全市 769 个单位实现了法律顾问全覆盖。利川购买法律顾问服务是在依法治国背景下推行的创新实践，对于理解合同关系模式的建构以及演化过程具有重要的案例价值。

一　制度情境

（一）经济社会环境

利川市地处鄂西南，南邻潇湘，西靠蜀渝，北依三峡，市辖 16 个乡、镇、街道办、开发区，585 个村（居）民委员会，5818 个村民小组，总人口 92 万人，全市总面积 4606 平方千米，是恩施土家族苗族自治州面积最大的县级市。① 2013 年以来，利川市经济飞速发展，市域生产总值于 2018 年突破 200 亿元，5 年实现经济总量翻一番（见图 3-2）。其令人瞩目的经济增长背后，是地方政府大规模的城市扩张、土地开发和项目引进，伴随着环境污染、征地拆迁、劳资纠纷等诸方面的信访矛盾急剧增加，从而引发诸多法律纠纷，给政府造成了一定的维稳压力和法律风险。

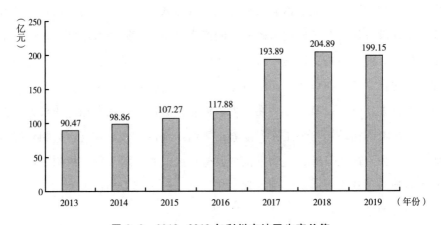

图 3-2　2013~2019 年利川市地区生产总值

资料来源：作者自制。

为了化解信访积案和法律纠纷，地方政府通常采取的办法是给予合理的赔偿，安抚信访者情绪，因此政府大量精力和资金耗费在规范秩序、维护稳定上。这种做法引起市委书记的注意：这种做法不仅成本高昂，而且很难从源头上解决问题。于是，司法局尝试引入法律顾问团解决信访积案问题，初具成效。尝到"甜头"后，利川市政府开始利用法律顾问化解信访积案。法律顾问制度在利川得到了积极的响应。

（二）制度环境

围绕全面依法治国，从中央到地方，领导人相继做出政治承诺，相关政策也紧跟着出台。习近平总书记从全局高度指出，要"坚持依法治国、依

---

① 利川市统计局《利川统计年鉴 2023》。

法执政、依法行政共同推进，坚持法治国家、法治政府、法治社会一体建设"①，作出"努力让人民群众在每一个司法案件中都能感受到公平正义"②的庄严承诺。2013 年 11 月党的十八届三中全会作出的《中共中央关于全面深化改革若干重大问题的决定》，明确提出了"普遍建立法律顾问制度。完善规范性文件、重大决策合法性审查机制"③ 的改革任务。

恩施州专门成立了法治政府建设领导小组、全面依法治州委员会，加强统筹谋划，陆续出台了《州人民政府关于深入推进依法行政加快法治政府建设的意见》《恩施州法治政府建设实施方案（2016-2020 年）》《关于推行法律顾问制度和公职律师公司律师制度的实施意见》。同时，为了强化法治政府建设考核，恩施州出台了《恩施土家族苗族自治州依法行政考核实施细则》《恩施州普遍建立法律顾问制度的实施意见》《恩施州法律顾问工作管理办法》《恩施州法律顾问聘用指导办法》，将依法行政考核纳入领导班子和领导干部以及政府目标责任考核或绩效评价指标系统之中。

在政府行为全面纳入法治轨道的背景下，在依法治国、依法治市的要求下，利川市委成立全面依法治市委员会，市委书记任主任，市委副书记任副主任，法律顾问制度也被纳入议程，相继于 2014 年 5 月颁布《利川市普遍建立法律顾问制度的实施意见》，2014 年 8 月颁布《利川市法律顾问工作职责》，2014 年 9 月颁布《2014 年全市普遍建立法律顾问制度工作考核办法》。

二 相对权力结构

（一）议程设定权

2014~2017 年，法律顾问制度是通过自上而下推动的。拥有业务指导权的司法系统是主要推动主体，政府系统和其他部门系统负责贯彻落实。

---

① 《习近平关于社会主义政治建设论述摘编》，中央文献出版社，2017，第 89 页。
② 《十八大以来重要文献选编》（上），中央文献出版社，2014，第 91 页。
③ 《十八大以来重要文献选编》（上），中央文献出版社，2014，第 529 页。

市司法局负责备案聘用合同，建立法律顾问工作档案和管理台账，制定考评办法。司法所所长加入法律顾问团，负责日常管理。2015年，司法局的法律顾问团成功处理了一系列信访疑难积案，也坚定了"一把手"对普遍建立法律顾问制度的信心和决心，加大了市区、乡镇政府及相关部门的配合力度。2016~2017年，借助法律顾问力量，利川市化解矛盾纠纷成果显著，积案化解数量一度跃居全州第一，全市的治安面貌也得到了明显改观。这些数据为后期市委政法委推动法律顾问制度建立提供了有力的数据支撑。

> 以前在利川随时能看到信访局门前交通堵了。扯标语、喊口号，拿起卖猪肉的小喇叭喊口号，坝坝头（即院子）随时都是满的，根本你就别想清静。现在见不到了。基本上所有的最尖锐的矛盾都已经化解了，这个整个大局势都变化了。①

2018年，法律顾问制度搭上了"依法治国"的顺风车。州司法局不仅考核垂直管理的市县司法局，而且要对市委、市政府的依法行政板块进行考核，此考核在年终考核中占比高达10%。党委政府开始顺理成章地跟进法律顾问制度建设，想方设法给司法局"帮忙"。最突出的标志是法律顾问制度被纳入市财政预算，按照每个乡镇单位10万元的标准，划出了150万元的专项经费。即便遭遇到了一些挫折，法律顾问制度依然获得了更高的政治注意力。

> 市委书记是依法治市委员会的主任，每年他有几次例会要主持，司法局要过去汇报。我们这里正在筹备第二次会议的相关事宜，直接汇报的时候你这些东西都要一并提出来。像今年经费特别紧张，我们这个

---

① 访谈编码：20200722ELSF-ZR。

150 万元的经费没到位，我们就是趁这一次会的时候把这个东西提出来。①

同时，依法治市政府办公室主任由市委副书记担任，而整个司法局实际上肩负了"依法治市"办公室的责任，因此，司法局能够依赖市委的权威地位向下施压。在基层，由政法委书记负责的综治中心逐渐接管司法所所长的考核管理权，司法所对律师的管理只限于原有的职业道德监管和顾问团业务的居中协调。2019 年，大部制的改革也为司法局推进法律顾问制度赋予了实质性权力。市委法治办合并到司法局之后，司法局承接了法治办对依法行政考核的权力，法律顾问制度也被纳入考核内容之中。由此，法律顾问制度上升到政治议程，能够借助党委的权威地位在各级各部门作为重点项目予以推动。

（二）资源分配状况

政府提出购买法律顾问服务的财政预算对律师加入法律服务市场构成直接激励。2014 年，利川市开始购买法律顾问服务的实践，目标是形成全面覆盖的法律顾问制度。利川市要求法律顾问团队至少聘请两名执业律师，两名法律工作者。在项目实施初期，经费由各个聘用单位自筹。其中，核心功能需求最强的市直部门——信访局，每年法律顾问经费支出是 15 万元，造血功能强的市区或乡镇，每年法律顾问经费支出可高达 25 万元；而造血功能弱的乡镇，则按照最低限度的 3 万元出价。2018 年起，市财政将购买法律顾问服务纳入预算，设立专项经费。具体而言，乡镇政府和市区每年统一拨款 10 万元，有余力的行政单位可自行补充经费支出。但实际上，对于律师这类高收入精英群体来说，政府平均每人每年 2 万~3 万元的经费支持并不具有较强的经济吸引力。

对于法律顾问来说，比现实收益更重要的是与政府合作带来的正向的外部效应。首先，律师同政府部门合作能拓展其业务范围，建立行业的社会声

---

① 访谈编码：20200730ELSF-ZR。

誉。例如，在 LC 律师事务所成功解决市政府委托的难度最高的信访疑难案件后，他们迅速在地方赢得了市场口碑和知名度。其次，律师给政府担当法律顾问，能间接提升居民对其的信任感和认同感。政府会利用各种渠道向居民宣传合作律师，例如，建立微信公众号公开执业律师信息、在司法所外张贴律师的资料等。当居民遇到法律问题时，第一时间也更容易想到法律顾问而不是其他律师。因此，政府为律师提供了一个"打响名号"的平台。最后，对于经验丰富的律师而言，他们深知维护与政府关系的重要性，参加法律顾问服务是一项必须完成的任务，"他们都明白，业务再忙，名气再大，基本的法律顾问要去落实"。[①]

对地方政府而言，购买法律顾问服务的作用尤为显著。首先，法律顾问为定分止争提供法律意见，降低政府维稳成本。法律顾问为基层干部在调解纠纷时提供智力支持，协助干部明确当事人的权利责任，掌握"算账"的合法依据，尽快找到折中点和解决思路，使干部在调解矛盾时更有底气和信心。法律顾问参与纠纷调解时，能运用法治思维分析解决问题，"快刀斩乱麻"。例如，对于农村最常见的山林确权纠纷，法律顾问通过系统收集证据，有理有据地做群众的思想工作，再加上第三方的立场，公正的形象，极易消除群众顾虑，获取群众的信任和理解，减少"缠访"。在化解疑难积案时，法律顾问引入法律形式，展开公开的听证、答辩和质证，成功化解历年信访积案 126 起，还化解了长达 24 年的信访积案 1 起，长达 33 年的信访积案 1 起，有力维护了群众的合法权益，信访秩序更加规范有序，社会形势更加和谐稳定。利川市群众信访接待中心被省信访局评为"湖北省信访系统人民满意窗口"，利川市信访局被国家信访局和人社部联合表彰为"全国信访系统先进集体"。

其次，法律顾问为政府行政过程提供法律参谋，防控法律风险。法律顾问通过列席重大决策、重大项目会议，提供咨询、论证意见，为规范性文件草案提供合法性审查以及法律风险评估，从而保证政府的行为在法律上

---

① 访谈编码：20200729ELTB-SZ。

"站得住脚"，实现依法决策，依法行政，规避行政的法律风险，为经济建设工作铺路。法律顾问还能替政府部门妥善解决行政诉讼案件，降低行政案件败诉率，促进政府公信力提升。

在建设法治政府的背景下，购买法律顾问服务的制度实践对于满足地方政府治安维稳和依法行政需求具有现实意义。一方面，法律顾问通过带有专业色彩的调解方式将众多的矛盾纠纷在诉前化解在萌芽状态，有效节约维稳成本，维护社会安定。另一方面，法律顾问从制度层面约束政府决策行为，推进依法行政，强化法治意识和法治思维，从源头上预防问题的发生。法律顾问公共服务市场的建立对于律师群体而言，从现实收益和潜在收益的角度提供了较大的吸引力。同时，政府提供的就业岗位，为律师行业提供了"分蛋糕"的机会，间接留下了年轻的律师人才。2014 年，恩施职业律师只有 100 人左右，到 2020 年发展到了 500 人左右；利川则从几个人发展到了 50 余人，基层法律工作者 20 余人。随着供给方市场的扩张，法律顾问公共服务市场的竞争性和公平性日益提升，政府作为需求方拥有了更多的话语权。

三　制度建立成本的分配

自 2014 年起，在政法系统力量的推动下，利川市先后出台了《利川市普遍建立法律顾问制度的实施意见》，针对乡镇（街道）法律顾问团出台了《利川市乡镇（街道）法律顾问工作管理暂行办法》《利川市乡镇法律顾问工作年度考核及评分细则》《利川市乡镇法律顾问以奖代补资金使用办法》等文件，明确规定了购买法律顾问服务的程序和管理措施。法律顾问的合同签订基于平等的主体关系，各个单位根据需求按照双方自愿原则订立，"一个愿请、一个愿做"。但是在制度推进的初期，出于专业指导权的角度，合同签订带有较强的指导色彩。合同内容由州政府提供半格式合同，其中服务的内容、权利和义务、签约年限、对象和价格等由聘任部门自主决定。市直部门、党群部门以及乡镇政府的律师顾问均由市司法局统筹推荐。

市司法局确定交易主体的路径主要有两条。第一，市司法局经常打交道且较为熟悉的律师事务所。这类律师事务所通常非常主动，有意识地寻求与政府的合作。例如，HJ 律师事务所。在 2014 年以前，HJ 律师事务所便在市政府行政服务中心提供免费法律咨询服务，给司法局领导留下了深刻且良好的印象。于是，在聘请法律顾问时，HJ 律师事务所抓住时机，主动向政府谋求合作。第二，市司法局委托信任的法律工作者，向其推荐"战斗力强"，能解决实际问题的律师。在法律顾问制度建立之前，基层法律服务所是基层处理矛盾纠纷和法律问题的重要补充力量。因此，有些能力突出的法律服务工作者与政府建立了紧密的合作关系。所以，在搜寻合适的合作伙伴时，市司法局或者乡镇会寻求他们信任的法律工作者的帮助。

随着律师人才市场规模的扩大，政府部门在选择合作对象时逐渐摆脱司法局的干涉，结合自身需求灵活选择。乡镇政府在自主选择时，首先通过自身的信息渠道，"互相通气"，四处打听律师的评价。其次，法律顾问团建立之后，成员也会向政府部门推荐业务往来密切、相对熟悉的律师，最后结合司法系统的外部评价，以及现场洽谈，了解接触律师，最终决定是否签约。合同的签约最初是两年一签，后来逐渐调整为一年一签。而合同续约的决定权，完全掌握在单位班子成员手上。单位领导对律师的日常工作水平和态度，"心里都有一本账"，决定了对律师顾问的人选排序。

在签订合同之后，合同的管理成本主要由政府部门承担。初期，司法局对每个乡镇的合同金额、签约人选和管理方式都有话语权。司法局严格按照考核细则文本要求管理法律顾问，在日常管理中要求法律顾问团实施坐班制度，在年终考核中要求法律顾问团配合填写表格文件。到了 2018 年，综治中心接手了司法所的管理权，各个乡镇对其的管理模式各不相同，但总体上对于法律顾问团的管理逐渐松弛，减少了繁文缛节的约束。

四　合同关系的运作

在实际中，政府购买律师服务政策自 2014 年 5 月 30 日开始实施，截止到 2020 年 7 月笔者前往调研时，该政策已历经 6 年。在此期间，其法律顾问制度的发展共经历了三个阶段。

（一）"摸着石头过河"的探索期：法律顾问制度的建立（2014~2016年）

2014年5月30日，利川市委办公室、市政府办公室印发了《利川市普遍建立法律顾问制度的实施意见》，决定成立市普遍建立法律顾问制度工作领导小组，并提出2015年底全市所有村（居）委员会和非公有制经济组织完成普遍建立法律顾问制度，实现全覆盖。这标志着普遍建立法律顾问制度正式开始实施。这一阶段，部分地方的"制度试点"逐渐演变为整体性制度安排，实现了特定制度安排的整体性扩散。

普遍建立法律顾问制度名义上由领导小组推进，但实际"操刀手"则是市司法局。在合同签订期，司法局对各个单位法律顾问的聘任及工作展开情况进行指导、检查和监督。在合同管理期，司法局要建立法律顾问工作档案和管理台账，加强对法律顾问的业务指导和规范管理。法律顾问经费按照政府采用购买服务的方式列入同级预算，要经过市司法局和市财政局制定相应的工作方案，再上报市政府批准后才能执行。在合同考核期，司法局负责制定完善法律顾问的考评办法，对法律顾问工作进行监督和指导。2014年9月1日，以利川市普遍建立法律顾问制度工作领导小组的名义出台了《2014年全市普遍建立法律顾问制度工作考核办法》。

在制度推进初期，涌现出一批率先响应的典型案例。首先，在实行诉访分离的背景下，法律顾问制度在信访局第一时间得到响应。2014年，市委政法委主动承接涉法涉诉信访改革制度，出台《利川市法律途径分类处理信访诉讼工作的实施意见》，要求信访局厘清信访问题受理范围，合理分流，依法处理。面对激增的工作压力，信访局腾出专门场所设立接访中心，并且决定每年出资15万元专门购买法律顾问服务，把法律顾问"接进"信访大厅，充实力量。信访局与HJ律师事务所签订了3年合约，安排7名律师轮流坐班。在信访局，法律顾问的基本职责是接访。法律顾问接访有一套完整的工作制度，要求和信访局工作人员同步值班，专门负责处理涉法涉诉问题。如果发生突发事件，必须"随传随到"。除此之外，法律顾问的一个重要职责是在疑难案件中，以"专家会诊"的名义，站在第三方立场，对案件进行法律分析，出具法律意见书。棘手的信访疑难案件需要经过"三级会审"：第一级是信访领导小组研究；第二级是市政府常务会；第三级是市委常委会。信访工作领导小组在做第一级处理时，需要法律顾问协助分析研判案情，开会征求意见或出具法律意见书。

> YB镇（利川市的某个乡镇）有个人，当时喝酒身亡。家属对鉴定反复要求，最终通过信访领导小组要求我们律师出具了专业的法律意见。对这种疑难案件，经过领导小组研判过后，最终做出一个正确的处理。[①]

经过一段时间磨合，根据实际情况，法律顾问的工作内容逐渐得以调适。一是法律意见书模板化。顾问团结合信访局要求，根据常见的信访诉求，通过共同商讨，确定了统一模式，拟定了多份法律意见书模板。二是服务形式从窗口式变为独立办公区。最初，法律顾问和信访局工作人员一同在窗口区办公，这模糊了法律顾问与政府的边界感，"容易让群众质疑法律顾问的立场是否公正"。因此，信访局为法律顾问设置了单独的办公区，以维护法律顾问第三方以及具有公正客观立场的形象。三是坐班制度固化。信访局随时可能有信访人员上门，所以信访局要求法律顾问实行固定的坐班制度，7名法律顾问"轮岗"。

其次，DC街道办事处同样响应迅速。DC街道在2014年6月底便与5名法律工作者签订聘任合同，正式成立DC办事处法律顾问团，并于当天全面开展法律顾问工作。DC街道的积极性源自对处理矛盾纠纷的强烈需求。DC街道属于移民城区，毗邻经济开发区，在城市的基础设施建设过程中，征地拆迁引发的内部矛盾问题尤其突出，法律顾问制度的推行切实解决了DC街道治理的燃眉之急。因此，DC街道"自掏腰包"，不仅出资25万元用于购买法律顾问服务，而且为法律顾问团腾出了政府服务大楼正中心的位

---

① 访谈编码：20200722ELXF-JZ。

置用作办公场所，置办了崭新的电脑设备和其他办公设施。

在司法所管理下，DC 街道的合同管理制度最为规范，取得的成绩也最为显著。一是严格的坐班制度。要求律师每天坐班，缺勤一天扣两天坐班的费用，每次接访要详细记录日期、姓名、接触的案件内容、处理思路以及处理结果，并向司法所所长汇报初步思路。一旦包片的行政区域发生重大事故，律师必须"随叫随到"，及时到场，从法律层面指导干部处理纠纷。二是定期参加重大案件研讨会。法律顾问围绕行政区域内的重大纠纷或者重大行政诉讼案件，了解案情，提出解决思路和处理依据。三是协助政府处理行政诉讼案件。街道办没有执法权，但在受政府委托办事过程中，作为实际执行者也会有成为被告的风险，所以，行政诉讼案件较多。DC 街道的合同续约对象变更相对频繁。为了寻找合适的有能力的法律顾问，DC 街道每年都会变更签订对象，只和其中一个律师保持了长期稳定的合同关系。

短短两个多月，DC 办事处法律顾问制度运行成效明显。该办事处法律顾问团共参与信访事项接待处理 65 起，调解矛盾纠纷 26 起，为政府重大决策、重大行政行为、项目推进以及重大事故处理提供法律援助 20 次，提供法律咨询服务 243 人次。DC 的优秀案例对其他地区起到了示范和引领作用。截止到 2014 年底，利川市法律顾问团覆盖率达到了 66%，并取得了显著成效。在法律顾问团的协助下，利川市成功化解 100 余件信访疑难案件，46 个合同和规范性文件顺利签约或出台。同时，律师顾问团还积极提供法律援助服务，参与办案 400 余件，先后赴江苏、浙江、山东、内蒙古等地成功处理 15 起涉及外出务工人员权益维护、刑事辩护等法律援助案件，维护了外出务工人员的合法权益。

2014 年 11 月 25 日，利川市取得的成绩得到省级政法系统领导的关注和肯定。省司法厅领导到利川调研普遍建立法律顾问制度实施情况，详细了解了利川在政府购买法律顾问服务工作中的主要做法和成效后，他表示利川市普遍建立法律顾问制度工作"值得关注"。高层领导的认可和支持，为利川进一步落实法律顾问制度提供了政治激励。

（二）统筹推进的规范期："律师三进"的扩散（2017～2019年）

2017年10月，党的十九大报告在提出"实施乡村振兴战略"时强调，"加强农村基层基础工作，健全自治、法治、德治相结合的乡村治理体系"①。在"三治融合"的乡村治理实践中，法治发挥着制度性的保障和支撑作用。因此，普遍建立法律顾问制度被纳入了乡村治理体系建设的话语框架之中。在法律顾问制度达成普遍实施的目标之后，市委市政府对原先文件中的十一条职责进行了提炼升华，创造出"律师三进"的概念，即"律师进村（居）、进接访大厅、进疑难复杂信访案件"。实质上，从普遍法律顾问制度到"律师三进"，法律顾问的工作内容没有变化，只是概念变得更为具体：

> 它（指"律师三进"）明显有个载体，它就不显得空洞；普遍建立法律顾问制度就显得很空洞。但是，有了"律师三进"后，就显得有血有肉，有个骨架，然后就很简单了。局长也好镇长也好书记也好，理解起来就很简单了。②

2018年，市委政法委开始名正言顺接管"律师三进"，制度扩散的重心开始朝乡镇倾斜。在市委政法委的高位推动下，法律顾问制度被顺利纳入市财政预算，保证了每个乡镇都有10万元的法律顾问专项经费。法律顾问的碎片化职责也被整合提炼为针对乡村治理的三类实践：一是坐班制度，接待群众的法律咨询；二是"送法下乡"，深入农村展开法治宣传；三是配合乡镇政府调解疑难纠纷案件。"律师三进"制度在不同乡镇的实践中呈现"悬浮"和"利用"的两种治理形态。

充分"利用"法律顾问制度的乡镇通常是需求量大，且造血功能较强的乡镇。一类以BY镇、WY镇为代表，这些乡镇人多事杂。BY镇是全州

---

① 习近平：《决胜全面建成小康社会　夺取新时代中国特色社会主义伟大胜利——在中国共产党第十九次全国代表大会上的报告》，人民出版社，2017，第32页。

② 访谈编码：20200730ELSF-ZR。

占地面积最大的乡镇，有 578 平方公里，并且设有乡镇法庭，因此对于法律服务的需求旺盛。但是，因为政府自身调解能力强，所以只会安排律师做"专业的事"，并且对法律顾问数量需求有限。BY 镇在 2018～2019 年，利用市财政的 10 万元，聘请了 3 名律师。在 BY 镇，调解纠纷有专门的"乡贤调解室"。调解室是由两个退休的庭长和一个司法所所长组成的，他们都是"调解能手"，经验丰富、"土生土长"、"德高望重"。因此，只有涉及行政纠纷和法律关系复杂的案件，或者需要法治宣传，BY 镇才会让法律顾问参与。WY 镇靠近城区，农民维权意识较强，因此，有诸多涉及婚姻家庭、林权承包权方面"鸡毛蒜皮"的琐碎纠纷。WY 镇于 2018 年利用市财政 10 万元聘请了 2 名律师，2019 年垫资 15 万元聘请了 4 名律师。

另一类以 LW 镇和 MD 镇为代表，这些乡镇征地纠纷频发。LW 镇属于正在开发的乡镇，存在很多征地补偿问题，权属争议多，土地矛盾激化。LW 镇于 2018～2019 年自筹 20 万元，聘请了 5 名律师，严格实行坐班制度。LW 镇的综治中心针对婚姻家庭、农村土地等成立了专门的调解组，分类处理纠纷，只是在一定需要法律援助时，才会寻求法律顾问的帮助。在基层，随着司法所对法律顾问团的管理权被"架空"，除了少数能力强的司法所外，大部分乡镇逐渐"撇开"司法所，主要依靠综治中心和法律顾问团的协助，并且对法律顾问团的管理逐渐松懈，只维持最基础的职能需求。MD 镇同样受困于征地开发，但是其造血功能更强，经常涉及上亿元规模的工程项目，有时会出现工人工伤等问题。因此 MD 镇每年自筹 20 万元，聘请 4 名律师，严格实行坐班制度。

处于"悬浮"状态则是大部分乡镇的常态。这些乡镇地处偏僻，法律需求量小，所以很难完全落实法律顾问制度的要求。虽然合同要求法律顾问团由执业律师组成，但是，由于律师资源匮乏，法律顾问团的实际运作不能完全契合要求。以 ZL 镇为代表。ZL 镇面积 486 公里，距离市中心 58 公里。ZL 镇基于市财政的 10 万元，聘请了 2 名律师、1 名法律工作者，只要求每周坐班两天。在 ZL 镇，法律工作者发挥的作用远远大于律师。首先，律师不适合处理大部分的乡村纠纷。一方面，偏远乡镇距市中心较远，律师到乡镇处理纠纷的时间成本较高。所以，乡镇更依赖就近的本地法律工作者，其距离近，并且联系便捷。

另一方面，律师的专业知识不适用于非程式化的乡土社会。有所长坦言，在处理纠纷时，需要专业律师的频率极低，对于经济不发达的乡镇，只有出现重大意外事故才需要律师参与，频率也只有一年 2 次左右。大部分村里鸡毛蒜皮的纠纷，在司法所所长看来，有些年轻律师死磕法律，不会通融，"村里的事他们真的帮不到你。他都不会解决问题，只会钻法律的牛角尖"，他们"仅仅是懂点法，并且很多东西是无法用法律解决的"①。因此，律师的作用仅限于提供法律知识，并且，作为办公室的一分子，可以"多一分力量"，处理纠纷矛盾没有基层干部"精通"。所以，相比律师，乡镇更加依赖法律工作者这一群体的力量，为他们"实打实地解决问题"。基层法律服务工作者也许没有丰富的法律知识，但是有更多的基层经验和沟通技巧。他们会"先考虑情理，再考虑法理"，在处理过程中，"他们抓住这个纠纷人的心态，顺着他的心态去，不能唱反调，在他信服你的基础上你再对他施压，以正规的法律给他解释，如果一开始讲法，他是非常反感的"。"可亲可信可敬"，才能让百姓信服。"工作到位了会获得百姓的敬重，言行举止亲热会让百姓感到可亲，工作风格务实会让百姓觉得可信。"因此，在乡镇，法律服务工作者不可或缺。只有真正跟着司法所在基层"摸爬打滚"的这群人，才真正了解如何用最有效的方式解决矛盾纠纷。其次，律师没有时间精力配合乡镇，完成"送法下乡"的任务。由于律师资源匮乏，法律顾问团每年只选择矛盾纠纷严重的村庄，着重开展法治宣传。实际上，对这项工作的考核也很难落实。

所以乡镇对于"律师三进"的认可主要源于其能够提供及时的法律咨询，并解决疑难纠纷。而在"律师三进"之外，法律顾问能否发挥"依法行政"的助推作用，取决于各个乡镇领导的法治意识和领导风格。对于乡镇领导而言，法律顾问制度既是执行依法行政的要求，也能起到免责和规

---

① 访谈编码：20200727ELDT-SZ。

避法律风险的作用，但也仅局限于在有重大疑难信访案件时邀请法律顾问列席，或者私下电话沟通咨询法律顾问的意见。因此，在一些乡镇难免出现"只顾不问"的挂名形式。总之，在合同管理方面，大部分乡镇很难严格按照合同内容管理法律顾问。2014～2016 年，地方政府要求全面覆盖实施坐班制度，法律顾问与公务员一起接访，后来，大部分乡镇逐步取消这一制度，一般会集中在一到两天值班。值班过程中，法律顾问成了"半个行政部门的人"。因此，合同内容只是一个框架性文本，实际操作总会有所出入，不能涵盖实际合作行为，多余的成本由律师顾问团自行承担。

表 3-3　2018～2019 年利川市法律顾问制度的实践情况

		信访局	DC 街	BY 镇	WY 镇	LW 镇	MD 镇	ZL 镇
服务人群（万人）		9.2	4	7	10	7	8	9
城区距离（公里）		0	0	26	26	13	35	58
核心需求		综合	征地	日常	日常	征地	征地	日常
合同金额（万元）		15	25	10	10→15	20	20	10
交易数量		7	5	3	2→4	5	4	3
合同管理	坐班制度	强	强	中	中	弱	中	弱
	开会频率	强	强	弱	中	中	中	弱
	管理强度	强	强	弱	中	中	中	弱
	合同续约	√	√	√	√	√	√	×

资料来源：作者自制。

（三）突发事件冲击的调适期（2020年）

2020 年，利川市地区生产总值首次下降，增长率跌破 0 基准线，呈现负增长趋势。利川市财政举步维艰，市委、市政府不得不在年初预算中砍掉 150 万元的法律顾问专项经费。当相对议价能力发生变化，原先的制度协议也产生了不同程度的调适。

对法律顾问服务需求强烈的部门依然和事务所保持合作。以市信访局为例，市政府甚至接连两年拿不出经费保障，但 HJ 律师事务所依旧选择维持合作关系。从律师事务所的角度而言，主要基于三个方面的考虑。首先，

HJ 律师事务所有能力承担风险。经过多年发展，事务所规模从 3~4 人扩大到 20 人的团队，拓展了业务范围，积累形成了一定的市场地位。除了政府业务外，HJ 律师事务所还有其他途径拓展业务，因此在失败值上损失较小，愿意承担风险。其次，政府的承诺具有可信的预期。法律顾问制度已经嵌入政府的日常管理，成为政府制度的常规组成部分。虽然受财政紧缩影响，但无论是政府还是法律顾问都相信这些困难是暂时的，基层政府"三治"治理体系的建设已经离不开法律顾问服务，所以，政府可以向法律顾问提供制度持续运行的可信预期，使得行为选择最终倾向政府利益。最后，长期的合作历史产生了稳固的合作偏好。自 2014 年起，HJ 律师事务所与信访局保持了长达 5 年的合作关系，建立了良好的信任关系。法律顾问与政府合作，也在逐渐适应政府不计成本提供公共物品的属性，所以无论是律师还是聘用单位都不会跟合同内容"较真"。在笔者访谈期间，HJ 所在司法局值班的律师如此言道：

> 我们这个法律顾问的合同只到 6 月 30 日，已经过了接近一个月时间了，但是，这一个月时间，律师还是有什么事都会帮忙——就像这个月 13 日有个案子在 MD 镇开庭，律师同样出庭了。不能说我们纯粹没签这个合同了，就完全不管这个事了；我们毕竟和政府打了几年交道了，说穿了我们也建立起了一些感情。那也不是说纯粹为了钱，那纯粹为了钱超过一天我就不搞事了。[①]

同时，面对突发事件的冲击，政府也积极给律师群体做"思想工作"，激发律师群体的责任感和价值感，发动有党员身份的律师与政府"共克时艰"，共面危机。事务所成员对于与政府合作也产生了无形的荣誉感和自豪感。维护弱者权益、弘扬正义的使命感使得律师个人能够接受与政府合作带来的暂时风险。

---

① 访谈编码：20200728ELBY-SZ。

像我们长期合作这么多年的真的比较少。有的律所从利益方面考虑，物价各方面都在涨。[合同金额]确实应该涨，说涨，但是，出于这样那样原因，一直没涨，但我们一直在坚持。我认为人与人之间不能把利益看得过重。因为，作为党政机关，能够选到我们HJ所是我们的荣幸。我们所的政治站位非常高，我们所现在有九个党员……还成立了独立的党支部，全市只有我们所有独立党支部。①

但是，对于需求较少、造血功能较弱的乡镇只能维持低效度的续约。以LW镇为例，财政资金被砍后，政府挪出8万元用于签订法律顾问合同，签约人数也锐减到2人。但是，乡镇法律顾问面对经费不足，会口头抱怨，但实际上仍在工作，只不过降低了值班的频率和工作积极性。而像更为偏远的ZL镇和NP乡，由于无法自行承担续约成本，难以续聘法律顾问，法律服务的任务又重新回到司法所。对于司法所而言，乡镇司法所有能力完成基本的法律工作。以前，司法所就一直承担政府的法律工作，包括应诉出庭、普法、出法律意见书，只是为了使行政行为具有合法性，所以需要经过律师把意见"翻译"成规范的法律意见书。

五　小结

在购买法律顾问服务的过程中，利川市政府与律师群体之间的合同关系因为双方相对权力的变化而经历了三个阶段的变化。在第一个阶段（2014～2016年），无论是议程设置权还是资源占有方面，政府都拥有较大的权力，因此能够有力地推动政府购买法律顾问服务的合作。在第二个阶段（2017～2019年），利川市各级政府先后确立了法律顾问制度。在司法行政部门的领导下，律师在公共法律服务场所值班并且提供服务已经制度化和常规化。在第三个阶段（2020年），当政府遇到财政危机、没有经济资源维系合同关系时，逐渐壮大的律师群体开始有力量与政府谈判，决定是否与政府合作、采

---

① 访谈编码：20200722ELXF-GW。

取何种合作方式。政府为了达到目的，也会作出可信性承诺，同时做思想政治工作，以挽留律师群体。

纵观这一过程，政府虽然享有一定的权力优势，但是，给定律师群体的独立性以及市场机会的可替代性，律师服务本身的专业性，使得律师在与政府部门的"讨价还价"的过程中拥有较强的议价能力。在相对平等的相互依赖结构下，政府部门虽然具有议程设置的权力，但是其也无法将制度建构的成本转嫁给律师群体。同时，在合同关系的建构中，通过退出和呼吁，律师群体也有效地卷入了政府购买律师服务的制度建设过程之中。本书将这样的公私合作制度建构机制界定为协商型机制。

第六节 讨论：建构机制、制度模式与制度绩效

一 多样化的制度建构机制及其变迁

公共服务市场是一个制度场域，它的正常运转面临两个相互联系的问题：如何创造出一个稳定的秩序系统；如何维持秩序系统的持续存在？而秩序系统的维护总是与权力结构高度相关。首先，市场中的资源分布是不均衡的，行为者之间的力量有着强弱之分，由此形成了地位等级系统。具有相对权力优势的在位者为了维持现有权力系统的稳定性，必须为其他行动者制定规则和议程。但是，限制其他行动者的行为并使其成为制约整个群体的制度涉及多个方面的因素：一是根据协议力量和"协议智慧"的博弈过程；二是制度建立成本的分配，二者共同决定了协议的后果与制度的形成。因此，本书根据这两个维度，界定了公私合作制度形成机制的四种理想类型（如表3-4所示）。通过武汉市青山区、深圳市坪山区、恩施州利川市三个政府购买公共服务案例的比较分析，验证了其中三种制度建构机制。除此之外，本书发现，合同关系模式的形成和变迁是一个动态的过程。在经济、政治、社会等宏观环境不断发生变化的背景下，相对权力优势或者制度建立成本的改变都有可能带来合同关系机制的转变，最终影响到制度模式及其绩效。

表 3-4 政府购买公共服务的四种合同关系形成机制

		制度建立成本的承担主体	
		市场/社会	政府
政府的相对权力优势	有	创制型 典型案例:武汉市青山区的"红色物业"	建制型 典型案例:深圳坪山区的购买社工服务
	无	公益型	协商型 典型案例:利川市政府购买律师服务

资料来源:作者自制。

(一)多样化的制度建构机制

1. 创制型建构机制

在公共治理以及公共服务供给过程中,当某个公共服务或产品由社会经济组织主动生产,且该组织积极寻求与政府协商、合作并签订合同,这类由社会或者私人组织主导的制度建构策略被称为创制型制度建构机制。这类制度形成策略通常由处于政府体制外的社会组织发起。例如上海市从事青少年公益事业的某社会组织,围绕某个政府机构的偏好打造大型青年公益活动,以此吸引政府的注意力,寻获与政府合作的契机。

2. 建制型建构机制

作为强势的一方,地方政府能够制定相关策略,并且使其具有较高的可信性。一旦发现承担制度建立成本是有利可图的,地方政府还将主动承担这一成本。由于缺乏可行的选择,社会组织只能理性地接受从属地位,甚至与官僚体制"融为一体"。是故,本书将这类关系界定为"建制型"制度建构机制,典型案例是社会工作服务的外包。这类公共服务型社会组织的构成主要有两类:一类是由政府部门孵化的社会组织,它们具有很强的体制内特征。例如,上海市嘉定区的助残社会组织以及承接社区青年服务的 S 机构等均是从原有体制内转改而来。组织资源主要来自政府,所以跟政府有非常强的依附性关系。在这一过程中,社会组织为了分得政府购买公共服务的"一杯羹"，倾向于主动配合政府的行动策略，并逐渐表现出主动行政化的特征。① 另一类则具有社会"原生"的属性，通常由体制外人士基于社会需求或某种价值而建立。在来自市场和社会的资源总体有限的情境下，它们开始努力寻求政府部门的支持。例如，D 市 H 区承包社区行政服务的社会组织与 G 市的社工类社会组织。基层政府面临任务压力，会直接干预社会组织的运作，通过控制社会组织来扩展社区应对压力的资源空间。而社会组织因为自身生存能力弱，只能向基层政府妥协，放弃专业性以获得认可。②

3. 协商型建构机制

所谓的协商型制度建构机制，是指政府通过构建竞争市场来提供公共服务产品，而且缔约的政府和社会组织处于相对平等的权力关系，契约相对完整。在现实中，这种类型的合同关系机制并不少见。一是在独立性较强的服务领域，比如深圳市外包的环卫服务。深圳市自改革开放以来一直走在我国行政体制改革的前列，建立了相对完善的市场经济体制。改善城市卫生环境是地方政府的重要职能之一，所以在体制改革的背景下，深圳市政府自2003 年开始在环卫服务领域引入竞争机制，大力推进政府购买公共服务。如今，深圳市已有清洁服务公司 1600 多家，市政道路清扫保洁作业市场化率达 90%，垃圾清运市场化率达 75%，垃圾处理市场化率达 52%。③ 在市场充分竞争的前提下，政府与环卫服务商之间形成了相对平等的合同关系。有学者指出环卫服务外包中双方的沟通、信任和伙伴性关系等对正式契约的形成和执行起着补充和完善作用。④ 二是在专业性较强的服务领域，比如上海

---

① 〔美〕尼尔·斯梅尔瑟、〔瑞典〕理查德·斯威德伯格：《经济社会学手册（第二版）》，罗教讲、张永宏译，华夏出版社，2009，第 96~101 页。
② 陈家建、赵阳：《"低治理权"与基层购买公共服务困境研究》，《社会学研究》2019 年第 1 期。
③ 李永清：《公共服务改革：市场化、半市场化与逆市场化——以城市环卫服务为例》，《上海城市管理》2019 年第 1 期。
④ 刘波等：《环卫服务外包中的正式契约、关系契约与外包效果——以深圳市为例》，《公共行政评论》2016 年第 4 期。

市外包的法律服务。上海市 M 区的"法律服务进村居"即为公共法律服务的样板工程，自 2005 年 M 区便开始了政府购买公共法律服务的创新实践，通过政府购买的方式将法律顾问引入公共法律服务。[①] 对于从事法律顾问工作的律师而言，不可替代的专业能力使他们在市场交易中占据相对优势。提供公共法律服务的收入往往不会成为现实收益的主要来源，所以多数律师对这项合作的依赖性并不强。由此，政府和律师事务所之间更像是"伙伴"关系，而不是"伙计"关系。

4. 公益型建构机制

公益型建构机制是指，当政府与社会组织处于相对平等的关系中时，社会组织主动生产公共服务产品，并建构该领域的公共服务市场。这类社会组织主要以增进社会福利为目的，在组织运转过程中不谋求通过与政府合作获取资源，因此较少需要与政府建立依赖关系。例如，在自愿基础上，民众自发成立的以志愿性、非营利性为特征的慈善组织、基金会、社会志愿者组织等社会组织。在公益型合同模式中，政府购买公共服务的案例较少，一般是社会组织本身具有一定的资源和能力，能够满足自主提供公共服务的条件。社会组织与政府处于完全平等且独立的关系，社会组织并不期待从政府方获得资源，但随着政府对社会组织的重视程度日益提升，政府也会通过奖补典型、购买服务项目的方式，扶持这类社会组织的发展。[②] 在这种情况下，公益型机制形成的合同关系模式可能会渐渐向交易型机制形成的合同关系模式发展，最终发展成平等交易的伙伴关系。

（二）制度建构机制的变迁

根据本章的分析框架，本书依据相对权力优势与制度建立成本的关系构建了多样化的公私合作模式制度形成机制。需要说明的是，本书所界定的四种类型都是韦伯意义上的纯粹类型。事实上，在真实的地方场域之内，一方

[①] 戴康、汤峰：《购买服务、精英下沉与城市基层治理——基于上海市 M 区"法律服务进村居"项目的研究》，《东北大学学报》（社会科学版）2020 年第 6 期。

[②] 何兰萍、王晟昱：《主体合作与资源可及：慈善组织参与医疗救助的路径——基于 135 个案例的比较分析》，《中国第三部门研究》2020 年第 2 期。

面，制度模式的建构机制是多样且混合的。这意味着，不同程度的相对议价能力与不同程度的制度成本的混合决定了差异化的制度模式形成机制，最终导致了不同的模式和绩效。另一方面，即便在特定案例之中，随着制度环境的变化，制度建构机制也会出现相应的变化。在本书的案例中，无论是深圳坪山区、武汉青山区还是利川市，其制度建构机制都在一定程度上发生了变化。这为我们进一步理解制度模式建构的动态性提供了经验证据。深圳市坪山区政府投资建立社工服务市场之后，由于政策环境和重心的变化，相对权力优势从民政部门转移到组织部门，为了实现新的预期目标，政府改变了对社工组织的管理方式，制度模式也发生了变化。在利川市的案例中，相对权力优势的变动同样是造成合同机制改变的关键因素。

1. 从协商型到建制型：来自深圳的案例

随着政府职能的转变和新型政社关系的构建，深圳市政府有意率先发展社工事业，主动承担建立社会工作公共服务市场的成本。为发展社会工作，政府出台了相关政策，设计社工制度，通过政府购买引导社工制度顺利运作；通过这些"组合拳"，社工组织从无到有，迅速壮大。但是，在这一阶段，政府与社工机构之间是"购买者"和"提供者"相对平等、独立的合同关系。在签订合同时，政府面向社工机构，采取公开招投标的方式进行购买。在合同管理期间，政府较少干涉社工机构的独立运作。在社区服务中心，社工根据专业性原则，自主设定价值和服务目标，承接项目并开展活动。

2015年，随着党建标准化的全面推行，社工工作成为"党建工作"的一部分。按照文件要求，社区党群服务中心通过政府购买配备的社工和行政辅助人员，都必须在社区党委的领导下开展服务，并在服务中突出党的作用，树立党的形象。这就要求，一方面，社工在筹备开展服务活动时，必须融入党建的符号和元素。另一方面，除完成本职工作之外，社工要作为社区可以调配的力量，协助社区完成各类"琐事"。在这一过程中，社工深度嵌入社区治理，日渐趋于专业建制化和服务行政化。

在深圳社工服务购买的案例中，社工市场完全是由政府建立而成。为了开拓新的公共服务细分市场，政府承担了初始的制度建立成本，例如制定社会工作相关文件、财政拨款补助、引进香港社工督导等。在合同关系建立后，政府出于发展社会工作职业的目的，首先以相对平等的缔约主体关系，鼓励并促进社工组织的壮大和专业化发展。之后，随着政府主要目标转变为加强社区党组织的建设，社工被纳入社区党委的权力网络之中。政府主动承担更多的合同管理成本，在对社工的要求上不断加码。于是，双方的关系在政府的主导下，从协商型转变为建制型。政府开始主导公共服务的供给，社会组织开始不得不放弃部分专业性以换取与政府的合作机会。

2. 动态语境中的博弈：来自利川的案例

合同关系机制发生转换的关键影响因素是相对议价能力的变化。在深圳逆向合同关系的转变中，最为显著的是合同关系中的主管部门从民政部门转变为组织部门。民政部门只遵循专业原则，扶持社工职业的发展，因此，对社工组织的要求仅停留在组织层面，不直接干涉社会组织的日常管理。而组织部门作为政府强势部门，能够承担更多的组织成本，调动人力物力，对社工组织的管理也更精细化。组织部的管理从组织层次细化到个人层次，对每一个在社区党委领导下的社工都进行面试和考核。社工组织为了获取政府资源，拓展组织生存空间，更倾向于响应街道向党组织靠拢的号召，扮演为社区治理"分担解忧"的角色。

在利川市的案例中，政府与律师之间形成的相对平等的协商型机制同样受到双方权力优势变化的影响。政府建立律师顾问服务市场，本质上是从已经成熟的律师市场引入服务力量进入公共服务领域。因此，在市场建构初期，政府和法律顾问之间保持着相对平等的合同关系。后期，地方政府受到影响，财政暂时无力负担法律顾问费用，从而削弱了政府的相对权力优势。而地方律师事务所在前期的合作中积累了较为丰富的社会资本和经济资本，相对权力优势有所提升。于是，政府减少了对法律顾问的日常管理和干预。

二　建构机制、制度模式及其绩效

根据"制度建立成本—相对权力优势"分析框架，本书通过案例提炼了创制型、建制型、协商型三种制度模式建构机制。随着环境的变化，合同关系的策略和建构机制也发生了变化。不同的建构机制会发展成不同的制度模式，即创制型机制发展成伙伴关系模式，建制型机制发展成行政嵌入式模式，协商型机制发展成市场型模式，最终呈现不同的绩效和后果。

（一）创制型机制、伙伴关系模式与制度绩效

在创制型机制中，社会组织扮演着主动组织的角色，去"捕获"政府的合作机会和偏好。社会组织充分发挥了"企业家精神"，成为有能力的市场组织者。它们捕捉可以利用的信息和资源要素，进入公共服务市场，围绕特定公共服务创造需求并提供产品。同时，虽然政府在公共服务市场领域占据相对权力优势，但当特定服务与治理需求没有密切联系时，政府不会主动推进该领域公共服务市场的构建。于是，社会组织往往通过扩大议程设定权和资源占有结构，增强自身的协议力量，促使双方的合作向有利于实现自身利益的方向推进。最终，社会组织与政府呈现一种相对平等且互利的合同关系。

从制度模式来看，在红色物业案例中，通过创制型机制形成的制度模式是伙伴关系模式。体制在赋能和支持社会组织的同时，也会制约社会组织的行为。在运行初期，社会组织为了获得生存支持，对政府的所有安排不得不照单全收。在站稳脚跟后，社会组织逐渐谋求更多的资源和权力空间。一方面，开始尝试发展与多个部门的合作，拓展资源汲取渠道；另一方面，主动转变自身的组织架构，提高组织的专业化能力。通过这些策略，社会组织在与各类政府部门打交道的过程中变得"游刃有余"，大大减少了对政府的依附和妥协。[①] 红色物业成为老旧社区提供物业服务的一种创新模式，并且取得了良好的服务效益。政府通过"购买"的方式给予"红色物业"公司一定的经济激励和合法性认可，激发了物业公司的投入热情。现阶段，"红色

---

① 黄晓春、嵇欣：《非协同治理与策略性应对——社会组织自主性研究的一个理论框架》，《社会学研究》2014 年第 6 期。

物业"运行良好，在主动承担起治理责任的同时也实现了企业的盈利。但第一批红色物业的落地，在很大程度上依赖于红色物业企业领导的政治觉悟和战略规划。所以，如果要扩大红色物业的覆盖范围，政府不仅需提高激励程度，更需要在思想政治引领方面下功夫。

伙伴关系模式运行的机制是，政府只提供资金支持和官方认可，运营的所有具体服务事项完全由运营公司和物业公司以市场化方式承担。两大公司发挥出所有的主观能动性，提高公共服务供给水平。同时，物业公司打造自身"红色品牌"，提升企业形象和影响力，呈现双赢局面。政府不使用任何强硬手段，只以资金支持的方式吸引社会组织主动参与。社会组织发挥"企业家"精神，主动寻求与政府合作，进而打造出双赢的局面。

就绩效而言，伙伴关系模式能够成功实现公共服务供给这一目标。由于政府的监督，公共服务供给的质量相对较高，甚至高于市场水平。在红色物业的案例中，物业公司提供的服务就价格而言，远超市场水平。公共服务供给的成本相对较低，因为供给成本主要由社会组织自行承担，出于盈利性考虑，社会组织会自行控制成本。

伙伴关系模式虽然成功运行，但是仍旧存在一些风险。首先，这种模式极大地依赖了物业公司领导的战略眼光和公司整体的能力，这对物业公司本身提出了非常高的要求。其次，对于物业公司来说，红色物业这种运营形式单从经济利益上来说并不具有吸引力。红色物业带来的主要是政府认可、形象提升和品牌知名度提升等非经济收益。甚至对比起以往的营利服务，红色物业渐渐具有了公益性色彩。而这种非经济收益对于大部分依靠经济收益发展的物业公司来说并不具备足够的激励作用。最后，在与政府合作交流的过程中，物业公司会面临更强的监督压力。维系这种模式需要具有抗压能力和韧性的社会组织，否则难以承受来自公众和政府的监督。物业公司独立运行时只需要对社会或者住户负责，而在红色物业案例中，物业公司需要配合政府实现基层治理，同时面临来自政府的监督问责压力。

伙伴关系模式能够成功的条件如下。一方面，居民对物业管理水平的要求有所提高，政府给予强有力的政策支持和引导，这样社会组织才能够收获名誉、品牌形象等非物质利益。在案例中，市政府出台完善基础治理体系的政策和"百万大学生留汉创业就业计划"，因而红色物业获得了政府的大力支持，成为政府工作中的亮点和创新点。另一方面，红色物业企业带头人具有相当敏锐的政治嗅觉和长远的战略眼光，凭借个人能力创造性地探索出了这种物业融入基层治理的运营方式。虽然政府具有权力优势，但是红色物业管理公司通过自身能力在公开招标中胜出，承担了制度建立的成本。

（二）建制型机制、行政嵌入式模式与制度绩效

在建制型机制中，地方政府与社会组织之间存在类似上下级的不对称关系。地方政府在权力结构中拥有压制性的主导力量，这种压制性力量源于政府在议程制定权和资源分配上的相对权力优势。在公共服务场域，地方政府能够决定公共服务外包的种类和对象，因此具有较大的议程决定权。而当政府的经济、政治资源对某些组织的生存起着关键作用时，地方政府在资源分配上也占有相对优势。在这种情况下，地方政府占据相对权力优势，社会组织只能选择妥协，放弃自身追求和专业性，遵循地方政府制定的规则，从而维持组织的生存和运转。

从制度模式来看，在社工服务购买案例中，通过建制型机制形成的制度模式是行政嵌入式模式。行政嵌入式模式的运行机制是，政府占据主导力量，既负责提供资金支持，同时掌握较大的决策权。社会组织负责具体公共服务的提供，发挥自身的专业性优势。政府与社会组织之间形成了政府主导下的契约竞争的合作关系。

就绩效而言，行政嵌入式模式实现完成公共服务供给和权力渗透这一目标。这一模式能够提供较高质量、符合政府期望的公共服务，但成本相对较高。为了渗透权力而选择自己承担制度建立成本，在提供资金的情况下，一方面，政府高度控制了公共服务供给中的决策权和人事权，以保证高质量的公共服务供给；另一方面，这种高度控制和资金支持势必会带来较高的机会成本。

行政嵌入式模式面临的最主要风险是社会组织专业性的丧失，以及社会组织会对政府产生较强的依附性，最终成为政府的下级组织。在本案例中，

最初政府和社会组织的关系还能维系在民政系统主导下的契约合作关系。但是当政府主动提供资金，同时，市委组织部开始掌控人员管理权时，社区党委与社工之间的关系从合作伙伴变为领导和科层关系，合同边界变得模糊。为了获得社区提供的资源，被筛选继续留在这一服务场域之内的社工以及社会机构不得不调整组织结构、服务内容以及工作方式等，向行政性工作靠拢，专业性逐渐式微。

行政嵌入式模式成功的条件是，政府具有相对权力优势和充足的财政资金，同时也有意愿承担公私合作的成本。由于该模式需要政府的主导，它主要依靠政府本身的财政力量和组织能力。在案例中，从经济社会环境来看，深圳市地方政府积攒了充裕的财政资金，为政府实行政策创新提供了丰沃的土壤。同时，党的十八大报告大力提倡"创新基层党建工作"[1]，为政策创新营造了良好的制度环境。

（三）协商型机制、市场型模式与制度绩效

在协商型机制中，政府和社会组织之间的交易是一种平等的交换，这是因为社会组织在资源分配上具有一定优势，改变了以往谈判时的弱势地位。首先，社会组织提供的公共服务类型具有极强的专业性，比如法律、医疗和信息技术等有较高技术门槛的行业；或者是绩效较易测量、门槛较低，具有较高独立性的行业，比如清洁服务。其次，这些服务类型的市场竞争充分，政府的权力不能左右提供这类服务的组织的生存。最后，政府需要利用这类公共服务完成治理的多重目标，但是碍于自身专业资源匮乏，不得不求助于体制外的组织。因此，在这类公共服务购买的合同关系中，双方以相对平等的方式达成协议。市场机制发挥重要的作用，政府与社会组织保持市场中买方卖方的交易关系。

从制度模式来看，在律师服务购买案例中，通过协商机制形成的制度模式是市场型模式。市场型模式的运行机制是市场机制，政府与社会组织之间始终是平等的合同关系。政府寻找合作对象，签订合约，对于不合乎政府要

---

① 《十八大以来重要文献选编》（上），中央文献出版社，2014，第42页。

求的合作对象亦可及时解聘。

这造成了双重后果。一方面，国家依靠市场主体的力量，实现了柔性控制。国家成功地将政治权力进一步延伸至基层社会。借助于购买服务政策的引领，法律顾问下沉至社会空间并严格按照协议文本参与基层治理。与此同时，国家也以"代理人再生产"的方式进一步实现了趋近社会的目标。对于政府而言，国家通过资源整合促进了基层治理的清晰化、标准化和法治化，最后推动了政治权力的逻辑延伸。另一方面，国家间接促进了律师市场力量的壮大。政府购买法律顾问服务为律师群体提供了就业机会，创造了对律师群体的需求，从而促使律师队伍的发展和壮大。律师队伍的发展不仅有助于政府树立依法行政的法治观念和法治思维，而且有助于营造良好的营商环境，为地方经济发展提供制度保障。

从绩效来看，市场型模式基本能够完成公共服务供给，花费的成本处于中等水平，但难以保证服务质量。市场型模式主要依靠市场机制完成公共服务供给。市场机制能够保证成本的花费符合市场规律，不过多或过少。但是市场机制的竞争性逻辑并不总是与治理现实相契合。尤其是在条件差异巨大的基层治理情境中，市场机制难以保证服务质量。所以，市场型模式面临的主要风险是难以根据实际需求进行分类治理，造成购买服务质量低下或"悬浮"。首先，尤其是地处偏远的乡镇，由于核心需求弱、地理距离偏远，很难执行标准化的合同制度。其次，对于非程式化的乡土社会而言，律师的专业知识并不完全适用于解决矛盾和纠纷。死磕法律而不懂人情世故，无法真正地处理矛盾和纠纷。最后，公共服务中的部分任务根本无法全面落实，例如"送法下乡"的任务，律师只能有重点有针对性地开展，无法顾及所有村庄。

市场型模式成功的关键在于相关制度和政策的完善。在法律服务购买的案例中，利川市政府面临着一定的维稳压力和法律风险。为了化解信访积案和法律纠纷，对法律顾问的需求日益突出。从制度环境来看，中央一直提倡"依法治国"，党的十八届三中全会提出"普遍建立法律顾问制度"[1]，为利

---

① 《十八大以来重要文献选编》（上），中央文献出版社，2014，第529页。

川市建立法律顾问制度提供了坚实的政策依据。这种模式不仅依靠市场的竞争机制，还依赖法律制度。

（四）小结

在这三种制度模式中，就目标达成情况来看，三种合同模式都能够满足公共服务供给。但是由于情境的复杂性，不同的合同模式可能适配不同的公共服务场域。就成本而言，行政嵌入式模式成本最低，市场型模式次之，成本均由政府承担；伙伴关系模式的成本由社会组织承担。就服务质量而言，伙伴关系模式和行政嵌入式模式提供的公共服务质量较高，且最符合政府的预期效果；市场型模式则可能由于无法适应治理环境的复杂性而表现出质量低下和难以落实的状况。就风险而言，伙伴关系模式极大地依赖于社会组织本身的能力和战略计划，并不总是能够实现；行政嵌入式模式则会迫使社会组织丧失其专业性，最终成为政府的下级部门；市场型模式难以完全适应公共治理情境的复杂性，有可能造成公共服务质量低下或"悬浮"。

第七节　总结

沿袭第二章的讨论，本章引入制度场域视角以考察公私合作制度的建构过程和内部机制。虽然在不同的政策领域，公私合作制度安排的相关研究有所进展，但仍存在不足。从交易成本理论的角度来看，现有研究总结和提炼了政府与私人部门之间多样化的契约关系，但是忽视了公共服务市场之内的交易成本结构，特别是市场建立的成本。从政社关系理论来看，已有研究多预先假设了"行政主导"的局面，但在实际运行中，政府与社会组织之间的关系并非仅是吸纳关系或控制关系。由此可见，现有研究对公私合作制度建立这一问题的讨论相对缺失。基于此，本章在交易成本理论和资源依赖理论的基础上，通过创造性地将相对权力结构与制度建立成本两个要素进行整合，构建了"相对权力优势—制度建立成本"分析框架。

在这一框架的指引下，通过比较案例分析，本书提出制度建构机制的四种理想类型：创制型机制、建制型机制、协商型机制、公益型机制。这四种不同的形成机制和策略选择导向不同的合同关系模式；同时，不同的合同模式也呈现不同的绩效和后果。与现有文献相比，本书表明，在中国情境下，承担构建公共服务市场的制度建立成本的行动主体是否具有相对权力优势，对于缔约双方的合作关系形成机制、模式和结果有着显著的影响。

第四章　市场"俘获型"模式：
环境、机制与绩效

　　上一章着重讨论了建构公私合作制度模式的多样化机制。接下来，延续有关多样化公私合作制度模式的讨论，本书将继续探索不同制度模式的环境条件、内在机制以及制度绩效。本章将"逆转"公私合作中常见的权力结构，着重讨论市场部门拥有相对权力优势的公私合作模式。如前所述，这一模式被界定为市场"俘获型"公私合作制度模式。在市场"俘获型"模式下，市场主体可能因为其具备不可替代性的专业技术能力，或者是因为其在"条块"结构中获得了更高层次的政治—行政权威的支持，而相对于"签约"的政府部门占据着相对权力优势。占据相对优势的市场部门会对公私合作的运作机制以及制度绩效产生非常复杂的影响。

导　论

　　在经济社会不断发展以及大力推进国家治理体系和治理能力现代化的背景下，党的十八届三中全会提出了"创新社会治理体制"[①]，我国政府与市场、社会的关系发生了深刻变革。[②] 受新公共管理理论中市场原则的影响，

---

① 黄晓雪、刘亚丽、鞠明明：《社会管理多方参与合作机制研究——从政社关系入手》，《湖北社会科学》2013 年第 4 期。

② 郑迎春：《公共政策过程中公民参与的双重价值解读》，《理论导刊》2008 年第 10 期。

社会组织提供公共服务被广泛应用于提高公共服务供给的效率，这也极大地改变了公共任务、商品和服务（产出）的供给方式。① 无论何种方式，私人主体介入公共治理的目的都是改善传统科层制组织模式的弊端、提高公共部门的运作效率、获取更高的收益。但是公私合作制度存在不同的制度模式，不同制度模式嵌入在不同的制度环境之中②，拥有不同的制度逻辑③，制度模式的最终绩效往往难以预测。

目前，有关制度模式的文献主要关注制度模式的变迁与绩效。制度模式变迁的研究认为，制度变迁可能是由政府主导的，也可能源于市场的自主选择。④ 同时，制度环境是变迁过程中的关键影响因素，且相关研究充分讨论了各种环境因素的影响机制。制度模式绩效相关研究认为，之所以产生不同的绩效，是受制度环境⑤以及主体间行为逻辑⑥的影响。总的来说，现有文献对于模式变迁与绩效的讨论已经较为充分，但是，这些研究没有充分关注到特定制度模式是如何嵌入在特定的制度情境之中的；这种制度环境的变迁会影响特定合作模式的内在机制以及行动者的互动策略，最终可能导致非常复杂的制度绩效后果。

在中国公私合作变革的过程中，可以发现，中国的市场化制度模式转型虽然是在政府一系列"自上而下发生的"的政策推动下发生的，但同时受制于市场部门的经济利益逻辑。一方面，公共部门交出了自己的一部分权力，转而扮演监督、考评以及管制者的角色；另一方面，社会组织也会

---

① Graeme A. Hodge and Carsten Greve. 2007. "Public-Private Partnerships: An International Performance Review." *Public Administration Review*, 67 (3), 545-558.

② Peter W. Roberts and Royston Greenwood. 1997. "Integrating Transaction Cost and Institutional Theories: Toward a Constrained - Efficiency Framework for Understanding Organizational Design Adoption." *Academy of Management Review*, 22 (2), 346-373.

③ Eva Thomann, Eva Lieberherr, and Karin Ingold. 2016. "Torn Between State and Market: Private Policy Implementation and Conflicting Institutional Logics." *Policy and Society*, 35 (1), 57-69.

④ 陈孝兵：《我国市场化变革的方式与制度绩效》，《当代经济研究》2003 年第 8 期。

⑤ 蔡长昆：《制度环境、制度绩效与公共服务市场化：一个分析框架》，《管理世界》2016 年第 4 期。

⑥ Eva Thomann, Eva Lieberherr, and Karin Ingold. 2016. "Torn Between State and Market: Private Policy Implementation and Conflicting Institutional Logics." *Policy and Society*, 35 (1), 57-69.

出于对合法性①以及效率②的追求，在制度设置下寻找利益最大化的制度安排。同时，中国的市场化改革通常源于政府部门的强制推行，因此，在选择社会组织时，政府部门会采取重新构建一个准公共部门的方式，让这个准公共部门作为新的市场主体，并将原有组织的一部分纳入市场交易关系中，实施市场行为。这种公共部门与私人主体间千丝万缕的特殊联系使政府部门无法用公平、公正的考核体系规制市场主体的行为。而作为市场主体的私人组织则可以超脱责任链条的控制，继而呈现政府"被俘获"、私人部门的组织具有"超越性"的特殊状态。那么，这种俘获型制度模式的制度条件是什么？在这种具有俘获型关系的制度模式中，不同主体会产生什么样的行为逻辑？其内在的运作机制又会导致什么样的制度产出和绩效呢？

为了回答上述问题，本书采取案例研究的方法，选取了武汉江滩市场化改革的历程作为案例。该案例呈现了一个较为典型的中国情境下的市场化过程。武汉市江滩的治理模式一直以政府为主导，直到实行了"服务外包"的结构性改革。在改革浪潮下，武汉市江滩管理办公室将资产移交给了武汉旅游集团股份有限公司（以下简称武旅股份）；同时，武旅股份承担起大部分原属于江滩办的职责，例如江滩旅游资源整合、旅游功能提升、投融资与运营等。然而，治理模式的"升级"并没有带来江滩治理成果的"跃迁"。利益导向的武旅股份作为公共服务提供方压榨经费、降低服务质量、忽视公共利益，带来了一系列经济与社会问题。

为了进一步解释江滩市场化改革中的绩效"阵痛"，本书构建了一个"制度环境—制度模式—制度后果"的分析框架。通过对江滩市场化改革前后的制度模式、各主体制度逻辑及其所带来的制度后果进行比较，本书发现，江滩市场化改革的过程是一个从"核心科层+边缘市场"模式向市场"俘获型"模式转型的过程。随着制度模式的变迁，各主体的行为逻辑发生转变，进而导致了不同的制度后果。

---

① John W. Meyer and Brian Rowan. 1977. "Institutionalized Organizations: Formal Structure as Myth and Ceremony."*American Journal of Sociology*, 83（2），340-363.

② 陈孝兵：《我国市场化变革的方式与制度绩效》，《当代经济研究》2003 年第 8 期。

第一节　"制度环境—制度模式—制度后果"：理论框架

一　环境、模式与后果：一个分析框架

20 世纪 70 年代末，受"新公共管理"理念和运动的影响，在"市场化、竞争非垄断、分权以及效率衡量"等新理念的推动下，以新西兰、美国和英国等为代表的发达国家普遍推行了"购买公共服务"制度，并逐步发展成为政府管理公共服务的主流模式。[①] 在经济发展过程中，市场化的制度创新既可能是参与市场交易的各方——既包括政府部门，也包括私人部门——自愿选择的，也可能是由政府安排的，或者是上述两种方式的结合。[②] 作为新兴经济体，中国的市场化改革带来的将是"游戏规则的根本、全面的变化"，因此，我国政府通常会选择通过政策干预为市场机制正常发挥作用创造条件[③]，并尝试将市场化制度模式作为解决公共产品和服务供给问题的方式[④]，以求实现由政府主导型资源配置向市场主导型资源配置的制度转型。

任何市场化改革都离不开制度的作用，公私合作模式的转变同样需要对其核心影响因素，即制度环境的影响，进行讨论。如第二章的理论框架所呈现的，本书尝试在制度理论的视角下，将公私合作制度模式的建构和运作过程嵌入在特定的制度环境情境之中，聚焦于公私合作模式的生成与变迁。制度环境一般包括政治制度结构和社会制度结构，是地方多主体围绕特定的公共治理场域进行长期互动的产物。市场本身必然是嵌入在特定的结构性的、权力性场域之中的，并受到制度环境的极强约束。是故，这一制度情境会对

---

① 麻富根：《政府购买公共服务的国际经验与启示》，《中国政府采购》2014 年第 4 期。
② 陈孝兵：《我国市场化变革的方式与制度绩效》，《当代经济研究》2003 年第 8 期。
③ 张维迎：《市场的逻辑》，上海人民出版社，2010，第 145~150 页。
④ 张果、吴耀友、段俊：《走出"公地悲剧"——"农村水利供给内部市场化"制度模式的选择》，《农村经济》2006 年第 8 期。

政府与经济社会组织之间的互动过程、机制和策略产生影响，最终影响合作模式的选择和建构，并产生差异化的制度绩效和后果。

关于制度模式与制度绩效的现有研究说明，制度绩效受卷入到制度模式中的主体的行为和策略的影响。一方面，我国市场制度模式的建立受到"新公共管理"等西方理念的影响，其核心推动力来自政府的主导。政府的逻辑在制度变迁中发挥着重要作用。另一方面，在不同的制度模式下，私人主体的市场化制度策略也会影响制度后果。因此，关注制度模式中各个主体的行为逻辑可以解释差异化制度后果的产生；同时，这对于理解制度模式的变迁也具有意义。

基于此，本书构建了"制度环境—制度模式—制度后果"的分析框架（如图4-1所示）。首先，该框架对制度后果的产生进行了因果关系追踪，即制度模式在何种制度环境下，通过创造各主体的不同制度逻辑，从而产生不同的制度后果。其次，遵循制度变迁的整体逻辑，该框架可以对不同的制度后果进行比较分析，即可以对变迁前后制度模式和制度逻辑的变化进行分析，进而解释制度后果的变化。

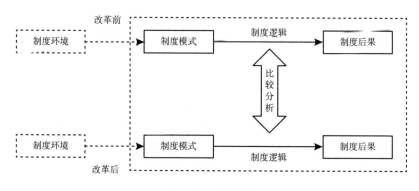

图4-1　分析框架

二　制度环境与制度模式的变迁

在政府主导型资源配置向市场主导型资源配置的制度转型过程中，制度环境成为关键影响因素。在中国，改革虽然表面是受政府主导，但是，随着改革的推进，改革深化产生的新的制度环境会进一步制约市场化改革的进程。

在现有关于制度模式变迁的研究中，一部分研究集中于寻找与制度模式选择有关的环境因素，如强制制度、规范制度，或是关系风险感知、绩效风险感知[①]等因素的直接或中介作用。另一部分研究关注环境影响因素与制度模式选择之间的内在机制。从产权制度角度出发，中国市场化进程得以推进的原因在于中国地方政府培育了许多非国有的多元产权制度。[②] 从多元制度逻辑角度出发，与市场化相关的关系逻辑、政府逻辑与市场逻辑都应该被纳入分析框架，多重逻辑共同构成了制度模式选择机理。[③] 正如第二章的研究框架所论述的，制度环境包括政治制度环境和社会资本，二者通过影响制度空间以及制度成本两个因素来影响公共治理制度安排。[④]

由此看来，现有研究关注到了市场化改革所带来的制度模式变迁，尤其关注了中国情景中"自上而下"的变迁模式。对于这种制度模式变迁的动力来源，现有研究将其总结为政府主导，并且认为，这种特殊的变迁模式意味着其虽然由政府推动，但也必然受到市场规则的制约。同时，目前文献对于制度模式变迁的影响因素与内在机制也进行了理论解释与经验验证。

三 制度模式的绩效：环境影响与逻辑冲突

在市场化改革初期，在制度环境的约束下，社会组织被认为是改善传统科层制的弊端、提高政府运作效率的有力手段。因此，相关研究通常以

---

① 张敬等：《制度环境、风险感知对供应链网络治理模式选择的影响研究》，《管理评论》2020 年第 1 期。

② 陈天祥：《对中国地方政府制度创新作用的一种阐释》，《中山大学学报》（社会科学版）2004 年第 4 期。

③ 张敬等：《制度环境、风险感知对供应链网络治理模式选择的影响研究》，《管理评论》2020 年第 1 期。

④ 也可参见李文钊、蔡长昆《政治制度结构、社会资本与公共治理制度选择》，《管理世界》2012 年第 8 期。

制度作为解释经济绩效的因素。然而，由于新主体的加入，市场化的制度模式在运行过程中常常面临制度逻辑的不协调，最终导致绩效结果难以预测。

从组织社会学的理论视角出发，制度环境对于经济活动的影响具有不可忽视的作用。一方面，Roberts 和 Greenwood 认为，国家制度环境赋予了市场合约的可执行性[1]，因此组织社会学的新制度理论认为，为了适应制度环境，组织必须通过调整组织结构与行为以获得合法性。[2] 另一方面，具有相似属性的公共服务如果嵌入在不同制度环境中，往往会在市场化过程中面临迥异的绩效命运。[3] 因此，相关研究发现，一旦公共服务的市场化制度安排被权力开放程度较高、产权体系完备程度较高、丰富的结构性社会资本和认知性社会资本所构成的制度环境所包绕，其制度绩效会更高。[4]

从经济学的理论视角出发[5]，组织经济学的效率机制认为组织结构与行为是追求经济效率的结果。[6] 在组织理论的自利性假设之上，新制度经济学家奥利弗·威廉姆森吸收了赫伯特·西蒙的观点，认为治理模式是一种能够降低交易成本、规制经济交易过程中产生机会主义风险的制度手段。[7] 也就是说，在既定的制度模式中，各个主体必须按照其所处的制度安排所提供的

---

[1] Peter W. Roberts and Royston Greenwood. 1997. "Integrating Transaction Cost and Institutional Theories: Toward a Constrained-Efficiency Framework for Understanding Organizational Design Adoption." *Academy of Management Review*, 22 (2), 346–373.

[2] John W. Meyer and Brian Rowan. 1977. "Institutionalized Organizations: Formal Structure as Myth and Ceremony." *American Journal of Sociology*, 83 (2), 340–363.

[3] 蔡长昆：《制度环境、制度绩效与公共服务市场化：一个分析框架》，《管理世界》2016 年第 4 期。

[4] 蔡长昆：《制度环境、制度绩效与公共服务市场化：一个分析框架》，《管理世界》2016 年第 4 期。

[5] 张敬等：《制度环境、风险感知对供应链网络治理模式选择的影响研究》，《管理评论》2020 年第 1 期。

[6] John W. Meyer and Brian Rowan. 1977. "Institutionalized Organizations: Formal Structure as Myth and Ceremony." *American Journal of Sociology*, 83 (2), 340–363.

[7] Oliver E. Williamson. 1979. "Transaction-Cost Economics: The Governance of Contractual Relations." *The Journal of Law and Economics*, 22 (2), 233–261.

信息与条件，在外在约束与自利性动机的驱动之下，做出对双方来说都有利的决策，从而达到对整体社会经济发展最有利的结果，即实现纳什均衡。[①]然而，在同时面对相互冲突的国家和市场逻辑时，私人行为主体往往优先考虑市场逻辑[②]，从而影响市场化制度模式的绩效结果。同时，在社会服务领域，由于合同往往不完整，绩效难以评估，合同监控变得复杂，市场化模式的运作风险也会显著提升。[③]

除了经济绩效，一些研究也关注到了市场解决方案所带来的伦理问题[④]、潜在的民主弊端[⑤]、政治风险[⑥]等。因此，为了保证公共服务不因私人利益而受损，完善管理体制和监管体系[⑦]、实行"统一、独立、专职监管模式"[⑧]，抑或建构问责制[⑨]、运用行政政治手段或者采用混合问责模式[⑩]等问责手段被视为控制市场化改革带来的问题与弊端的有力工具。

由此可见，市场化改革所带来的制度后果不仅仅局限于经济方面，其产生的结果远比经济结果复杂。同时，现有研究将制度模式产生的复杂绩效结果归结于制度环境的影响与内部主体之间的逻辑冲突，两者共同作

① 陈孝兵：《我国市场化变革的方式与制度绩效》，《当代经济研究》2003 年第 8 期。

② Eva Thomann, Eva Lieberherr, and Karin Ingold. 2016. "Torn Between State and Market: Private Policy Implementation and Conflicting Institutional Logics." *Policy and Society*, 35（1），57-69.

③ Paula Blomqvist and Ulrika Winblad. 2022. "Contracting Out Welfare Services: How Are Private Contractors Held Accountable?" *Public Management Review*, 24（2），233-254.

④ Guy B. Adams and Danny L. Balfour. 2010. "Market-Based Government and the Decline of Organizational Ethics." *Administration & Society*, 42（6），615-637.

⑤ Jon Pierre. 2011. "Stealth Economy? Economic Theory and the Politics of Administrative Reform." *Administration & Society*, 43（6），672-692.

⑥ Manuel P. Teodoro, Youlang Zhang, and David Switzer. 2020. "Political Decoupling: Private Implementation of Public Policy." *Policy Studies Journal*, 48（2），401-424.

⑦ 查勇、梁云凤：《在公用事业领域推行 PPP 模式的制度安排》，《经济研究参考》2015 年第 48 期。

⑧ 徐天柱：《公共资源市场化配置监管模式创新及制度构建》，《行政论坛》2014 年第 2 期。

⑨ John Forrer, James Edwin Kee, Kathryn E. Newcomer, and Eric Boyer. 2010. "Public-Private Partnerships and the Public Accountability Question." *Public Administration Review*, 70（3），475-484.

⑩ Bastian Jantz, Tanja Klenk, Flemming Larsen, and Jay Wiggan. 2018. "Marketization and Varieties of Accountability Relationships in Employment Services: Comparing Denmark, Germany, and Great Britain." *Administration & Society*, 50（3），321-345.

用，使市场化中的行为主体产生复杂且难以预测的行为。本书所提出的
"制度环境—制度模式—制度后果"理论框架，尝试对我国市场化制度模
式变迁的过程作出可行性解释。特定的制度模式总是嵌入在制度环境之
中。制度环境对于制度变迁过程以及制度模式的影响，以及这一影响机制
和模式最终可能对制度后果产生什么样的影响，需要作出更充分的解释。
特别是，在中国的制度场域之中，虽然政府往往具有相对权力优势，但在
某些情境下，社会组织可能在上级政府的支持下获得相较于政府部门的权
力优势。这一制度模式的运作机制以及最终的绩效影响没有得到充分的关
注。因此，本书将通过对比我国市场化制度模式变迁前后各行动主体的行
为逻辑变化，解释由制度模式变迁而导致不同制度后果的内在机制。这对
于理解我国市场化制度模式变迁的过程，以及寻找市场化改革的优化方法
具有重要意义。

　　基于此，本章的基本思路如下：首先，对市场化改革前制度模式所处的
制度环境，以及其中各主体的行为和行为逻辑进行分析，解释改革前制度后
果产生的原因；其次，对市场化改革后的制度模式进行分析，通过理解各主
体的行为逻辑，解释市场化改革这一制度安排下的各种制度后果；接着对两
个阶段的制度模式进行比较分析，梳理作为制度变迁主导方的政府的逻辑变
化，从而解释市场化改革的制度变迁缘何发生；最后，对处于困境中的市场
化改革提出一些可能的政策启示。

第二节　研究方法

一　案例选择

　　为了分析市场化改革的发生过程、改革结果以及政府部门与私人主体的
行为逻辑，本书将采用案例分析法。本着代表性原则，本书对武汉江滩管理
机构的市场化改革进行了追踪。一方面，武汉江滩作为武汉的"城市名
片"，其管理模式在城市规划与发展中处于重要地位，因此，江滩的机构改

革是向市场化迈进中具有典型意义的一步。另一方面，负责武汉江滩相关管理的机构涉及江滩管理办公室，办公室下设的江滩公司、武旅股份以及服务外包单位等多个主体，包含了复杂的利益关系，为分析改革前后各主体的行为逻辑提供了丰富的经验材料。

武汉地处江汉平原东部、长江中游，依水而生、因水而兴，长江、汉江两江交汇，素有"江城"之称，水资源十分丰富，滨江滨湖特色鲜明，是长江经济带核心城市，也是国家重点防洪城市。1998年大水后，市委、市政府对两江四岸江滩进行综合整治。2001~2021年，陆续建成长76.5公里、总面积755公顷、其中绿地面积470公顷的江滩公园。

武汉江滩的建设打破了武汉人临江不见江的尴尬局面。其先后获得"全国十大体育公园""中国人居环境奖""国家水利风景区""开发建设项目水土保持示范工程"等荣誉。多位党和国家领导人先后视察，并给予高度赞扬。同时，为给市民提供便利的娱乐休闲服务，武汉江滩设计建造了箱式防洪墙，引进餐饮、酒吧、婚庆店等配套便民服务设施。沿江经营门店带来了年均4300万元经营门店租金的财政收入。在近20年的努力下，武汉江滩的建设成效显著，不仅成为市民休闲娱乐的重要场地和武汉城市的靓丽名片，也成为全国水利风景区管理运行模式的优秀案例，吸引上海市、杭州市、深圳市等全国多个城市的市委书记、市长、副市长等主要领导以及水务部门相关工作人员前来考察学习，汲取武汉江滩建设管理的先进经验。

2019年，为进一步优化武汉市旅游资源配置，提升全市旅游开发与经营管理水平，促进旅游高质量发展，在市政府的引导和支持下，武汉江滩实行了"服务外包"的结构性改革。通过将资产移交给武旅股份，武汉市江滩管理办公室由原来的江滩建设"运动员"转变成江滩监管的"裁判员"。经过一年多的探索磨合，建立起了诸多政企合作的协议、规范、制度等看似有效的新治理体系。然而，制度改革并非一蹴而就，不同主体的需求矛盾交错复杂，改革阵痛在"三保"服务质量下降、安全风险提升、不稳定因素增多等方面逐步凸显。市管江滩这张"老牌城市名片"面临着省、市新兴景区抢占话题度、人流量以及自身管理水平下降的猛烈冲击。如何在职能机构改革和制度安排重塑的浪潮下持续擦亮这张城市名片是武汉江滩治理面临的全新挑战。

二　资料搜集

为了详尽地了解江滩市场化改革前后各方主体的行为逻辑，课题组成员对政府部门、私人主体等参与改革的核心主体进行了访谈。从政府部门来说，第一，研究选择了武汉市水务局领导、武汉市江滩管理办公室负责人、江滩管理办公室核心成员和具有代表性的江滩办新老员工进行访谈，访谈内容包括整个江滩机构设立、运作以及市场化改革的历程，改革前后公共部门与私人组织各自的分工与任务机制以及在改革前后工作中遇到的实际问题。第二，课题组选择了在市场化改革后，负责牵头考核的江滩办安全稽查科以及辅助进行考核信息汇总的资产运营科和园林设施科进行访谈，访谈内容包括在政府进行角色转变后如何构建与实施评价监管体系，以及在"裁判"的工作过程中遇到的实际问题。

从私人主体来说，第一，课题组访谈了武旅股份分管江滩公司的经理，以了解在市场化改革之后江滩公司及其背后的武旅股份的运行逻辑。第二，对负责江滩"三保"服务的外包单位经理，以及江滩现场保安和保洁人员进行访谈，了解江滩管理工作在落实过程中遇到的困难。

除了通过访谈获得的一手资料，研究还通过搜集政策文件、新闻报道等，获得了补充性的二手资料，共同完善江滩市场化改革的发展历程，构建了江滩治理市场化改革的完整案例数据库。

第三节　从政府主导到市场介入：江滩治理模式的变迁

一　管理机构"数次更迭"：江滩治理结构的发展

2002 年 6 月，武汉市汉口江滩管理办公室挂牌成立，是隶属于武汉市水务局的公益二类差额拨款的正处级事业单位①，负责承担管辖范围内的防洪管理、环境卫生、绿化养护、设施维护、安全秩序管理工作以及景区规划建设、经营开发及旅游服务工作。② 组建之初的汉口江滩管理办公室编制数量极少，考虑到江滩现场管理需要大量人员，汉口江滩管理办公室在 2002 年 11 月 26 日组建了武汉市汉口江滩实业发展有限公司及武汉汉口江滩新能源发展有限公司，通过聘用物业、绿化、经营管理、综合管理、后勤等多方面的工作人员，具体负责汉口江滩现场环境保洁、停车秩序维护、经营门店管理等工作。③

2002 年底，武昌江滩一期完工，由武汉市水务局二级单位——武汉市武昌江滩管理办公室管辖。武汉市武昌江滩管理办公室组建蓝湾物业管理有限公司，该公司具体负责武昌江滩综合管理的组织协调、监督和宣传工作，公益设施的维护和日常管理，市容环境卫生、绿化管理和治安保卫工作，以及体育、游乐等服务设施和经营网点的审批和管理。

2005 年 5 月，汉阳江滩、汉江江滩陆续开建，武汉市水务局将汉阳江滩及汉江江滩交由武汉市汉口江滩管理办公室管辖。因管辖区域逐步扩张，武汉市汉口江滩实业发展有限公司开始为汉口江滩和汉阳江滩面向市场采购"三保"服务。④

2016 年，武汉市汉口江滩管理办公室和武汉市武昌江滩管理办公室进行机构整合，调整为武汉市江滩管理办公室，核定武汉市江滩办事业编制 33 名。⑤ 市政府每年给予武汉江滩 7000 多万元财政经费，用于武汉江滩小型项目建设、城市家具更新维护、文化活动举办以及"三保"外包服务支出等日常管理运行项目。⑥

---

① 公益二类事业单位可面向社会提供公益服务，按照政府确定的公益服务价格收取费用，其资源在一定区域或程度上可通过市场配置。

② 资料来源：《武汉市长江汉口江滩管理暂行办法》（武政〔2002〕90 号）。

③ 资料来源：江滩管理办公室核心员工访谈。

④ "三保"服务指保安、保洁、保绿服务。

⑤ 资料来源：《武汉市机构委员会关于市水务局所属事业单位机构编制的批复》（武编〔2016〕130 号）。

⑥ 资料来源：江滩管理办公室核心员工访谈。

2017 年后，武汉三环内的江滩陆续开建。青山江滩由市国资委组建的碧水集团负责建设，完工后由武昌区水务局直接委托碧水集团管理运营，是武汉市国有企业独立管理运营江滩的首个试点片区。2018 年后陆续建设的汉口江滩四期、硚口江滩、洪山江滩、武昌江滩四期和五期等三环内武汉江滩皆由各区水务部门管理运营。至此，武汉江滩的管理格局基本形成。

在科层制组织结构内部，市江滩办下设综合办公室、园林设施科、计划财务科、资产运营科、公共服务科、安全稽查科、现场管理科 7 个科室。此外，市江滩办原有汉口江滩实业发展有限公司、汉口江滩新能源发展有限公司、蓝湾物业管理有限公司三家下属企业（简称"江滩公司"），企业员工有 200 多人，负责江滩"三保"和经营管理等现场运行工作。在这种管理模式中，科室负责对接市水务局、统筹江滩现场管理工作；江滩公司则负责现场"三保"工作安排的具体分工。江滩办和江滩公司"一个机构，两块牌子"①，采用"千米单元网格化"② 管理模式（如图 4-2），辅以江滩公司采购的"三保"服务，科室和公司各部门之间形成整体、通力合作，"整个江滩管理机构内部上下一心、非常团结"③。

二　治理结构"重新洗牌"：机构改革冲击原有管理模式

（一）市政府"重新洗牌"，两江四岸抢手旅游资源易主

2017 年 12 月，武汉"长江主轴左右岸观光道"及"两江亮化工程"正式开建。随着城市建设项目的推进和资金的逐步投入，据有关人员反映，亮化工程后续维护费用每年存在超 1000 万元的资金缺口。④ 同时，原负责武汉旅游产业战略提升和两江四岸旅游功能提升的投融资主体——武汉江汉朝宗集团有限公司经营不善、发展后劲乏力，其"知音号"项目每年亏损

---

① 资料来源：江滩管理办公室负责人访谈。
② 根据江滩岸线长、滩地宽的特点，将三地江滩景区划分为 5 个现场管理区片，每个区片形成一个独立网格单元。
③ 资料来源：江滩管理办公室负责人访谈。
④ 资料来源：江滩管理办公室核心员工访谈。

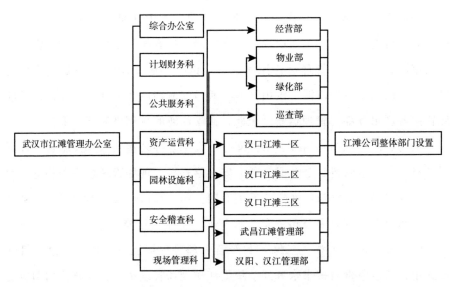

图 4-2　2017～2020 年武汉市江滩管理办公室管理架构

注：科室监管、部门统筹、区域负责的网格化管理模式：江滩办将汉口实业、新能源、蓝湾物业三家公司的人员合并管理，设立经营、物业、绿化、巡查四个职能部门，由江滩办业务科室进行监督指导、安排任务，同时协助各现场管理区开展现场管理工作；汉口江滩一区二区三区、武昌江滩管理部、汉阳汉江江滩管理部，各区配备物业、绿化、巡查等工作组及保洁外包人员，具体执行现场各项管理运行工作。

超 400 万元，给武汉市政府财政带来了一定压力。经多方了解，武汉市政府出于整合长江汉江核心区岸线旅游资源、打造武汉高质量全域旅游品牌、建设更有吸引力的融资平台等多重目的，决定通过资产划转、产（股）权出资、增资扩股、授权经营等方式组建武旅股份。[①] 同时，将江滩公司股权注入武旅股份，且将市管江滩（汉口、汉阳、武昌江滩）经营性物业和停车场经营权通过政府授权经营方式授予武旅股份经营。

2019 年 6 月 28 日，武旅股份揭牌成立，这给独立管理运营江滩十多年的市江滩办和掌握武汉市其他旅游资源的事业单位带来了巨大冲击。武旅股份这个武汉市旅游行业新生的"宠儿"，从武汉市水务局、文旅局等职能部

---

① 资料来源：《市人民政府办公厅关于组建武汉旅游集团股份有限公司实施方案的通知》（武政办〔2019〕55 号）。

门手中"分"走了黄鹤楼经营性资产、两江四岸水上观光游览项目、市管江滩经营性物业和停车场、两江四岸亮化景观光影广告等巨大的"蛋糕"，自一诞生起就担起了全市优质旅游资源整合和旅游功能提升工程投融资建设运营主体的重任。同时，面对失去话语权的武汉市江滩管理办公室，江滩公司的员工也是人心惶惶：有的期待改革，认为按照改革原有思路，江滩公司背靠的国有企业平台更大，自己的薪资待遇和职业发展说不定能上一个台阶。[①] 有人表示担忧，认为改革后主要收入来源必定减少，国有企业很可能在未来逐步减少公司人员数量[②]，节约公司运行成本。

（二）顺应趋势建章立制，抢占江滩管理发展"话语权"

在这场机构改革和经营资产划转的过程中，市江滩办领导班子认为江滩办不能始终扮演"失语者"的角色，而应当在争取公司职工利益、确保"三保"质量等方面早做谋划，想办法抢占今后江滩管理发展的"话语权"。

一方面，市江滩办通过员工大会正式宣布了江滩面临的改革趋势，并向员工保证会在改革中最大限度地为江滩公司员工争取权益，且江滩公司的管理层必定从江滩公司原有的员工中选拔。另一方面，市江滩办领导多次与武旅股份磋商经营资产移交和公司划转两项主要改革任务，起草了经营性资产的移交清单和平面图，重新审计了江滩原三家公司的资产，更新了公司人员花名册。

经过一年时间过渡，由于武旅股份因公司重组事项繁杂，表示暂无能力立即接手江滩公司和经营性资产，因此江滩办"代管"了江滩公司一段时间。2020 年 12 月底，武汉市江滩管理办公室与武旅股份签订《武汉江滩（市管）经营性资产经营权授权委托管理协议》和《武汉江滩（市管）经营性资产监督管理考核办法（暂行）》。

三　江滩办"主动蜕变"：从"运动员"向"裁判员"的尝试

2021 年 1 月，市江滩办正式将市管江滩经营性资产委托给武旅股份经营

---

① 资料来源：江滩管理办公室某职工访谈。
② 资料来源：江滩管理办公室某新进员工访谈。

管理，不再直接从事经营性工作，工作重心调整为从防洪保安、环境保护、公共服务等方面对武旅股份经营行为进行监督考核；同时，市江滩办受市水务局委托对两江四岸江滩进行整体规划和统筹协调，开展行业监管、检查考核等工作，推动全市江滩管理标准化、规范化。为适应改革发展趋势，实现由"运动员"向"裁判员"身份的转变，市江滩办迅速采取了一系列措施。

（一）移交江滩公司及经营性资产

早在2020年底，市江滩办领导班子曾召开机构改革专项研讨会议。在会议上，江滩办负责人表示：

> 江滩公司一旦交由武旅股份管理，武旅股份方面如果为了缩减人员经费，势必在未来的一段时间之后会采取不续签劳动合同等方式逐步裁员。江滩公司中层管理人员必须从原来的职工中产生，这样才能保障原公司人员的利益，维护整个公司的团结稳定，也便于我们今后沟通管理。①

于是，市江滩办领导层通过多次协商，最终拟定了江滩公司中层管理候选人名单，并就保障公司职工合法利益、维护过渡期间队伍稳定达成了共识。其后，市江滩办负责人和分管领导曾多次与武旅股份负责人协商，江滩公司必须成为武旅股份独立运转的子公司，公司管理层需由原公司人员担任，武旅股份不得随意更换管理层或开除原公司员工。2020年12月底，市江滩办根据武政办〔2019〕55号文件精神，与武旅股份签订了"两个协议"，完成江滩公司人员、财务、固定资产等方面的移交工作，协助指导武旅股份完善江滩公司管理架构，明确公司管理层，平稳完成企业移交和经营资产委托（如图4-3所示）。

（二）转变江滩管理运行机制

面对运行机制调整，江滩办探索建立了"管养分离、强化监管、保持

---

① 资料来源：江滩管理办公室负责人访谈。

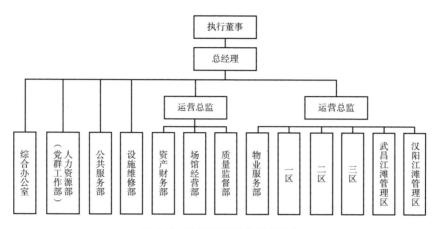

图 4-3 改革后江滩公司的构架

公益"①的管理体系，由资产运营科负责牵头考核工作、汇总考评得分、形成考评通报。同时，市江滩办还引入了"第三方"监管机制，引进"爱我百湖"志愿者协会进驻抽查考核。资产运营科在日常监管中，如发现重大隐患或重要问题，会立即下达整改通知。2021 年，针对监管中出现的典型问题，资产运营科向武旅股份下达监管督办函 19 份，年末组织武旅股份、江滩公司、第三方考核单位集中座谈总结经验教训。每月对武旅股份出具考评通报，月底将服务质量与服务费支付挂钩兑现，实施一定的经济奖罚。2021 年全年，10 个月考评为良好，2 个月考评为合格。②

四 公私合作"难"：问题难解、质量难保

按照市江滩办的构想，改革之后的结构将从原有的一体化的治理模式转移到市场化的模式之中。在新的合同关系之中，一方面，市江滩办主要扮演"甲方"和"供给者"的角色，作为江滩治理的"买方"对武旅股份设置具体的服务内容和质量标准，同时作为"监督者"，依照相应的监管规则对武旅股份进行考核、监督和管理。另一方面，作为"乙方"和"生产者"

---

① 资料来源：江滩管理办公室核心员工访谈。
② 资料来源：江滩管理办公室核心员工访谈。

的武旅股份则依据考核规则加强对江滩公司和"三保"服务质量的管理，以此实现层层压实责任。在新的模式下，市江滩办似乎只需要当"裁判员"，对武旅股份提工作要求的目标。

而这种管理模式是理想化的。在全新的"市场+监管"模式中，不同主体在江滩日常维护和经营开发管理等问题上导向不同、诉求不同，因此引发了各种矛盾（如图4-4所示）。

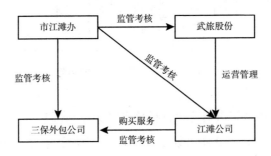

图 4-4 不同主体之间的关系

首先，武旅股份负责江滩"三保"服务和经营性资产运行后，最为关心的是营商环境。企业注重经济效益的导向日益凸显，想方设法通过不停地招租、举办活动甚至压榨"三保"经费等方式为公司创收，导致了"三保"经费短缺，江滩环境压力增大。其次，市江滩办作为江滩管理部门，始终将江滩的防洪属性、生态属性、公益属性摆在首位，常常无法响应武旅股份举办大型活动的诉求。碍于"大局团结"和公司员工生存问题，市江滩办无法真正对武旅股份进行"制裁"。面对现场管理问题，市江滩办只能迫于无奈不断"黄牌警告"，无法真正将其"红牌"罚下场。接着，江滩公司作为市管江滩"三保"服务和经营管理的直接主体，夹在武旅股份和市江滩办中间寻求出路。公司员工在武旅股份全新的管理体系中感受不到公司的激励政策，多次因工资结构不合理向市江滩办领导层"诉苦"，要求市江滩办为江滩公司员工待遇问题"出面"。最后，保安、保洁、保绿等外包商要听从武旅股份、市江滩办、江滩公司三个机构的工作安排，经常失去工作重心，感到无所适从。

武汉江滩作为武汉市长江主轴的核心景区，承载不了多方的不同利益诉求。2021 年改革正式运行一年内各种大小问题不断，甚至发生了一些摩擦，给武汉江滩的形象带来了一定负面影响。

（一）"中间商赚差价"：武旅股份压榨"三保"经费

江滩办领导班子在改革后考虑到"三保"支出是江滩管理运行的"大头"，要首先保证这部分经费充足，于是在与武旅股份签订协议时承诺每年给予武旅股份 4000 余万元财政经费，用于武汉江滩一整年的物业支出（包括江滩公司负责"三保"管理的人员经费和"三保"服务采购费用等）。这笔费用几乎占江滩全年财政经费的 4/7，相比武汉市其他公园景区的财政经费来说是一笔不小的费用。

2021 年 2 月，江滩办分管领导接到江滩"三保"服务外包单位的投诉电话，该外包服务单位经理称武旅股份要下调合同金额 15% 作为合同续约条件，严重阻碍了保洁工作正常开展。[①] 江滩办负责人获悉后认为武旅股份"翻脸不认人"，竟然打起了"中间商赚差价"[②] 的主意，于是要求资产运营科以书面致函的方式向武旅股份反映问题，但并未得到武旅股份的回应。几天后，江滩办负责人亲自致电武旅股份分管江滩公司的龙经理，并向其强调"立即落实财政资金专款专用要求，将'三保'服务费直接用于江滩'三保'标准提升工作。"然而，武旅股份负责江滩公司的分管经理表示，作为刚成立的公司运营压力巨大，运行资金不足，站在公司的角度只能够从多个方面尽量节省经费。[③]

（二）盈利优先："无人机大秀"将武汉江滩推上风口浪尖

自武旅股份接管了市管江滩经营性物业后，不仅想方设法招商引资增加租金收入，同时与天猫、万达等大型企业进行商业合作，通过引荐企业到江滩举办活动等方式收取场地租金、广告宣传费用。但江滩办作为江滩管理机构和河道管理部门，担心过度商业活动会增加江滩安全风险，加重长江岸线

---

① 资料来源："三保"服务外包单位经理访谈。
② 资料来源：江滩管理办公室负责人访谈。
③ 资料来源：武旅股份分管江滩公司经理访谈。

的环境负担，因此在大多数情况下倾向于拒绝武旅股份举办过多的商业活动。

2021年5月，武旅股份计划联合万达集团组织江滩无人机大秀。江滩办出于人员聚集和踩踏风险的考虑，明确提出了反对意见。[①] 但武旅股份站在优化营商环境、为武汉旅游品牌宣传造势的角度始终力争要举办这场活动，并在公安部门成功备案。最终，在武旅股份上级公司——武体集团出面与江滩办协商后，江滩办同意了为活动提供场地支持。

但是，万达集团和武旅股份大规模的宣传造势，导致活动当晚汉口江滩人流量激增。5月29日19点，汉口江滩园区内人流量突然猛增。仅一个小时左右，汉口江滩园区内便人山人海，沿江大道被堵得水泄不通，连带位于一元路的市政府门前也交通瘫痪，政府车辆根本无法进出。市政府组织公安部门、交管部门以及市江滩办立即采取应急措施，叫停了无人机表演，分批疏散聚集人群。

尽管当晚未发生踩踏事件，但近3个小时的交通瘫痪、未能按时上演的无人机大秀给武汉市带来严重负面影响。这一事件最终造成武体集团和武旅股份人事变动。[②] 武体集团分管武旅股份的副职被调至其他岗位；武旅股份相关负责人引咎辞职；武旅股份分管江滩公司的相关负责人也被调至其他岗位。刚稳定不久的武旅股份和江滩公司一下子又失去了主要支柱。

（三）质量难保："文明城市"迎检前夕"三保"矛盾集中爆发

现武旅股份下属的江滩公司负责执行江滩"三保"服务工作，市管江滩范围内的保安、保洁、保绿工作均由武旅股份通过招标引进相关公司负责。但在实际运行中，武旅股份和江滩公司作为"物业公司"并未履行对"三保"的监管职责。"三保"外包公司多次擅自减少外包人员，在日常管理过程中缺乏工作安排的自主性，外包服务人员履职尽责的意识相

---

① 资料来源：江滩管理办公室负责人访谈。

② 资料来源：江滩管理办公室负责人访谈。

对较差。这导致在重要景观节点，出现江滩地面垃圾无人清理、保安对违规出入江滩闸口的"三车一宠"[1] 置若罔闻、绿化人员未及时对乔灌木进行养护等多种管理问题，进而引发了市民群众关于江滩管理问题的大量投诉。

2021 年，在武汉市"文明城市"迎检工作前夕，武汉市各主要景点均紧锣密鼓地对现场环境卫生、文明秩序进行了再检查。然而，市江滩办领导在检查汉口江滩环境卫生、园区秩序时却发现"三保"工作质量大幅下降。三阳路 25 米平台遍地烟头和白色垃圾；花坛中的灌木东倒西歪，不少花卉因缺水显得"蔫巴巴"的；更有不少违规骑电瓶车和自行车进入江滩的人随意在园区穿行。江滩办负责人紧急联系了江滩公司总经理、环卫外包单位 KF 物业，意图就当天现场卫生绿化问题给质量持续下降的"三保"工作"敲个警钟"。但是，KF 物业经理认为，不同于"改革前由公司（指江滩公司）的场管部门安排工作"，改革后，江滩办和江滩公司的多重考核让他们疲于应付，"严重打乱了的工作计划，降低了工作效率"[2]，而江滩公司经理周某认为，江滩公司已经履行了现场监督管理责任，但是"三保"单位"工作人员不足或者责任心不强"[3]，导致无法保质保量完成任务。

最终江滩公司督促"三保"外包单位在"文明城市"迎检期间加派了人手，江滩顺利通过了检查组的现场考核打分。但检查结束后，江滩公司再次放松了对"三保"外包服务的管理。2021 年，市江滩办共收到城市留言板和阳光信访平台群众信访件 91 件、市长专线投诉 441 件，与 2020 年投诉量相比，增长约 41%；收到网络舆情督办单数十件。[4] "三保"服务质量并未得到明显提升。

---

① "摩托车、电动车、自行车以及狗"禁止进入闸口。
② 资料来源："三保"服务环卫外包单位经理访谈。
③ 资料来源：江滩公司经理访谈。
④ 资料来源：江滩管理办公室核心员工访谈。

第四节 "不完全"的角色转变：市场化
改革前后的制度比较

一 公私合作模式的变更

（一）市场化改革之前："核心科层+边缘市场"模式

1. 作为核心的科层组织

武汉市江滩管理办公室属于武汉市水务局二级单位，由武汉市汉口江滩管理办公室和武汉市武昌江滩管理办公室机构整合而来。纵观武汉市江滩机构变迁的历程，从 2001 年开始，武昌江滩管理办公室成立，对武昌江滩进行管辖；接着，2002 年，汉口江滩管理办公室成立；随着武汉江滩规模的不断扩大，江滩管理机构不断增加和整合；2005 年，汉阳江滩及汉江江滩交由武汉市汉口江滩管理办公室管辖；2016 年，汉口、汉阳、汉江和武昌江滩共同由武汉市江滩管理办公室进行管辖。在武汉市江滩建设的十几年中，江滩管理办公室一直作为武汉江滩综合管理的主要主体，每年直接接收来自武汉市政府的 7000 多万元财政经费，承担着武汉江滩的管理、维护、开发、运营等重要工作，并且对江滩管理的全部事项直接负责。

2. 作为边缘的市场力量

考虑到江滩现场管理工作的复杂性，在成立之初，江滩管理办公室就开始主动寻求市场力量的帮助。2001 年武汉市武昌江滩管理办公室组建蓝湾物业管理有限公司，2002 年汉口江滩管理办公室江滩办组建了两家公司——"武汉市汉口江滩实业发展有限公司"和"武汉汉口江滩新能源发展有限公司"。机构合并后，"蓝湾物业管理有限公司""武汉市汉口江滩实业发展有限公司""武汉汉口江滩新能源发展有限公司"（即"江滩公司"）共同作为江滩办的辅助力量，通过聘用一批物业、后勤方面的工作人员（共计 200 余人），负责江滩现场"三保"和经营管理等事务性工作。

在这个过程中，江滩公司及其聘用的工作人员，虽然可以被看作非政府部门的力量，但是，他们在整个制度安排中的地位较为边缘化。第一，从职能上来说，市场力量承担的是边缘性工作，不涉及经营、开发等决策性职能，仅仅是作为江滩办的补充力量打扫卫生、管理秩序等，辅助江滩办履行其公共职能；第二，从从属关系上来说，江滩公司以及其聘用的工作人员直接受江滩管理办公室的监督与考核，江滩办有权力对这支市场力量进行问责与管制。

> 在市民群众看来，武汉江滩就是一个管理的主体，而江滩办和江滩公司则是"一个机构，两块牌子"，在原来的管理模式中，我们并未在真正意义上完全将江滩公司作为下属管理机构，而是将科室和公司合并起来，各司其职，共同为武汉江滩管理运行出力。[①]

总的来说，在这一阶段，江滩治理的制度模式呈现"以科层制为核心，辅以边缘上的市场化"的特征。作为核心的科层制指的是武汉江滩管理办公室，作为边缘的市场化是指三家"江滩公司"及其外包力量。在此阶段的公私合作模式中，对于市场力量而言，虽然市场承担了一部分本应该属于江滩管理办公室的工作，但是该工作不涉及江滩管理核心，并且市场将直接接受来自江滩办的领导与问责；对于政府部门来说，虽然看似江滩公司带走了原本属于江滩办的一部分事务性权力，但是江滩办可以对江滩公司进行管理，实际上仍然是政府权力的延伸。

（二）市场化改革后：被"俘获"的政府

1. 进一步市场化的科层组织

对于江滩办而言，原本由其领导的、负责江滩现场"三保"及经营工作的江滩公司归入了武旅股份；原本属于经营性资产，包括水上观光游览、市管江滩经营性物业和停车场、两江四岸亮化景观光影广告等巨大的"蛋糕"，在市场化改革的过程中也被武旅股份"夺走"。江滩办不仅失去了对

---

① 资料来源：江滩管理办公室负责人访谈。

于江滩的管理权力，也失去了主要收入来源。至此，按照市场化制度模式的安排，江滩的经营、管理应该由武旅股份全权负责；江滩办作为政府部门只需发挥监督与考核的作用，扮演"裁判员"的角色。

然而，在实践中，在市场化改革的过程中，为妥善安置原三家江滩公司的员工，江滩办原所属三家公司划转至武旅股份并成为武旅股份独立运营的子公司。江滩公司的管理层人员不变且不得随意更换或开除。受此影响，江滩公司与江滩办仍然有着千丝万缕的联系。这使得作为"裁判员"的市江滩办在履行日常监督职责时，无法用公正、严厉的手段对产生问题的责任方进行惩罚。

> （市江滩办）碍于大局团结和公司员工生存问题无法真正对武旅股份进行"裁判"，面对现场管理问题只能迫于无奈不断"黄牌警告"，无法真正将其"红牌"罚下场。①

2. 具有"超越性"的市场力量

江滩机构改革之后，武旅股份本应成为江滩治理模式当中最重要的"运动员"。在新的制度模式当中，按照《武汉江滩（市管）经营性资产监督管理考核办法（暂行）》，武旅股份接受来自市江滩办的考核；同时，根据集团本身的组织结构，武旅股份应当对子公司"江滩公司"及其外包物业公司进行监督与考核，从而保证对江滩现场环境的有效治理。然而，受江滩公司的影响，武旅股份本应该是属于市场的产物，但是带有强政治属性，附着非常复杂的政治目标，使其在整个公私合作安排中具有超越性。在这种情形下，武旅股份即便是不具有承担公共责任的能力或者是不履行应尽的职责，仍然不会被惩罚。因此，作为利益导向的非公共组织，武旅股份开始利用公共控制的松弛牟取集团利益，将精力用于创收融资，对于江滩现场管理"睁一只眼闭一只眼"，直接导致了责任链条的断裂。

---

① 资料来源：江滩管理办公室核心员工访谈。

武旅股份负责江滩"三保"服务和经营性资产运行后，最为关心的是营商环境，企业注重经济效益的导向日益凸显，其想方设法通过不停地招租、举办活动甚至压榨"三保"经费等方式为公司创收。①

另外，作为监督方的江滩办，在实践中只能通过督促江滩公司管理外包公司，或者直接监督外包公司，来保证江滩的现场及运营得到有效的管理。同时，受历史原因的影响，原本被划入武旅股份的江滩公司在遇到工资结构等问题时，依然请求江滩办出面解决问题。总的来说，武旅股份没有当好"运动员"，江滩办也不能成为真正的"裁判员"，基本职能得不到有效履行。

我们实行监管已经整整一年了，但是我们认为这种监管并没有真正实现从"运动员"向"裁判员"身份的转变。我们如今表面上是"裁判员"，实际上还是在扮演"运动员"的角色。一方面要忙于处理上级单位部署的各项任务，一方面每天要到现场检查问题、打分通报。②

总而述之，市场化改单后的江滩治理所呈现的制度模式，其特征已有了本质性的改变，研究将这一模式定义为"被俘获的政府"。一方面，政府的相对权力优势逐渐减弱。市场化改革之后，部分权力从政府部门转移到私人组织中，江滩办原有的江滩管理"运动员"身份逐渐淡化。另一方面，政府与私人组织的共同决策程度也发生改变。政府部门的权力减弱之后，权力与责任并未得到明确划分，这也使得江滩办难以明确自身角色定位，在"运动员"与"裁判员"身份之间摇摆。武旅股份承包江滩之后，主要进行以创收为主要策略的经营。江滩公司虽然属于武旅股份却仍然与江滩办联系密切。至此，江滩办、江滩公司、武旅股份等多主体的目标产生差异，且出

---

① 资料来源：江滩管理办公室核心员工访谈。

② 资料来源：江滩管理办公室园林设施科科长访谈。

现责任空白，共同决策的可行性不断降低。由此看来，政府部门权力优势消减的同时，公私合作的共同决策程度也在降低，所以可被界定为政府被"俘获"的公私合作模式。

二 公私合作模式变迁的深层逻辑：政府如何被"俘获"？

（一）制度环境变更：政府与私营部门的权力分配

制度模式的生成与变更，以及可能形成的制度后果，本质上是制度环境改变所带来的影响。正式制度结构是制度环境的重要组成部分，权力结构的配置在公私合作的场域中扮演了核心角色。在武汉市江滩机构变迁过程中，政府部门和私人组织之间的关系发生了显著的变迁。市场化改革之前，政府部门处于权力中心地位。具体来说，江滩的组织协调、监督和宣传等职能都由武汉市武昌江滩管理办公室掌控，而该办公室是挂靠于武汉市水务局的正处级事业单位。管理中心所组建的江滩公司等均是政府部门基于需求所作的调整，核心决策权仍旧归属于政府部门，也就是所谓的"一个机构，两块牌子"。需要明确的是，这种对于私人力量的小范围吸纳并没有影响江滩办的核心管辖权。是故，改革前的江滩呈现以政府部门为核心的权力配置图景。

市场化改革之后，政府不再作为江滩的唯一权力中心，私人组织开始强势介入。作为制度环境的重要组成部分，江滩的权力结构发生了质的变化。2019 年，武汉市计划推进旅游行业国有资产重组事宜，决定通过资产划转、产（股）权出资、增资扩股、授权经营等方式组建武旅股份。武汉市汉口江滩实业发展有限责任公司、武汉汉口江滩新能源发展有限公司、武汉市蓝湾物业管理有限公司三家公司股权被注入武旅股份，市管江滩（汉口、汉阳、武昌江滩）经营性物业和停车场经营权也通过政府授权经营方式授予武旅股份。此时，市场化改革之后的权力配置发生了重要变化。

（二）制度模式的运作机制变化

制度环境是一种具有强约束力的、处于变化状态的情境，能够促使或者限制市场本身发挥作用。在江滩市场化改革过程中，权力配置中心逐渐发生偏移，这意味着深深嵌入地方的制度环境已经发生改变。那么，无论是治理模式本身的变化，还是处于这样权力性场域之中的治理模式的运作逻辑，都会产生连锁反应。简单来说，当制度环境发生变化时，必然会带来制度模式的更新及运作机制的迭代。

在市场化改革之前，江滩管理的权力主体除了江滩办这样的政府力量之外，还包括江滩公司等。事实上，这些私人组织仍是政府部门基于需求所构建的内部市场，权力并未共享给外部主体。江滩办对于江滩的管理具有核心的经营权，扮演着"运动员"角色。对于私人组织，政府部门主要通过"命令—控制"机制与其进行互动。

随着市场化改革的深入，原有政府部门已经无法满足江滩管理的政治和经济利益诉求，以政府部门为核心的权力配置图景被更替。作为主要权力主体的政府部门，不再对私人部门具备"命令—控制"链条的直接控制权力。作为具有自负盈亏独立运转体系的私人组织，已经从权力的边缘位置向中心迁移，逐渐获得更大话语权。由此可见，原有的权力中心政府部门已经退出核心地位，转而融入与私人部门共享权力的新制度结构中。政府部门、私人主体之间本身的利益取向就存在极大差异，加之改革后政府相对权力优势的削减，导致江滩管理过程中的共同决策成为一个挑战，这也是将市场化改革之后的江滩管理定义成"被俘获的政府"的核心原因。此时，围绕江滩管理所作用的多个网络主体，建立了以契约、关系为基础的运作机制。相较于之前，一方面，这样的运作机制具有较强的不稳定性。另一方面，运作过程中由于契约本身的权责界定不清，改革后的江滩管理仍然没有取得预期的绩效水平。

总体看来，权力更替本身源于政治经济利益的诉求，而制度环境的改变系统性地影响着模式变迁和运作逻辑。制度环境在促使政府让渡权力的同时，使"命令—控制"运作机制失效，取而代之的则是契约和关系治理机制。然而，由于存在多重、难以调和的利益诉求，以及权责不明确的契约界定，政府在失去相对权力优势的同时，共同决策的程度也被削弱。是故，政府成为公私合作中被"俘获"的对象。

（三）制度后果：制度安排与制度设置的不匹配

1. 责任偏移

制度环境的改变，催生了不同的制度模式和相应的运作机制，继而产生了不同的制度后果。在江滩治理后期的市场化模式中，江滩的治理主体无法有效地扮演决策者的角色。这种角色的"缺位"是由中国的治理场域内部的权力结构以及高阶制度安排决定的（参见图4-5）。

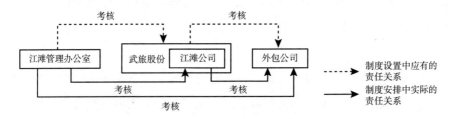

图4-5 市场化改革后主体间责任关系

监管责任没压实，江滩办身份转型失败。在2021年实行"三保"和经营监管考核过程中，资产运营科负责统筹考核工作，汇总园林设施科、现场管理科、安全稽查科每月对"三保"和经营门店的监管考核打分情况。这几个科室职数较少，在机构改革之前有江滩公司的员工帮忙分担科室部分工作。机构改革后，基本上每个科室仅余1名科长和1至2名科员。但同时，科室人员一方面要忙于处理上级单位部署的各项任务，另一方面每天要到现场检查问题、打分通报。[①] 实行监管工作的科室表面上是"裁判员"，实际上还是在扮演"运动员"的角色[②]，因此人手严重不足。

主体责任没改革，市场化责任链条断裂。在改革过程中，武旅股份于"三保"和经营监管中常常处于缺位状态，更多地将时间精力用于创收融资，至于江滩现场管理水平只要达到了"及格线"，武旅股份领导层便"睁一只眼闭一只眼"。而作为"裁判员"的江滩管理办公室在监管方式与监督

---

① 资料来源：江滩管理办公室资产运营科科长访谈。

② 资料来源：江滩管理办公室园林设施科科长访谈。

结果方面均不能充分发挥应有作用。首先，在监管方式上，江滩管理的责任主体还是江滩办，这就导致了除了经济制约①，在其他层面并不能找到发力点；② 其次，江滩公司脱胎于江滩办，服务经费将直接影响其中员工的经济收入③，因此，江滩办的考核标准都会出于"情面"而放宽。

因此，江滩办构建的"江滩办督促武旅股份，武旅股份督促江滩公司，江滩公司管理'三保'外包公司"的责任链条断裂了（见图4-5）。现实情况成了"江滩办督促江滩公司，江滩公司管理'三保'外包公司，江滩办还需要督促'三保'外包公司，武旅股份置身事外、收取江滩'三保'经费"的格局。究其根本，是因为武旅股份不具有江滩管理的主体责任。

2. 低下的治理效果与政治经济风险

除了内部主体结构的转型失败与暴露的责任空白，不合理的权责分配以及运行机制同时影响到了整个江滩的治理状况。本是出于对政治利益和经济效益的追求而产生的制度模式变迁，在实际运作中由于权力分配、责任界定等状况，江滩治理的最终效果偏离预期。从制度模式的经济效果来看，武汉江滩办每年固定支出4000余万元财政经费，用于武旅股份完成武汉江滩的"三保"服务。但是，实际上武旅股份将该项财政资金用于公司其他方面的运行，"克扣"了本该用于江滩管理的费用，江滩办花了足够的资金却没有收到相应的成果。可以说，市场化改革之后的制度安排大大降低了江滩办的经济效率。

从治理效果来看，首先，市场化改革之后江滩出现了大量"三保"不合格的现象。作为外包方的物业管理公司同时收到来自江滩公司、江滩办的多方诉求与压力，在"三保"事务中应接不暇，导致服务质量下降。其次，作为经营管理方的武旅集团在江滩经营活动中一味追求经济利益、忽视公共责任，造成了"5·29事件"，导致基本的公共职能不能得到有效履行。

从政治社会影响来看，市场化改革后的制度安排在一定程度上也带来了

---

① 指考核不合格扣除服务经费。

② 资料来源：江滩管理办公室负责人访谈。

③ 资料来源：江滩管理办公室负责人访谈。

一定的社会风险。作为一个企业，武旅集团以追求经济利益为目标，社会责任对其而言是一种负担，因此企业会试图逃避社会责任，而不考虑自身行为的负外部性给整个社会带来的负担。

第五节　结论

鉴于公私合作制度模式的多样性，在制度选择因素的讨论中，公共服务制度所嵌入的制度环境扮演着重要的角色。制度环境是影响制度模式选择以及最终制度绩效的最关键因素之一。尤其是，当非正式结构保持基本稳定时，以权力结构为核心的正式制度结构就占据了核心地位。在公共治理的市场化改革过程中，公共部门和私人部门之间的关系可能会发生微妙的变动。在市场化改革之前，江滩的核心管辖权力被牢固地掌握在政府手中。初步成立的江滩公司隶属于政府部门，并不具备独立的经营权。此时，象征"市场力量"的私人组织处于权力配置的边缘，是政府部门的附属力量，受政府部门直接管控。市场化变革之后，武旅集团的强势打破了原有的权力格局。作为自负盈亏的企业，武旅集团获得了江滩的经营性资产，且不作为武汉江滩办的下级单位或命令链条受到直接管控。本质上而言，作为科层力量的政府已经从江滩的经营主体"退场"，褪去"运动员"角色而转变为"裁判员"。事实上，由于原有制度安排的路径依赖及现实经营状况，二者的权力分配并不明确。但总体上而言，市场化改革之后政府部门的权力在不断被削弱，市场力量则从权力边缘向权力中心迁移。

进一步，通过对市场化改革前后的制度安排进行总结和比较，可以得出如下结论。首先，在原有模式中，武汉江滩办和江滩公司分别作为政府力量和市场力量，共同对武汉江滩进行管理。在这一制度安排中，以武汉江滩办为代表的科层组织作为核心，承担江滩管理的大部分工作，尤其是在统筹规划与经营安排方面；以三个江滩公司为代表的市场力量作为科层组织的辅助力量，承担江滩管理的程序性工作，比如江滩现场的"三保"服务。"科层核心+边缘市场化"的制度模式使政府与市场之间相互补充、协调配合。一方面，市场解决了江滩办人员不足的问题；另一方面，江滩办可以直接对市场力量进行监督。因此，原有制度模式不仅提高了公共服务供给的效率，也保证了政府公共职能的有效实现。

市场化改革之后，市场力量进一步壮大，作为科层组织的江滩办不再承担江滩管理的具体事务，仅对市场行为进行监督。在市场化改革之后的制度模式中，政府本应该成为市场的监督者。但是，在实践中，囿于市场化不充分，作为市场主体的武旅股份具有较强的政治属性。由此，实际制度安排表现为"江滩办、武旅股份、江滩公司与外包的复杂纠葛"：江滩办既是"裁判员"又是"运动员"；武旅股份超越整条责任关系链"一心创收"；江滩公司虽然属于武旅股份却仍然与江滩办联系密切；物业外包公司需要同时回应来自江滩公司和江滩办的诉求。从制度后果来看，这场不完全的市场化改革既没有带来经济效益的提高，也没有达成预期的治理目标，同时引发了一定程度的社会风险。

从"科层"到"市场"，政府组织在这条连续变化的轴上不断寻找合适的治理模式。实践告诉我们，市场力量并不一定是解决一切问题的"良药"。武汉江滩不充分的市场化改革成为制度安排中主体之间边界模糊、责任杂乱的主要原因。在特定的制度环境下，如何寻找科层与市场之间"恰到好处"的配合，让两者发挥出最大的价值，成为政府市场化改革之路上必须思考的问题。

第五章 "行政嵌入式"模式：制度环境、私人部门的制度性回应与差异化治理绩效

第三章系统地介绍了多样化的制度模式；第四章对市场"俘获型"模式及其环境条件、转变的过程、运作机制进行了分析。延续前文的讨论，本章的理论目标包括三个方面。第一，本章将对制度模式连续谱的另一种理想类型，即在公私合作过程中，政府掌握权力优势地位的"行政嵌入式"模式进行界定和分析。所谓的"行政嵌入式"公私合作模式，是指在完成特定的治理任务过程中，私人部门治理任务的来源具有较强的行政指令性特征；在治理的过程中，由于政府部门拥有相对权力的优势，私人部门主要扮演合作机制嵌入者的角色。正是这样的"嵌入"过程，会对公私合作的内在运作机制和绩效产生影响。第二，为了讨论"行政嵌入式"模式的建构条件以及其产生的后果，本章构建了"环境—模式—结果"分析框架，并将"行政嵌入式"模式置于精准扶贫的任务场域之中对其进行分析。第三，为了进一步打开"行政嵌入式"模式的机制黑箱，理解其制度效果，本书通过对 G 县农商行的制度应对机制进行深入分析，进一步理解"行政嵌入式"模式的制度结果。如本书的理论框架所言，在特定的制度环境之下，围绕特定的公私合作场域所进行的制度互动是理解制度模式、过程和最终制度产出的基础。但是，当下的研究更多地分析不同主体之间的互动模式，忽视了不同主体之间的制度性响应过程。本章将深入到制度模式的内在机制和策略之中，讨论在特定的制度模式之下，私人部门在面

临强大的制度压力情境时，其制度性回应机制，以及最终可能对公私合作制度产生的影响。

导 论

经济社会发展与国家治理体系和治理能力现代化的推进促进了我国政府与市场、政府与社会的关系的深刻变革。[①] 党的十八届三中全会通过的《中共中央关于全面深化改革若干重大问题的决定》在阐述"创新社会治理体制"时指出："改进社会治理方式。坚持系统治理，加强党委领导，发挥政府主导作用，鼓励和支持社会各方面参与，实现政府治理和社会自我调节、居民自治良性互动。""激发社会组织活力。正确处理政府和社会关系，加快实施政社分开，推进社会组织明确权责、依法自治、发挥作用。适合由社会组织提供的公共服务和解决的事项，交由社会组织承担。"[②] 因此，除了利用纯市场或者纯政府模式实现公共治理、提供公共服务之外，在公私合作的背景之下，依靠非政府部门解决公共治理问题、提高公共服务供给效率成为新的方案。

大体来看，如前所述，随着更多的私人部门或者"市场要素"进入到公共治理过程，在实践中，按照非政府部门，或者说"市场的介入程度"，公共服务的公私合作模式可以分为：①政府内部进行市场化学习，比如引入竞争机制构建准市场，或者将私营组织的管理技术运用到官僚机构；②政府部门利用或者自设社会组织或国有企业等准公共组织作为公共产品或服务的提供方；③政府组织与非政府组织建立相对稳定的长期合作关系。其中，公共组织内部构建准市场本质上是政府组织内部吸收市场的机制，该模式依旧依靠传统的科层组织提供公共产品或者服务。而对于另外两种政府与政府外实体合作的模式，政府与非政府组织之间主要依托契约关系。

但是，即便在契约关系之中，随着更多的私人部门开始进入公共治理场

---

① 郑迎春：《公共政策过程中公民参与的双重价值解读》，《理论导刊》2008 年第 10 期。

② 《十八大以来重要文献选编》（上），中央文献出版社，2014，第 539~540 页。

域，二者的互动也深深地嵌入在其相对权力结构之中。在某些情况下，这种关系是平等的、长期的；在某些关系中，公共部门或私营部门其中一方扮演着更重要的角色。Schaeffer 和 Loveridge 曾从理论上将两者的关系划分成四种不同的模式——领导—追随、买卖关系、合资企业、伙伴关系。[1] 其中"领导—追随"关系描述了一种由领导者做出决策、被领导者高度依赖于领导者、两者相互独立但又存在有限联系的合作状态。Schaeffer 和 Loveridge 认为，"领导—追随"关系是公共部门与私人部门合作中应用最广泛的一种形式。[2] 在实践中，或是政府承担领导者的角色，或是私人部门发挥领导作用，一旦两方参与者在权力或资源上非常不平等时，"领导—追随"关系就会形成。在中国的情境下，在公私合作关系中，公共部门相比于私人部门常常掌握更多的权力与资源，公私合作的决策也大多遵循公共部门的意志。可以说，公私合作的逻辑在"公"而非"私"，因此常常形成一种以政府为主导的"领导—追随"关系。

现有公共部门与私人组织合作的文献中，第一，关于合作模式类型的研究较分散，各类型之间的区分与比较也没有形成系统的维度，导致难以界定特定治理模式的边界。虽然相关研究都会界定其使用的概念，但是，如"政府购买""外包""公私合作""合作治理"等概念常被混合使用，传统的私有化方法（主要是承包）与伙伴关系、合作与伙伴关系等也经常混淆。[3] 第二，虽然现有研究关注到了多样的公私合作制度模式，但是大多研究停留在某种模式已经建立的前提下，关注特定模式所产生的制度后果。有关"模式—绩效"的讨论并未关注"事前环节"；没有深入分析特定制度模式产生、建构以及被选择的条件和机制。第三，现有研究较少关注合作模式

[1] Peter V. Schaeffer and Scott Loveridge. 2002. "Toward an Understanding of Types of Public-Private Cooperation." *Public Performance & Management Review*, 26 (2), 169-189.

[2] Peter V. Schaeffer and Scott Loveridge. 2002. "Toward an Understanding of Types of Public-Private Cooperation." *Public Performance & Management Review*, 26 (2), 169-189.

[3] Fred Becker and Valerie Patterson. 2005. "Public-Private Partnerships: Balancing Financial Returns, Risks, and Roles of the Partners." *Public Performance & Management Review*, 29 (2), 125-144.

中的内部运作机制及其结果，尤其缺少对于这种以政府为主导的特定合作模式及其运作机制的关注。大量研究分析了公私合作中不同模式所产生的影响或者后果，聚焦于其所带来的效率、民主、责任等问题。但是，对于特定治理模式下私人部门的组织运作机制和逻辑，尤其是其如何策略性回应外部压力、其边界在哪里等问题，都没有深入研究。所以，打开以政府为主导的特殊合作模式内部运作的"黑箱"，对于理解公共部门与私人组织的行动逻辑，探究如何使双方合作创造更高的价值具有重要意义。

本章将"政府权力占据更重要的地位，私人部门高度依赖于政府组织"这种特殊的公私合作模式定义为"行政嵌入式"模式。本章将会探讨：行政嵌入式模式的内涵和特征是什么？它是在什么特定制度情境下产生的？在行政嵌入式模式中，公共产品或服务的提供具有强的行政命令属性，因此，被嵌入到这一制度模式当中的私人部门很难作为一个完全独立自主的组织运作。此时，作为追求组织生存与效益的私人部门主体，在面对与其冲突的公共治理逻辑时，它们如何重新阐释或者创造性重构制度逻辑？[1] 在这种制度压力下，它们如何进行制度性回应？这种回应在什么条件下是有效的，其有效性的边界是什么？

为了回答上述问题，本书构建了一个"环境—模式—结果"的整体分析框架。首先，基于制度理论，分析"行政嵌入式"模式产生的"环境—任务"要素；其次，深入分析组织内部的运作机制，构建出"任务可分割程度—技术核心冲击程度"分析框架，以对行政嵌入式治理模式中非公共部门组织受到的制度压力进行分类，并解释每种类型压力所带来的"耦合""冲突""脱耦""隔绝"的不同机制；最后，讨论不同机制可能产生的"制度采纳""制度创新""制度虚置""制度重构"的差异化结果。同时通过对一个典型案例——G县农村商业银行（以下简称农商行）金融扶贫任务的执行过程进行分析，以验证这一分析框架。

---

[1] Chris Skelcher and Steven Rathgeb Smith. 2014. "Theorizing Hybridity: Institutional Logics, Complex Organizations, and Actor Identities: The Case of Nonprofits." *Public Administration*, 93 (2), 433-448.

第一节 "行政嵌入式"模式的制度分析：
整合性框架的构建

一 "环境—模式—结果"：一个整体分析框架

本书将首先探讨"行政嵌入式"合作模式产生的影响因素及其被选择的机制，并以"行政嵌入性"关系中的私人部门作为研究对象，探讨其在特定合作关系中面对外部环境（即公共部门）的制度压力时，是如何做出回应、做出何种回应、产生怎样的差异化结果的。

正如威廉姆森所言，制度安排是一种分层的结构，低层次制度安排嵌入到高层次制度安排中，即制度环境可以影响治理安排以及资源分配和雇佣。[①] 至于治理机制，诺思认为制度和组织是不同的；制度结构决定了制度组织的空间。或者说，制度安排决定了组织的激励结构，进而决定了可以选择的治理机制。[②] 因此，对特定模式中私人部门的研究本质上是对于处于特殊环境影响中的组织进行研究。故而，本章基于组织分析的制度理论视角，将"行政嵌入式"公私合作模式的产生与绩效结果看作制度选择和制度模式运作问题。一方面，存在多样化的公私合作制度模式，且"行政嵌入式"模式是多种制度模式中的一种特殊类型；另一方面，"行政嵌入式"模式的运作逻辑在分析公私合作任务的差异化执行结果中扮演着基础角色。基于此，本书构建了"环境—模式—结果"的整体分析框架（如图5-1）。

---

① Oliver E. Williamson. 1994. Transaction Cost Economics and Organizational Theory. In Neil J. Smelser and Richard Swedberg, ed., *The Handbook of Economic Sociology*, pp. 77-107, New York: Princeton: Princeton University Press; Oliver E. Williamson. 2000. "The New Institutional Economics: Taking Stock, Looking Ahead." *Journal of Economic Literature*, 38 (3), 595-613; 〔美〕奥利弗·威廉森：《治理机制》，王健、方世建等译，中国社会科学出版社，2001，第19~24页。

② 〔美〕道格拉斯·C. 诺思：《制度、制度变迁与经济绩效》，杭行译，上海人民出版社，2008，第3页。

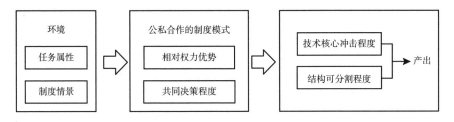

图 5-1 "环境—模式—结果"的整体分析框架

这一框架主要包括三个紧密关联的要素：首先，分析制度情景对于公私合作制度模式选择的影响，并讨论环境与任务属性因素对于制度模式的作用机制；其次，关注特定模式的运作过程，以及组织面对特定模式所带来压力时的回应机制；最后，组织通过不同的回应机制带来的差异化绩效结果。

二 "行政嵌入式"模式的产生：基于"环境—任务"的制度选择

（一）"行政嵌入式"模式的界定：政府相对权力优势和共同决策程度

当政府发现依靠单一的科层制组织进行公共治理难以解决复杂的社会问题时，它们就会开始寻求私人部门的力量解决公共问题，并由此产生了公共和私人领域之间不同的制度模式。随着制度安排逐渐从科层制转移到新公共管理理论，再逐渐过渡到治理理论，从"科层"到"治理"，按照政府"介入"市场力量的程度，可以将其划分为"科层制—政府内部构建准市场—公私合作—合作治理"一系列的治理模式（见表 5-1）。

表 5-1 从"科层"到"市场"一系列的治理模式

治理模式	科层制	政府内部构建准市场	公私合作	合作治理
公共物品或服务提供方式	政府为单一主体	政府仍为唯一主体	公共部门和私人部门共同参与	多主体深度合作

资料来源：作者自制。

单一的科层制属于传统政府公共治理方式。公共部门在科层制组织的框架中通过部门间的协同提供公共服务。在治理过程中，政府作为单一主体，决策独立做出、责任独立承担。合作治理可以被认为是多主体实现公共事务治理的动态过程①，各个主体之间深度合作，利益被整合，紧密的、相互依赖的网络治理机制被建构。同时，依据 Warner 和 Hefetz 的观点，"政府内部构建准市场"和"公私合作"都属于基于市场的公共服务形式。② 前者可被视为是政府在公共组织内部学习私人组织的管理模式与技术，有助于提高政府部门的运作效率。例如，地方政府通过相互签订合同来创建公共市场，以扩大服务提供规模。此时，政府仍然是提供公共服务的唯一主体。后者则可以理解为公共部门和私营部门共同参与生产和提供物品与服务的所有安排，③ 例如，地方政府与私营市场供应商签订合同。公共部门和社会组织之间进行互动，在这种模式下，政府和私人部门双方共同承担风险。④

本章主要关注政府通过与政府外实体合作解决社会问题的"公私合作"模式。对于政府来说，私人主体的加入缘于新公共管理理论中市场原则的引入，这极大地改变了公共任务、商品和服务（产出）的供给方式。⑤ 事实上，公私合作的概念经历了从狭义到广义的发展过程。狭义上，公私合作是指公共组织与私营组织之间通过签订长期合同达成约定，由私营部门实体来进行公共部门基础设施的建设或管理，或者是由私营部门代表公共部门（利用基础设施）向社会提供各种公共服务的一种合作模式。⑥ 受新公共管

---

① 蔡长昆：《合作治理研究述评》，《公共管理与政策评论》2017 年第 1 期。

② Mildred Warner and Amir Hefetz. 2002. "Applying Market Solutions to Public Services: An Assessment of Efficiency, Equity, and Voice." *Urban Affairs Review*, 38 (1), 70-89.

③ 贾康、孙洁：《公私伙伴关系（PPP）的概念，起源，特征与功能》，《财政研究》2009 年第 10 期。

④ Fred Becker and Valerie Patterson. 2005. "Public-Private Partnerships: Balancing Financial Returns, Risks, and Roles of the Partners." *Public Performance & Management Review*, 29 (2), 125-144.

⑤ Graeme A. Hodge and Carsten Greve. 2007. "Public-Private Partnerships: An International Performance Review." *Public Administration Review*, 67 (3), 545-558.

⑥ Chris Clifton and Colin F. Duffield. 2006. "Improved PFI/PPP Service Out-comes Through the Integration of Alliance Principles." *International Journal of Project Management*, 24 (7), 573-586.

理理念和运动的影响,广义上的公私合作伙伴关系指的是"公共部门与公共部门以外的任何组织之间基于相互承诺(超过合同中暗示的承诺)的工作安排。"①

公私合作可以被划分为不同类型。依据提供公共产品或者服务的内容,早期的公私合作是指单纯地在基础设施项目建设中进行公共部门与私营部门的相互配合。随着公共部门和私营部门之间的合作日益增多,Graeme A. Hodge 曾区分了五种不同的伙伴关系:①联合生产和风险分担的机构合作;②公共政策网络;③私营部门和社区发展;④城市更新和市中心经济发展;⑤长期基础设施合同(LIC)。② 随着政府与私营部门之间合作的深入,目前,公私合作代表着公共部门组织与其他组织之间发展的任何合作模式。同时,随着社会问题的复杂程度不断提升,公私合作的实践也做出了更为复杂的回应,比如引入"公民投资"③ 的概念,表现出协同生产的模式。④ 一些研究认为公私伙伴关系现象已经成为一种新的治理形式。⑤

依据在伙伴关系中公共部门组织与其他非公共部门组织地位与权力的相互关系,Schaeffer 和 Loveridge 提出了 PPP 中四种伙伴关系。①领导者—追随者关系:一个行动者主导引导其他行动者,决策不是共享的;②交换(或买卖)关系:谈判发生在伙伴之间,决策是协调的,但决策不是共享的;③合资:决策是共享的,合作关系可以是中长期的;④完全合伙:共同

① Frans Jorna, Pieter Wagenaar, Enny Das, and Jan Jezewski. 2010. "Public-Private Partnership in Poland. A Cosmological Journey." *Administration & Society*, 42 (6), 668-693.

② Graeme A. Hodge. 2010. "Reviewing Public-Private Partnerships: Some Thoughts on Evaluation." In Graeme A. Hodge, Carsten Greve, and Anthony E. Boardman, eds. *International Handbook on Public-Private Partnerships*, Northampton, MA: Edward Elgar Publishing, pp. 98-117.

③ Yi-En Tso and Pei-Lun Li. 2018. "Lighting up Communities: The Worship Streetlamp Project in Luodong Township." *Policy Studies*, 39 (5), 515-534.

④ Brandsen Taco and Marlies Honingh. 2016. "Distinguishing Different Types of Coproduction: A Conceptual Analysis Based on the Classical Definitions." *Public Administration Review*, 76 (3), 427-435.

⑤ Stephen P. Osborne. 2000. *Public-Private Partnerships: Theory and Practice in International Perspective*, London: Routledge, pp. 121-134.

决策，合伙人之间通常形成长期合作关系。① 可以将公私合作中的模式按照决策共享程度由高到低概括为"共同决策""决策互动""单一决策"三个类别。其中，"共同决策"指双方的决策共享，一般会建立中长期的合作关系，即"完全伙伴关系"；"决策互动"指的是双方之间的决策中出现了协调，比如进行谈判、竞争，但是双方决策不共享；"单一决策"指决策由一个主体做出，在实际情况中常常表现为政府授权非政府或私营部门组织提供公共服务，公共合作伙伴定义了必须做什么、如何做以及由谁做某事②，公共部门只负责监测和管理其所提供的服务。③

在此基础上，依据"政府相对权力"和政府与私人组织之间的"共同决策程度"两个维度，可以将政府和私人组织之间共同决策程度较低，且政府占据更多相对议价优势的公共部门与私人组织之间的合作模式定义为"行政嵌入式"模式。即，大量社会组织通过参与政府购买服务获得政府资源，但在各方面也受到行政部门的干预或控制，这是以牺牲独立性和自主性为代价形成的合作。④"行政嵌入式"模式意味着：①政府与私人组织作为两个主体，基于共同目标或外界压力，产生了合作关系；②政府与私人组织之间并非处于平等地位，政府相对来说占据更多的权力优势，具有更高的决策权；③私人组织行政嵌入于公共部门，通过合作获得政府资源，但是其几乎不具有自主性和决策权。

（二）"行政嵌入式"模式的制度选择：任务属性和制度情景

公私合作假定了在合作关系中公共部门与私营部门处于一种平等的关

---

① Peter V. Schaeffer and Scott Loveridge. 2002. "Toward an Understanding of Types of Public-Private Cooperation." *Public Performance & Management Review*, 26（2），169-189.

② Erik-Hans Klijn and Geert R. Teisman. 2000. "Governing Public-Private Partnerships: Analyzing and Managing the Processes and Institutional Characteristics of Public-Private Partnerships." In Stephen P. Osborne, ed. *Public-Private Partnerships: Theory and Practice in International Perspective*, New York: Routledge, pp. 223-245.

③ Yi-En Tso and Pei-Lun Li. 2018. "Lighting up Communities: The Worship Streetlamp Project in Luodong Township." *Policy Studies*, 39（5），515-534.

④ 彭少峰：《依附式合作：政府与社会组织关系转型的新特征》，《社会主义研究》2017年第5期。

系当中。然而，当合作中的一方掌握更多资源时，双方将不再处于平等地位。其中，以政府为主导的合作关系在中国情境中尤为常见。通过对文献进行梳理可以发现，作为一种在实践中占据重要地位的公私合作类型，目前只有少量文献关注到了"行政嵌入关系"。同时，当前的讨论主要停留在了概念界定与比较分析的层次上，对于行政嵌入关系的形成、内在运行机制、产生的结果尚未形成有效和深入的解释。因此，本章将从行政嵌入关系出发，基于制度理论的视角，解释"行政嵌入式"公私合作出现的原因。

在制度分层的结构中，制度安排处于中间层次，其深深地嵌入制度环境之中。环境影响的核心来自任务属性所创造的需求以及制度环境的要求。首先，奥斯特罗姆的制度分析与发展框架认为，制度选择的关键问题是"匹配"问题。不同公共服务在可竞争性、可排他性、复杂性等属性上的差异，决定了提供该公共服务所需要的治理安排的差异。① 不同的任务常常意味着不同的资源、技术要求，因此，对于特定的治理任务，不同治理主体具有针对该任务的不同资源和能力优势，主体间的相对资源或者能力优势决定了他们之间的相对权力结构，进而影响制度模式的选择。在这里，如果任务的需求具有极高的公共性以及复杂性，其目标是实现"强的社会目标"，那么，对于政府部门而言，社会目标的实现需要特殊能力的"配合"，即与私人组织建立合作关系。也就是说，任务属性常常导致单一治理主体寻求与其他主体进行制度性合作，以期实现治理目标。

其次，目前研究已经证明，在公共服务供给的公私合作的过程中，存在多样化的制度模式。从制度过程视角来看，制度环境变化所带来的外生冲击可能会影响组织的结果或组织的身份，比如组织中的权力过程发生变化，或者一些新的行动者会进入到权力过程中，而一些既有的拥有权力的行动者则被排除在权力过程之外或被赋予新的权力。然而，正如诺思所认

① Elinor Ostrom. 2005. *Understanding Institutional Diversity*, New York, N. J. : Princeton University Press, pp. 67-88.

为的，制度环境是一系列用来建立生产、交换与分配基础的基本政治、社会和法律规则。[①] 特定社会背景中的政治经济体系反映了特定的信念、规范和规则框架；这些框架往往会形塑和影响既有的组织以及它们间的关系。[②] 因此，在制度模式选择的过程中，环境因素扮演着至关重要的角色。制度环境可能影响可供选择的制度空间。在中国的制度情境下，在完成复杂中心工作的过程中，中国的"地方统合体制"使得大量的准私人部门成为统合对象。这样的制度结构特别容易导致公共部门和私人部门在制度性合作中建立相对不平等的"行政嵌入关系"。

三　私人部门的制度性回应：基于"技术—结构"的组织运行机制

在有关公私伙伴关系运作机制的讨论中，一部分文献关注微观领域，从社会理论视角考虑个人关系如何影响伙伴关系的构建；[③] 另一部分文献关注较为中观的领域，引入组织场域概念分析组织与周围制度环境的相互作用。[④] 例如，基于制度理论，Skelcher 和 Smith 认为公共行为主体与私人行为主体之间的关系可以用"制度逻辑"来进一步解释；[⑤] J. Alford 基于权变理论，探讨了能够促使非公共部门与公共部门达成合作的因素；[⑥] Ingo Bode 利用组织理论，分析了非营利组织——作为一种对公共合法性有强烈需求的

---

① 〔美〕道格拉斯·C. 诺思：《制度、制度变迁与经济绩效》，杭行译，上海人民出版社，2008，第45页。

② 〔美〕W. 理查德·斯科特：《制度与组织：思想观念、利益偏好与身份认同》，姚伟等译，中国人民大学出版社，2020，第198~215页。

③ Solomon Salve, Kristine Harris, Kabir Sheikh, and John D. H. Porter. 2018. "Understanding the Complex Relationships Among Actors Involved in the Implementation of Public-Private Mix (PPM) for TB Control in India, Using Social Theory." *International Journal for Equity in Health*, 17 (1), 1-15.

④ Stephan F. Jooste and W. Richard Scott. 2012. "The Public-Private Partnership Enabling Field: Evidence from Three Cases." *Administration & Society*, 44 (2), 149-182.

⑤ Chris Skelcher and Steven Rathgeb Smith. 2014. "Theorizing Hybridity: Institutional Logics, Complex Organizations, and Actor Identities: The Case of Nonprofits." *Public Administration*, 93 (2), 433-448.

⑥ John Alford. 2002. "Why Do Public-Sector Clients Coproduce? Toward a Contingency Theory." *Administration & Society*, 34 (1), 32-56.

组织——在适应外部环境时的内在机制；[①] Michael Opara 等分析了政策或者政治环境对于合作伙伴关系的维持产生的影响；[②] Knill 和 Lehmkuhl 认为，现有的制度结构会影响有关行为主体对于成本或者收益的计算，从而影响行动主体采用的策略。[③]

正如有关公私合作的研究已经发现的，在公私合作的组织—制度场域之内，公共部门和私人部门之间的制度逻辑的矛盾会为其中的主体提供阐述和重构的空间。[④] 在行政嵌入式模式中，围绕政府这一强势单位，政府与非政府部门之间的互动也嵌入在一个由复杂的制度逻辑建构的组织—制度场域之中。多样化制度逻辑的冲突可以为政府和非政府组织之间在协作过程中如何相互作用提供解释思路。

组织与环境之间的关系是组织理论的基础命题。按照理查德·斯科特的分析，在不同的理论视角下，组织既是一个理性—封闭的系统，也是一个制度—开放的系统。[⑤] 理性系统的组织追求效率；制度—开放系统的组织主要追求生存和合法性。虽然两个视角对于组织结构和策略的讨论有所差异，但事实上，在复杂的环境中，组织既需要追求技术效率，也需要追求合法性和生存。在公私合作的行政嵌入式模式中，私人组织受到外部环境的强约束，有追求生存的强烈需求。因此，本书将从行政嵌入关系出发，基于组织理论的视角，关注私人部门追求效率和合法性的双重要求。进一步，本书从组织的理性逻辑和制度逻辑两个视角，对私人部门如何回应公私合作中的行政嵌

---

① Ingo Bode. 2017. "Governance and Performance in a 'Marketized' Nonprofit Sector: The case of German care homes." *Administration & Society*, 49 (2), 232-256.

② Michael Opara, Fathi Elloumi, Oliver Okafor & Hussein Warsame. 2017. "Effects of the Institutional Environment on Public-Private Partnership (P3) Projects: Evidence from Canada." *Accounting Forum*, 41 (2), 77-95.

③ Christoph Knill and Dirk Lehmkuhl. 2002. "Private Actors and the State: Internationalization and Changing Patterns of Governance." *Governance*, 15 (1), 41-63.

④ Eva Thomann, Eva Lieberherr, and Karin Ingold. 2016. "Torn Between State and Market: Private Policy Implementation and Conflicting Institutional Logics." *Policy and Society*, 35 (1), 57-69.

⑤ 〔美〕W. 理查德·斯科特：《组织理论：理性、自然和开放系统》，黄洋译，华夏出版社，2002，第 67 页。

入性任务—制度压力进行了分析，解释了在面临政府的制度—任务环境压力下，行政嵌入式模式的形成机理以及处于行政嵌入式模式的私人部门回应制度—任务压力的内在机制。

（一）作为理性系统的组织：保护技术核心

从理性系统的角度来看，组织本质上是一个协作系统：组织接受任务环境的输入，然后通过特定的协调和合作技术将输入转变为输出。[①] 在理性系统视角下，组织必须与环境要素进行沟通和互动；环境要素会渗透到组织内部，组织的核心任务就是应对任务环境的不确定性。[②] 权变观点认为，组织的形式依环境需求而改变。[③] 根据环境的不同，组织可能是高度形式化集中化，追求清晰目标的（理性系统视角）；也可能是形式化程度较低，有赖于个人素质和参与者的创造性，不能清晰地界定目标的（自然系统视角）。权变理论关注任务环境的输入和输出对组织的影响，不确定的环境将会导致任务执行中的不确定性。在理性系统的假设下，所有组织本质上都是开放的；组织必须通过仔细设计适当的结构来适应环境；与此同时，组织也是一个分化的系统，在面对环境的影响时，一些组织成分或者子单位被设计得更为开放，而另一些则更为封闭。[④]

对于理性系统的组织来说，组织是一个转换输入和输出的技术装置，这意味着，每个组织都拥有其自身的独特"技术"。组织的技术不仅包括组织用来完成特定工作的硬件设施，还包括工作人员自身拥有的知识和技能等，

---

① 〔美〕切斯特·I. 巴纳德：《经理人员的职能》，王永贵译，机械工业出版社，2013，第113页；〔美〕赫伯特·A. 西蒙：《管理行为》，詹正茂译，机械工业出版社，2004，第98页；〔美〕詹姆斯·汤普森：《行动中的组织——行政理念的社会科学基础》，敬乂嘉译，上海人民出版社，2007，第213页。

② 〔美〕詹姆斯·汤普森：《行动中的组织——行政理论的社会科学基础》，敬乂嘉译，上海人民出版社，2007，第213页。

③ 〔美〕W. 理查德·斯科特：《组织理论：理性、自然和开放系统》，黄洋译，华夏出版社，2002，第95页。

④ 〔美〕詹姆斯·汤普森：《行动中的组织——行政理论的社会科学基础》，敬乂嘉译，上海人民出版社，2007，第10页。

它是指组织将输入转化为输出的机制的过程。[①] 对于追求稳定性的组织而言，"缓冲"任务环境的不确定性是组织需要解决的核心问题。[②]

因此，组织的一个中心问题是保护技术核心，使其免受环境中压倒性的不确定性或偶然事件的冲击，以便能够通过技术核心保证组织的生存以及组织目标的实现。依据层次模型的观点，这种必要的保护可以通过领域操纵或者调整组织设计来实现。[③] 因此，服从理性的组织会通过建立边界的方式来缓冲或者"调平"环境波动，从而将技术核心从环境影响中分离出来。[④]

基于以上理论，我们可以认为，判断外界环境对组织的技术核心造成的冲击大小，关键在于任务与组织的制度逻辑是否存在冲突以及冲突的程度。在组织执行任务的过程中，如果该任务对组织的核心技术造成冲击，那么组织会利用技术手段将该任务悬置起来，保护其核心技术免受任务环境影响。反之，如果该任务的逻辑与组织核心技术是一致的，即任务目标与组织的核心技术工具耦合，或者该任务与组织的制度逻辑之间的冲突不大，则该任务将会利用原有的组织技术去实践。

（二）作为制度系统的组织：追求合法性

组织需要合法性才能够生存与发展。萨奇曼将合法性界定为"某个实体所进行的行动，根据社会建构的规范、价值、信仰和定义系统，被普遍认为是适当的、合意的。"[⑤] 塔尔科特·帕森斯[⑥]以及 Dowling 和 Preffer 等认

---

① 〔美〕W. 理查德·斯科特：《组织理论：理性、自然和开放系统》，黄洋译，华夏出版社，2002，第 213 页。

② 〔美〕詹姆斯·汤普森：《行动中的组织——行政理论的社会科学基础》，敬乂嘉译，上海人民出版社，2007，第 189 页。

③ 〔美〕詹姆斯·汤普森：《行动中的组织——行政理论的社会科学基础》，敬乂嘉译，上海人民出版社，2007，第 170 页。

④ 〔美〕詹姆斯·汤普森：《行动中的组织——行政理论的社会科学基础》，敬乂嘉译，上海人民出版社，2007，第 77 页。

⑤ Mark C. Suchman. 1995. "Managing legitimacy: Strategic and Institutional Approaches." *Academy of Management Review*, 20 (3), 571-610.

⑥ Talcott Parsons. 1960. "A Sociological Approach to the Theory of Organizations." In Talcott Parsons, ed. *Structure and Process in Modern Societies*, New York: Free Press, pp. 16-58.

为，只有组织目标符合社会功能要求时，组织才具有合法性。^① 但是，在之后的研究中，约翰·迈耶和布莱恩·罗恩将评判组织合法性标准的关注点从组织的目标转向组织的结构和程序。^② 他们认为，组织的合法性不是源于组织目标，而是源于组织的结构。组织存在于制度环境之中；组织结构会逐渐与制度环境同形同构，以此获得组织的合法性。

然而，当组织内部提出的效率要求同组织外部对组织提出的制度和结构要求之间产生矛盾，或者是组织外部的象征性规则出自不同部门继而相互冲突之时，迈耶和罗恩认为，组织内部成员的活动往往与组织正式结构"脱耦"。^③ 在开放系统的基础之上，学者们逐渐认识到存在一种"松散耦合"的结构，即"开放系统所包含的要素彼此之间往往是较弱地联系在一起的，并且各自可以在很大程度上自主行事"^④。它们通过形成专门化、把外部要求映射到自己结构中的行政单元来处理来自外部的各种分散要求，进而应对整个外部环境的要求。迫于外部压力或要求而采纳特定的结构或秩序的组织，往往倾向于采取一种象征性的应对方式，在其正式结构中做出变革以实现遵从这种压力或者要求的"表象"，使内部的单元不受这种外在要求或者压力的影响。这些象征性部门一方面传达和解释外部环境对组织的要求，另一方面向制度机构表达组织的需求。^⑤

① Jeffrey Preffer and Gerald Salancik. 1978. *The External Control of Organizations*. New York：Harper & Row；John Dowling and Jeffrey Preffer. 1975. "Organizational Legitimacy：Social Values and Organizational Behavior." *Pacific Sociological Review*, 18（1），122-136.

② John W. Meyer and Brian Rowan. 1977. "Institutionalized Organizations：Formal Structure as Myth and Ceremony." *American Journal of Sociology*, 83（2），340-363.

③ John W. Meyer and Brian Rowan. 1977. "Institutionalized Organizations：Formal Structure as Myth and Ceremony." *American Journal of Sociology*, 83（2），340-363.

④ W. Richard Scott and Gerald F. Davis. 2007. *Organizations and Organizing：Rational, Natural, and Open System Perspectives*. Upper Saddle River, NJ：Pearson Prentice Hall；Walter Buckley. 1968. *Modern Systems Reserch for the Behavioral Scientist*. Chicago：Aldine；Karl E. Weick. 1976. "Educational Organizations as Loosely Coupled Systems." *Administrative Science Quarterly*, 21（1），1-19.

⑤ Andrew J. Hoffman. 1997. *From Heresy to Dogma：An Institutional History of Corporate Environmentalism*. San Francisco：New Lexington Press, pp. 235 - 243；Serge Taylor. 1984. *Making Bureaucracies Think：The Environment Impact Statement Strategy of Administrative Reform*, Stanford, CA：Stanford University Press, pp. 22-59.

对于组织来说，具有"结构可分割性"的任务意味着该任务可以被独立出原有的组织运作体系。在一套新的规则中，在不干扰原有组织的运行逻辑——特别是技术核心——的情形下完成。一个任务如果可以被分割，那么该任务就可以被一套新的制度规则包裹起来，在一个新的组织体系中运作执行。这也能在一定程度上保护组织本身的技术核心免受干扰与冲击，意味着该任务不会或者将很少对组织的生存、营利等造成影响。如果一个任务不能够被分割出去，这意味着组织将直接承担该任务带来的风险与冲击。

（三）组织响应的"技术—结构"机制

在面临外部制度压力时，组织首先会作为一个理性系统保护技术核心免受冲击，同时也会作为一个制度系统，调整组织结构以求获得合法性。在应对策略的机制选择方面，梅耶等认为组织的适应性改变不是由单个变量决定，而是由多个条件共同驱动的。[①] 汤普森强调了所使用技术的类型、所执行任务间的相互依赖程度、组织与竞争者和交易伙伴之间的权力关系及依赖程度、环境的稳定性/同质性，以及用来评估组织业绩的标准的模糊程度等；这些变动的条件会导致组织在许多方面的复杂反应。[②] 因此，在分析组织适应环境时所采用的机制和策略的类型时，基于组织理论和制度理论，可以认为，组织应对机制选择的关键在于外部压力和组织技术核心之间的互动。组织所面临的所有任务，都会处在"技术核心冲击程度弱—强"连续集和"结构统一——分割程度"连续集的某个交点上（见表5-2）。

表5-2 组织响应的"技术—结构"机制

		技术核心冲击程度	
		弱	强
任务可分割程度	低	制度性耦合	制度性冲突
	高	结构性脱耦	结构性隔绝

资料来源：作者自制。

---

① Alan D. Meyer, Anne S. Tsui and C. R. Hinings. 1993. "Configurational Approaches to Organizational Analysis." *Academy of Management Journal*, 36 (6), 1175-1195.

② James D. Thompson. 2003. *Organization in Action: Social Science Bases of Administrative Theory*. New Brunswick, NJ: Transaction Publishers.

依照环境任务对技术核心的冲击程度以及环境任务本身的可分割程度，可以区分出组织在应对环境压力时的四种制度性回应机制：制度性耦合、制度性冲突、结构性脱耦以及结构性隔绝。

策略一：制度性耦合。当所需技术与组织原有技术体系一致，但是组织无法通过自主选择结构和程序实现合法化时，组织便会在原有的结构当中、利用原有技术，完成目标任务。这种机制可以被称为"耦合"。完全耦合意味着组织在原有的运作体系当中，就能够同时满足自身保护技术核心、实现合法化这两个理性系统和制度系统的要求。在这种状态下，组织原有技术体系几乎不会受到任何冲击，组织看起来仍然是一个整体。

策略二：制度性冲突。当外部环境所要求任务的技术核心与组织原有技术体系不一致时，如果组织仍旧在原有体系中完成任务，势必会对组织的技术核心造成冲击；如果组织为了保护原有技术核心不受伤害而拒绝完成环境要求的任务，那么组织将会面临合法性危机。因此，作为理性系统和制度系统的组织会寻求一种在保证合法性的前提下减少组织收益损失的方法。此时，如果组织无法分割出专门的结构单元来回应任务要求，则这种表现出来的状况可以称之为"冲突"。一般情况下，组织会选择不执行或者弱执行相关任务，以保护组织技术核心或者维护组织合法性。

策略三：结构性脱耦。面对来自外界的环境任务，首先组织可以通过"松散结合"形成新的结构来分散这种需求，这意味着组织通过一种专门化的方式化解了可能发生的"冲突"，我们可以称之为"脱耦"。这种在行政管理层面上创造的能够产生合格结果的适当方案和结构，往往倾向于采取一种象征性的应对方式得出仪式化的结果，以此彰显自己遵从这种要求，并保护原有组织体系免受外在压力的影响，使这些机构从操作层面上脱离出来。① 因此，"脱耦"不仅仅可以满足保护技术核心的理性要求，也可以获得作为制度系统所需要的合法性。

①　〔美〕W. 理查德·斯科特：《组织理论：理性、自然和开放系统》，黄洋译，华夏出版社，2002，第263页。

策略四：结构性隔绝。当组织面临的任务所需技术与组织原技术体系不一致，或者对原技术体系造成很强的冲击时，这意味着该任务与作为理性系统的组织所追求的组织理性存在很大的冲突。此时，任务的可分割性是影响组织响应逻辑的关键。一旦任务本身可以在组织和技术层面被分割，组织就可以将该任务与组织的技术内核隔离，从而构建一种相对隔绝的组织结构。在这样的情境下，组织会寻求能够满足外部环境合法性要求并且能够给自身带来最大收益的结构和程序完成这项组织任务。组织结构可以被分离，因此，组织在做出反应时，会选择将任务要求的规范结构与自身的运作结构分离来满足外部环境的要求，形成一个独立的运作体系，从而最大限度地维护原有组织运作体系不受影响。这种机制可以被称为"结构性隔绝"，即用独立的新的结构单元来满足环境的要求。

四　差异化结果的产生

关于伙伴关系的讨论通常以效率为中心。① 不少研究通过比较案例分析的方法对政府与非政府组织之间不同的互动模式带来的不同合作结果进行研究②，或通过定量研究的方法关注非政府部门的引入是否会带来真正的效益。③ 相关研究认为，政府在决定是否要购买公共服务或产品之时，会考虑各种环境因素、意识形态、经济发展与规模效益的影响。④ 比如，在冲击环境的条件下更适合外包；在能够产生规模效益时，外包的成本会大大降低；⑤ 供应

① Mildred Warner and Amir Hefetz. 2002. "Applying Market Solutions to Public Services: An Assessment of Efficiency, Equity, and Voice." *Urban Affairs Review*, 38 (1), 70-89.

② Jeroen van der Heijden. 2015. "Interacting State and Non-State Actors in Hybrid Settings of Public Service Delivery." *Administration & Society*, 47 (2), 99-121.

③ Eunju Rho. 2013. "Contracting Revisited: Determinants and Consequences of Contracting out for Public Education Services." *Public Administration Review*, 73 (2), 327-337.

④ Ole Helby Petersen, Kurt Houlberg, and Lasse Ring Christensen. 2015. "Contracting out Local Services: A Tale of Technical and Social Services." *Public Administration Review*, 75 (4), 560-570.

⑤ Eunju Rho. 2013. "Contracting Revisited: Determinants and Consequences of Contracting out for Public Education Services." *Public Administration Review*, 73 (2), 327-337.

商的竞争程度①、合同执行中的竞争因素②或者基础设施市场化的程度③都会影响外包效率。因此，不少研究构建了概念性框架指导政府如何购买复杂的公共产品或服务④，以求政府购买的方式能够尽可能带来最大效益。现有研究将公私合作成功的外部关键因素总结为市场、环境与政府三个方面⑤，包括市场潜力、制度保障、政府信誉、金融可及性、政府能力、统一管理和腐败控制；⑥ 内部因素可以总结为 PPP 的紧密或松散配置状况，如资源依赖、战略导向和专业劳动力的构成⑦、项目制形式、职能与管理策略⑧等中介因素。实证研究发现，只有将合作生产中所有利益相关者都考虑在内，才能实现有效的生产。⑨ 但是，有研究认为，对于有争议的政策，通过公私伙伴关系更容易达到政策效果，这是因为私营部门在提供公共服务的过程中会将公

---

① Jocelyn M. Johnston and Amanda M. Girth. 2012. "Government Contracts and 'Managing the Market' Exploring the Costs of Strategic Management Responses to Weak Vendor Competition." *Administration & Society*, 44（1），3-29.

② Olga V. Smirnova and Suzanne Marie Leland. 2016. "The Role of Power and Competition in Contracting Out: An Analysis of Public Transportation Markets." *Administration & Society*, 48（4），421-443.

③ Olga V. Smirnova and Suzanne Marie Leland. 2016. "The Role of Power and Competition in Contracting Out: An Analysis of Public Transportation Markets." *Administration & Society*, 48（4），421-443.

④ Trevor L. Brown, Matthew Potoski, and David M. Van Slyke. 2018. "Complex Contracting: Management Challenges and Solutions." *Public Administration Review*, 78（5），739-747.

⑤ Mei Wang. 2013. "Public-Private Partnerships in China." *Public Administration Review*, 73（2），311-312.

⑥ Yongheng Yang, Yilin Hou, and Youqiang Wang. 2013. "On the Development of Public-Private Partnerships in Transitional Economies: An Explanatory Framework." *Public Administration Review*, 73（2），301-310.

⑦ Justin Waring, Graeme Currie, and Simon Bishop. 2013. "A Contingent Approach to the Organization and Management of Public-Private Partnerships: An Empirical Study of English Health Care." *Public Administration Review*, 73（2），313-326.

⑧ Michiel Kort and Erik-Hans Klijn. 2011. "Public-Private Partnerships in Urban Regeneration Projects: Organizational Form or Managerial Capacity?" *Public Administration Review*, 71（4），618-626.

⑨ Maddalena Sorrentino, Chiara Guglielmetti, Silvia Gilardi, and Marta Marsilio. 2017. "Health Care Services and the Coproduction Puzzle: Filling in the Blanks." *Administration & Society*, 49（10），1424-1449.

共政策与政治成本分开，即"政治脱钩"。① 政府可以利用"政治脱钩"的方式将某些饱受争议的公共政策的政治成本转移给私人部门，从而实现公共效益。

关于公私合作产生不同结果的原因，从政治学的角度，是"公法"和"公共利益"行政体系之间的区别导致各国在实施以市场为基础的新公共管理改革方面存在显著差异。② 从经济学的角度，引入交易成本的概念，可以解释政府在购买公共服务时存在不同支出成本以及获得的不同收益。③ 基于制度理论视角，新制度经济学家奥利弗·威廉姆森吸收了赫伯特·西蒙的观点，认为治理模式是一种能够降低交易成本、规制经济交易过程中机会主义风险的制度手段。④ 因此，"行政嵌入式"模式一旦被建构，私人部门就会成为重要的任务完成和政策执行主体；它们的制度回应机制就会成为"传送带"，进而影响最终的产出。根据私人组织针对不同任务的不同制度响应逻辑，"行政嵌入式"模式中的不同治理任务也表现出差异化的制度后果（见表5-3）。

表5-3 组织响应的差异化制度后果

制度逻辑			制度后果
技术核心冲击程度	任务可分割程度	组织响应机制	
弱	弱	制度性耦合	制度采纳
强	弱	制度性冲突	制度创新
弱	强	结构性脱耦	制度虚置
强	强	结构性隔绝	制度重构

资料来源：作者自制。

---

① Manuel P. Teodoro, Youlang Zhang, and David Switzer. 2020. "Political Decoupling: Private Implementation of Public Policy." *Policy Studies Journal*, 48 (2), 401-424.

② Jon Pierre. 2011. "Stealth Economy? Economic Theory and the Politics of Administrative Reform." *Administration & Society*, 43 (6), 672-692.

③ Ole Helby Petersen, Erik Baekkeskov, Matthew Potoski, and Trevor L. Brown. 2019. "Measuring and Managing Ex Ante Transaction Costs in Public Sector Contracting." *Public Administration Review*, 79 (5), 641-650.

④ Oliver E. Williamson. 1979. "Transaction-Cost Economics: The Governance of Contractual Relations." *The Journal of Law and Economics*, 22 (2), 233-261.

制度采纳：制度采纳是组织的"制度性耦合"响应可能带来的制度后果。因为耦合意味着外部环境所要求的任务与组织原有的结构流程高度契合，并且不会对组织的技术核心造成强烈冲击，所以对于组织来说，这就是一项可以被纳入原有运作体系执行的任务，呈现"采纳"的高度完成状态。

制度创新：制度创新是指在该组织原有的组织结构中，采用一套新的流程来应对组织外界环境任务的要求。在"制度性冲突"的回应逻辑里，外界环境的任务会对组织的技术核心造成较强冲击，但是囿于高度契合的结构需求，组织无法将其打包隔绝，因此只能沿着原有技术内核进行流程创新，以保护组织的技术核心并维持其合法性。这种制度创新通常意味着对于任务要求选择性执行或者不执行，表现出极低的完成度。

制度虚置：制度虚置是指仅停留于表面完成的制度后果状态，这是"结构性脱耦"的组织响应逻辑可能带来的制度后果。由于脱耦意味着组织在独立于原有流程结构的情况下运用原有的技术体系，那么对于组织来说，无论这套体系的运作状态如何，其都不会对组织原有的生存或利益造成冲击。因此，组织倾向于用较低的成本获得必需的合法性，通常表现为任务仅表面完成，但实际上仍未落实的"虚置"状态。

制度重构：制度重构是组织在新的结构或流程中采用一套不同于原有运作逻辑的体系，以回应外部环境任务的制度结果。由于"结构性隔绝"不仅意味着将任务结构独立了出来，同时组织为了回应全新的任务需求，又创造了一套新的技术体系。因此可以说，这一响应逻辑带来了重构性的制度体系。

第二节　研究方法

案例研究是一种为了理解一类更大规模的相似单位（案例总体）而对一个或少数单位（案例）进行深入研究的方法，该方法对探索因果机制

（即从自变量 X 到因变量 Y 的路径）的研究更有价值。[①] 为了理解在公私合作制度之下私人部门中的组织在面对不同任务选择时的多样性回应逻辑，需要深入讨论作为理性组织和制度组织的"压力—回应"内在机制，因此，本书采用个案研究方法。

从案例选择来看，遵循"代表性"原则，本书选取了 G 县农商行作为案例，对该农商行在金融扶贫过程中面对不同任务的不同回应进行了梳理和剖析。地方性金融扶贫工作通常是由当地政府联合当地农村商业银行来推进的，政府利用社会机构执行公共政策，实现公共利益。在这一伙伴关系中，政府的逻辑是履行公共责任，实现脱贫攻坚的社会目标；而农商行作为一个商业组织，其核心逻辑为组织生存、利益获取、保护组织的核心技术。可以看到，"公"与"私"之间存在明显的逻辑冲突。此时，对于非政府组织来说，农商行既面临强大的结果控制压力，又面临严格的过程控制，需要承受强大的技术压力和制度压力：在技术压力上，农商行被要求高效地、可靠地生产，提供服务；在制度压力上，农商行作为深度依赖地方政府的国有金融机构，高度依赖于政府环境，受到较强的制度性控制，需要严格地遵循规章制度、政策文件，处于高政治压力下。因此，为了组织的生存，同时面对政府为了完成金融扶贫所提出的不同任务，农商行这一组织针对不同任务采取了不同的应对措施，各个任务也呈现了不同的金融扶贫效果。作为在全国范围内都具有示范意义的实践，G 县农商行的金融扶贫工作曾经受到全国人大常委会的高度评价。因此，该行可以成为农商行参与金融扶贫工作的典型案例，其工作的开展过程可以作为宝贵的经验材料探究"行政嵌入式关系"的内在机制。

为了回答行政嵌入式合作结构中的政府以及农商行的运作机制是怎样的以及农商行如何响应制度性压力等问题，本书针对 G 县农商行的金融扶贫的具体工作展开了资料搜集。首先，对该行金融扶贫工作的主要负责人进行

[①] 〔美〕罗伯特·K. 殷：《案例研究：设计与方法》，周海涛等译，重庆大学出版社，2004，第 223 页；〔美〕约翰·吉尔林：《案例研究：原理与实践》，黄海涛等译，重庆大学出版社，2017，第 148 页。

深度访谈，获得了大量详细的一手资料。访谈的内容包括但不限于该行金融扶贫工作的具体模式、每种模式下的组织结构及关系、每种模式目前以及曾经的运行情况、取得的成效和面临的困境等。其次，为了进一步补充 G 县农商行开展金融扶贫工作的过程和细节，本书搜集了大量政策文件、工作报告、新闻报道等资料，获得了更为详细的数据。一手和二手资料相互补充，构成了本案例的资料库，共同解释了农商行在"压力—反应"响应中的不同组织逻辑。

第三节　案例分析

一　"行政嵌入式"制度模式的形成

（一）具有高度复杂性的金融扶贫任务

G 县地处大别山腹地，是国家级贫困县和大别山连片特困地区重点县，产业底子薄、创业途径少。按照中央关于乡村振兴的有关要求，紧紧围绕 G 县的金融服务需求，2015 年 11 月 20 日，G 县农商行就与县财政局、县扶贫办签署了《政银扶贫富民工程合作协议》①，确立了政银合作的金融扶贫体系。2017 年，G 县学习"卢氏模式"，与县域内农村商业银行、中国农业银行、中国邮政储蓄银行等签订协议，由政府兜底，向当地贫困户发放小额扶贫信贷。截至 2021 年 5 月底，G 县农商行累计发放扶贫贷款 7918 笔、金额 16.66 亿元，共支持、带动 114411 名贫困人口脱贫。②

在面对金融扶贫这种具有高度复杂性与公共性的治理任务时，G 县政府选择让渡自身权力，以体制内吸纳的方式让当地农商行作为私人组织进入公共治理过程，用合作取代了单一主体治理，深入推动企业参与脱贫攻坚，促进政府与市场力量融合，从而构建起公私合作的治理模式。

---

① 《某农村商业银行创新"金融扶贫"情倾三农》，搜狐网，https：//www.sohu.com/a/156737115_147654。

② 《某农商银行：主动作为勇担当 务实创新促脱贫》，今报网，http：//www.jinbw.com.cn/c/20210630/n_1625008325223298.html。

（二）作为地方性本土金融机构的农商行

然而，不同于中国工商银行、中国农业银行、中国建设银行等其他国有商业银行，G县农商行属于地方性的金融机构。农商行在各县、各区均具有独立法人资格，并且业务范围仅限于当地。这就导致G县农商行一般都会与地方政府建立良好的合作关系。具体来说，在中国的政商关系结构下，一方面，农商行本就属于政府体制内部的组织部分。地方政府，特别是党委，掌握着农商行重大事项的决策权以及干部任免权，这在地方政府和农商行之间构建了不平等的权力结构。另一方面，农商行为了获得更大的市场份额，一般会与当地政府维持良好的公私合作关系。同时，由于"金融扶贫"本身存在技术壁垒，为了更好地提供公共产品和服务，地方政府会将农村商业银行作为通过"市场和社会机制"实施公共政策的有效渠道。

因此，为了应对金融扶贫任务的环境要求，当地政府与农商行所建立的这种新型合作关系呈现一种"行政嵌入"状态。政府依靠私人组织的技术提供公共服务或者解决公共服务问题。但是，农商行的各方面依旧受到政府部门的干预。农商行在合作过程中拥有较低的独立性和自主性。

总之，在这两者的合作中，首先，由于金融扶贫任务具有专业属性，地方政府必须紧紧依赖农商行的技术条件，才能够完成这项治理任务，故而相关政策的发布直接推动了地方政府与当地金融组织建立合作关系。其次，农村商业银行作为地方性金融机构，与当地政府联系紧密，高度依赖于政府的资源与信息，并且接受当地地方政府的管控。因此，可以说，在公私合作关系中，农商行与当地政府形成了一种深度相互依赖的"行政嵌入关系"。

二 G县农商行参与金融扶贫的任务及其执行过程

当地政府与农商行建立的合作模式有效促进了金融扶贫任务的落地与实施。具体来说，G县农商行通过包村帮扶、产业扶贫、整村授信、小额扶贫信贷4种主要方式，全力推进金融扶贫工作。

（一）包村帮扶

包村帮扶是指农商行作为当地帮扶单位、政府机关的补充力量，辅助政府扶贫工作，深入行政村参与扶贫的一种扶贫方式。在全面推进金融精准扶贫的过程中，农商行选派懂农村、懂经营、善协调、作风过硬的中层干部赴贫困村承担帮扶责任。2016 年和 2017 年，该行分别发动全行力量以及外勤人员，对包干的 16 个乡镇进行上门核贷以及复核调查工作，逐户建立和完善金融扶贫档案 3.2 万份。① 在扶贫期间，该行累计有 12 人担任驻村扶贫第一书记，共计责任帮扶贫困户 562 户、贫困人口 1560 多人，全面覆盖了 G 县多个行政村。② 作为帮扶单位，G 县农商行接受当地政府的指导与约束，并且需要独自承担人力、物力的支出。

（二）产业扶贫

产业扶贫主要是为当地的产业扶贫项目提供数额较大的贷款。农商行通过对当地"带贫"企业进行经营前景、信用程度、"带贫"能力等多方面的综合评估，筛选出发展前景较好的当地优质企业，并为它们提供资金支持。G 县农商行同 G 县扶贫办、平安产险公司、G 县扶贫开发投资有限公司先后签订了《三方协议》《带贫四方协议》《政银保合作协议》等产业扶贫贷款相关协议，先后推出了"寄养分红""家庭农场+贫困户""农业龙头企业+贫困户""劳务扶贫项目+贫困户"等多个产业扶贫模式③，并且与三高农牧公司、九华山茶业、仰天雪绿、皇姑山④、光明纺织有限公司等企业签订了支持协议。⑤ 在带贫企业偿贷能力较弱的情况下，农商行可同时与政府签订产业扶贫协议，由政府兜底，降低银行承担的放贷风险。

（三）整村授信

整村授信是指对整个行政村实行一次性整体授信的活动，让村民们能在

---

① 《某农商银行：主动作为勇担当 务实创新促脱贫》，今报网，http：//www.jinbw.com.cn/c/20210630/n_1625008325223298.html。

② 《某农商银行：主动作为勇担当 务实创新促脱贫》，今报网，http：//www.jinbw.com.cn/c/20210630/n_1625008325223298.html。

③ 《某农商银行：主动作为勇担当 务实创新促脱贫》，今报网，http：//www.jinbw.com.cn/c/20210630/n_1625008325223298.html。

④ 《某农村商业银行创新"金融扶贫"情倾三农》，搜狐网，https：//www.sohu.com/a/156737115_147654。

⑤ 《产业观察｜G 县：践行金融精准扶贫》，财商时报，http：//www.szzengjin.com/jinr/46061.html。

需要使用贷款时快捷办贷，享受随借随还、随用随贷的便利。为了完成整村授信工作，G 县农商行建立了"党委政府主导推动、农商行具体实施"① 体系。在政府的指导下，农商行成立了整村授信工作领导小组，领导小组下设办公室，办公室附属信贷管理部，由信贷管理部总经理兼任办公室主任，负责全行整村授信的具体实施推进工作。② G 县农商行 54 家网点通过与当地政府联络沟通，分别召开试点村启动大会，在全县全面铺开了整村授信工作。③ 通过数据收集、交叉验证、外部评议、入户调查、内部评审等步骤④，办公室对各村组村民进行评估，然后批量录入，完成集中授信。截至 2020 年 11 月，该行授信户数 50381 户，超额完成了省联社下达的 1800 户的任务。⑤

对于政府来说，首先，整村授信能够最大限度地解决村民资金难的问题，一定程度上推进了金融扶贫与乡村振兴；其次，整村授信对村进行了全面的资产水平评价，能够帮助政府了解辖区内行政村的整体信用状况。对于农商行来说，授信工作由从前的"单个做"转变成了"批量做"，增加了农商行的潜在贷款项目数量，在某种程度上，银行可以实现盈利。

但是，在实际执行过程中，农商行的整村授信工作面临以下困境⑥：第一，整村授信工作需要银行工作人员主动上村、挨家挨户进行经济状况摸查，"费人费时费力"；第二，受"空心村"现象的影响，大量来自农村地区的年轻人涌入城市工作，村内实际人数远远少于公安等系统提供的数据，而留在农村的几乎都是没有劳动能力的"老弱病残"，符合贷款条件的村民非常少；第三，"银行贷款"与村民传统理念有冲突，受贷款利率的影响，大部分人在有资金需求时会选择向亲朋好友借款而不是向银行贷款，因此，即便是授信工作完成了，农商行也很难因此获得明显的收益。

---

① 《某农村商业银行整村授信实施方案（试行）》。
② 相关工作负责人访谈。
③ 相关工作负责人访谈。
④ 《某农村商业银行整村授信实施方案（试行）》。
⑤ 《关于 2020 年 11 月整村授信（网格化营销）情况的通报》。
⑥ 相关工作负责人访谈。

（四）小额扶贫信贷

小额扶贫信贷是指在政府的指导和要求下，向特定建档立卡贫困户提供的贷款。当地政府针对建档立卡贫困户，向农商行分批次提供能够享受贷款的贫困户名单，银行进行实际调查之后发放小额低利率贷款。① 2016～2017年，该行为贫困户上门核贷并建立金融扶贫档案共 2.2 万户；② 截至 2021 年 5月底，该行小额扶贫贴息贷款 7798 笔、金额 1.34 亿元。③

同时，为减少银行损失，政府提出贴息贷款（贷款额度最高为 5 万元，贴息年限为 2 年），即利息由政府来还，农户返还本金。④ 如果农户返还不了本金，政府兜底，偿还一部分本金。2017 年 10 月，该行与 G 县人民政府、省农业信贷担保有限责任公司、省中小企业担保集团股份有限公司签订了《省扶贫小额信贷助推 G 县脱贫攻坚合作协议（涉农类）》⑤，并且建立了"政府+银行+省农信担保+担保集团再担保"四位一体共担贷款风险模式。截至 2019 年，G 县设立县级扶贫贷款风险补偿金 7200 万元。⑥

三　金融扶贫任务的回应机制

在精准扶贫这一政治任务要求之下，在县域范围内，几乎所有的政府部门、事业单位、国有企业甚至是私人部门都被卷入其中。为了完成精准扶贫这一政治任务，县政府构建了非常复杂的动员式治理体系。但是，对于卷入其中的大量私营部门来说，一方面，它们深深地卷入到与地方政府相互依赖以及权力依赖的关系之中。所以，一旦地方政府将其纳入到整体政治任务的

---

① 所谓低利率，即贫困户贷款利率原则上控制在基准利率的 1.3 倍以内，其他主体贷款利率原则上控制在基准利率的 1.5 倍以内。

② 《某农村商业银行创新"金融扶贫"情倾三农》，搜狐网，https://www.sohu.com/a/156737115_147654。

③ 《某农商银行：主动作为勇担当 务实创新促脱贫》，今报网，http://www.jinbw.com.cn/c/20210630/n_1625008325223298.html。

④ 《G 县金融精准扶贫工作实施方案》。

⑤ 《某农商银行：主动作为勇担当 务实创新促脱贫》，今报网，http://www.jinbw.com.cn/c/20210630/n_1625008325223298.html。

⑥ 《产业观察｜G 县：践行金融精准扶贫》，财商时报，http://www.szzengjin.com/jinr/46061.html。

应对过程中，行政嵌入性的公私合作模式即被构建。另一方面，地方政府大量的任务可能与私人部门，特别是银行机构的技术逻辑和技术内核产生冲突。对于私人部门而言，其如何应对来自政府部门的任务压力，对于理解类似于精准扶贫这样的政治任务如何通过私人部门得以"实践"具有重要的意义。根据本书的分析，可以发现，对于银行而言，它并不是作为整体的单位去"应对"任务环境的压力和挑战的。事实上，由于任务环境和任务输入本身就是分离的，银行可以策略性地利用这种分离，采取差异化的制度应对机制。根据本书的分析框架可以发现，四种金融扶贫任务的任务环境属性存在显著的差异，这种差异显著影响了最终的组织应对制度机制和策略（见表5-4）。

表 5-4 G 县农商行金融扶贫中的应对机制选择

		技术核心冲击程度	
		弱	强
任务可分割程度	低	制度性耦合 案例：产业扶贫	制度性冲突 案例：小额扶贫信贷
	高	结构性脱耦 案例：整村授信	结构性隔绝 案例：包村帮扶

资料来源：作者自制。

（一）制度性耦合：产业扶贫中的组织回应

产业扶贫是指农商行为产业扶贫项目提供贷款。首先，从任务本身来说，贷款业务是银行的主要盈利手段，为产业扶贫项目提供贷款可以在组织原有的运作结构当中开展，但同时也意味着如果该任务发生意外，将直接对组织造成影响。再者，对于农商行而言，项目一直是和政府打交道的关键方式。在强相互依赖的结构下，无论是放贷业务本身，还是针对政府的项目过程，都是农商行原有业务的组成部分；农商行也有非常明确的组织结构、程序和流程来处理这些业务，这意味着，产业贷款业务很难在农商行的任务系统中被隔离。

其次，虽然任务的隔离性很低，但是，从任务对组织核心技术的冲击性来看，项目贷款对技术核心的冲击要小很多。项目贷款是银行的常规金融项目，虽然，产业扶贫项目意味着较弱的还款能力，但是签订产业扶贫协议、由政府兜底可以极大地分担农商行所要承担的风险。产业扶贫任务的不确定性被降低，整个产业扶贫任务与组织的逻辑一致，将在组织原有的体系内、按照原有的技术逻辑进行。

所以，在产业扶贫执行的过程中，由于这项任务与农商行组织的技术逻辑高度耦合，同时，产业扶贫任务本就是农商行的核心和传统业务，这意味着，在精准扶贫中的产业金融扶贫任务可以非常轻易地嵌入到农商行原有的任务完成过程之中，能够有效嵌入也意味着相对较高的任务完成度。

（二）制度性冲突：小额扶贫信贷执行中的组织回应

小额扶贫信贷是指农商行在当地政府的要求之下，为特定的贫困户提供小额信用贷款。首先，从任务的结构可分割性上来说，小额扶贫信贷的本质仍是贷款，刚好嵌入组织原有的运作体系。这意味着，这一任务与原有组织的任务结构不可分离。一方面，作为银行的核心业务，贷款本就已经嵌入了银行组织的基本结构和流程之中，意图通过重构某种新的组织过程将其置于常规的组织流程之外是非常困难的；另一方面，银行仍然需要承担任务的后果对组织收益和生存可能产生的影响。

其次，从技术核心的冲击程度上来说，农商行作为一个准商业组织，首要目标是生存和盈利，实现该目标的主要方式是放贷。为了获得足够的收益保证组织的正常生存，农商行放贷的关键是对客户进行信用评估，即银行的风险计算机制构成了该组织的技术核心。小额扶贫信贷的对象是政府指定的贫困户，他们的还贷能力低下甚至为零；即便是政府提供一部分保障，但是对于那些不符合农商行放贷标准的村民，银行没有拒绝的权力。因此，该任务与组织的制度逻辑存在明显冲突。

当任务无法与银行原有的任务处理结构和流程分离，同时，组织又无法规避该任务对技术核心造成的冲击时，对于组织而言，这样的任务会带来非常严峻的挑战。此时，这一任务的组织过程可能产生结构上、流程上以及技术核心上的巨大冲击。在满足政府的"公共需要"和银行组织的"降低风险"

的需求之间，银行只能在每一次执行的过程中进行非常小心的权衡。在小额扶贫信贷这项任务当中，当地政府与农商行存在明显的利益差异，公私之间的责任明显不匹配，因此该任务的执行在制度冲突的内在机制下表现出了"几乎不执行"。在制度冲突的情境下，最终执行的结果是由特定阶段特定执行主体所面临的制度压力、针对每一个小额信贷的风险与政府进行讨价还价甚至是"躲猫猫"的能力，或者说，权衡制度冲突的技巧和策略决定的。

（三）结构性脱耦：整村授信中的组织回应

整村授信是指农商行对一个行政村进行一次性整体授信。首先，从技术核心的冲击程度上来讲，整村授信的本质是对村民的信用和贷款能力进行评估，与原有组织技术有部分耦合。在实际工作中，整村授信工作受到村庄客观因素（空心村）以及村民主观因素（传统借款观念）的双重影响，农商行付出巨大的人力物力之后，很可能会面临"无收益"的结果，此时，该任务的完成与组织的内在制度逻辑产生了冲突，会对组织的核心技术产生冲击。

其次，从任务的可分割程度方面来说，不同于小额信贷，整村授信并不属于原有银行的常规工作。事实上，对于常规的组织流程而言，授信仅仅是整个银行的信贷业务的组成部分。从原有的任务结构来看，信用的建设和信贷业务是联系在一起的。对于农商行而言，"整村授信"工作可以被视为全新的任务。由此可见，虽然整村授信对组织的技术逻辑产生了冲击，但是其任务本身并没有真正地嵌入到银行的任务处理规则和流程之中。

于是，在整村授信工作实施过程中，农商行为了尽量地规避任务对组织造成的影响，在技术上将该任务悬置，例如单独成立整村授信工作小组，产生仪式化的结果。相比于上述小额扶贫信贷产生的"冲突"逻辑，在整村授信的任务当中，组织通过一种制度化的方式化解冲突，维护自身核心利益不受损害，产生"脱耦"。[1] 从结果上来看，整村授信成为农商行的一种"表面工作"。

---

[1] John W. Meyer and Brian Rowan. 1977. "Institutionalized Organizations: Formal Structure as Myth and Ceremony." *American Journal of Sociology*, 83 (2), 340-363.

（四）结构性隔绝：包村帮扶中的组织回应

在中国精准扶贫的历程中，驻村工作队在实现精准扶贫目标的过程中扮演着非常重要的角色。在乡村治理能力不足的约束下，县政府通过整合几乎所有的体制性力量进入乡村，是实现政策"最后一公里"的重要方略。对于G县而言，农商行也是其可以动员的重要体制性力量。在动员式扶贫的结构下，农商行需要承担大量的结对帮扶以及驻村帮扶的任务。

从任务的可分割性来看，驻村工作队的包村帮扶任务几乎与农商行的业务没有任何关系；或者说，对于农商行而言，包村帮扶几乎完全不是其职能。这意味着，包村帮扶完全可以隔绝在农商行的组织任务之外。从技术内核的冲击来看，包村帮扶是指农商行要从中层管理人员中选派人员深入行政村，担任"包村负责人"，协助扶贫单位完成精准扶贫工作。包村帮扶的任务要求帮扶人员深入村庄、收集村民信息、了解贫困户需求等。或者说，对于农商行来说，结对帮扶完全是扮演着乡村政策执行者的角色，而非银行业务的角色。

正因为任务本身与农商行的业务差异较大，同时对其技术核心的冲击非常有限，所以，在包村帮扶任务的完成过程中，农商行只需要将包村帮扶人员从原有组织中独立出来，就能够在保证原组织独立自主性的前提下完成金融扶贫任务。所以，通过在其他部门"抽调"人员组成驻村工作队，就可以有效构建包村帮扶—专门的行政组织结构，并通过这种方式实现与原有的农商行的组织体系的"结构性隔绝"。因此，综合看来，包村帮扶这项金融扶贫任务完成度最高，其任务逻辑与组织逻辑相隔绝。

（五）小结：农商行响应的机制选择逻辑

在行政嵌入式关系的结构下，在金融扶贫任务完成的过程中，组织并不是单一地对金融扶贫政策进行响应。对于农商行而言，金融扶贫政策本身就是一个"政策包"；农商行可以针对不同的扶贫任务选择不同的应对机制，最终产生了不同的任务执行结果（如图5-2所示）。在金融扶贫的过程中，G县地方政府为实现公共责任，完成精准扶贫的目标，提出了"包村帮扶""产业扶贫""整村授信""小额扶贫信贷"共四项任务要求，这些任务要求在组织层面转化为不同的组织目标，也意味着组织将面临不同的技术和任务环境。依据"任务可分割程度"和"技术核心冲击程度"两个维度，组织对四项任务进行划分，并且分别确定不同的追求组织利益的手段，即任务实现机制的选择。组织的反应不同，也由此产生了不同的金融扶贫结果。

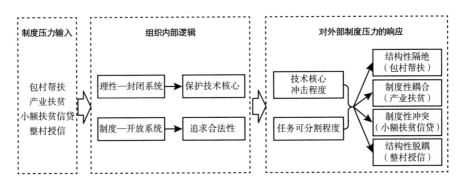

图 5-2 农商行响应的机制选择逻辑

四　金融扶贫任务的差异化执行结果

首先，产业扶贫是指通过为当地企业发放贷款资金，进而实现发展当地产业以及实现企业带贫（务工、入股分红）贫困群众目标的金融扶贫方式。对于农商行来说，产业扶贫与银行原有企业贷款业务在核心运作体系和结构流程上没有明显差异。因此，农商行在完成产业扶贫贷款的发放过程中，基本上是依照原有的制度逻辑对新任务做出回应的，即呈现"制度采纳"的结果。故而，产业扶贫整体上呈现较高的完成状态。截至2021年5月底，G县农商行已累计投放产业扶贫贷款 174 笔、金额 15.13 亿元①，有效拉动了当地的产业发展，促进了经济增长，推动了脱贫攻坚与乡村振兴的进程。

---

① 《某农商银行：主动作为勇担当 务实创新促脱贫》，今报网，http://www.jinbw.com.cn/c/20210630/n_1625008325223298.html。

其次，小额扶贫信贷指农商行通过对贫困户发放小额信贷，助力贫困户开展农业生产经营和活动，从而实现脱贫目标的金融扶贫方式。对于农商行而言，小额扶贫信贷虽然仍然属于银行原有的贷款基本业务，但由于其发放对象的特殊性，贫困户相对不足的还贷能力使得小额信贷本身对银行原有的技术核心造成了冲击。在户贷率的压力下，农商行选择采用"增加贷款户数，降低贷款金额"的"制度创新"方式完成小额扶贫信贷的任务。

再次，整村授信是指农商行对整个行政村进行信用等级评定，从而实现一次性授信的金融扶贫方式。授信虽然属于农商行自身原有业务内容，但是由于授信对象由个人变成了行政村，农商行专门划片成立了工作小组独立完成该项任务。出于人口基数大和村民真实情况难以掌握等原因，银行在整村授信中不得不面临"无功而返"的窘境。但是为了应对任务压力，整村授信渐渐成为金融扶贫的"面子工程"，农商行的整村授信也变成了一种"象征性工作"，表现出"制度虚置"的结果。

最后，包村帮扶是指农商行选派银行各级人员作为贫困村驻村工作组成员或者帮扶人员，对贫困村开展包干帮扶的金融扶贫工作。无论是从组织结构、业务流程还是技术核心上看，包村帮扶与组织原有的运作逻辑完全不同。因此，农商行用"隔绝"的制度逻辑完成了"制度重构"，即成立新的独立于原有组织体系的包村工作小组来开展帮扶工作。

第四节 结论与讨论

随着在公共治理过程中公私部门之间的边界逐渐变得模糊，越来越多的公共治理任务、公共政策的实施以及公共服务的供给通过私人部门来实现，私人部门对公共部门任务的响应对于理解公私合作制度的运作逻辑以及最终的运作结果至关重要。本书将组织视为一个开放系统。作为一个开放系统的组织会受到来自环境中多重因素的影响。首先，特定的情景条件会产生不同的组织间合作关系模式；同时，就公私合作而言，在政府实现公共责任的逻辑与组织生存与目标达成的逻辑存在不一致的情况下，面对不同的任务，组织会依据"任务可分割性"和"技术核心冲击性"两个维度、四个类别（任务可分割+对技术核心冲击性强、任务可分割+对技术核心冲击性弱、任务不可分割+对技术核心冲击性强、任务不可分割+对技术核心冲击性弱）对任务进行划分，并表现出脱耦、隔绝、冲突、耦合的制度回应逻辑。

现有文献中关于公私合作制度模式以及绩效的研究虽然较多，但是，当下研究更多地集中于不同"模式"概念的讨论以及比较分析，这并不能有效回答特定模式的运作机制是什么；特别是，这样的研究忽视了私人部门在特定模式之下的应对机制。在中国的公私合作结构之中，极具现实意义的"行政嵌入式"模式及其运作机制没有得到足够的理论关注。如果说所有的政策产出都是由特定的机构和人实践的，那么，在私人部门承担着大量治理任务的情形下，理解私人部门的行为逻辑对于理解公私合作的制度结果就具有非常重要的意义。本书将"行政嵌入关系"与政府购买公共服务、完全伙伴关系等区分开来，将其定位于公私合作关系中决策互动程度较低的范围当中。同时，为了打开其运作的"黑箱"，本书构建了"技术—结构"分析框架，通过梳理 G 县农商行金融扶贫任务的参与情况，揭示了在这种关系中，作为理性系统和开放系统的农商行的响应机制和逻辑。本章的研究发现，处于行政嵌入性地位的私人部门会根据政府所下发的"政策包"进行选择性回应。任务在结构上的可分割性以及任务对其内在技术的冲击程度最终影响了私人部门的政策响应。

当然，本书的研究也存在一定缺陷。第一，在进行维度建构与案例逻辑分析时，本质上而言，"任务可分割性"和"技术核心冲击性"应该是连续谱，而不是简单的类型化。在本案例中，即便是任务的结构性分割程度，"整村授信"的分割程度明显小于"包村帮扶"的分割程度；同样，从对组织技术核心的冲击性来看，"小额扶贫信贷"的冲击程度也明显高于"产业扶贫"（见图 5-3）。但是，出于理论上和经验上的局限性，本书没能对每个任务两个维度的程度进行详细的讨论。第二，本书基于组织理论，通过个案分析的方法，提供了一个组织任务完成机制选择的解释模型。但是，书中所述二维模型的有效性仍然需要更多的跨案例检验。

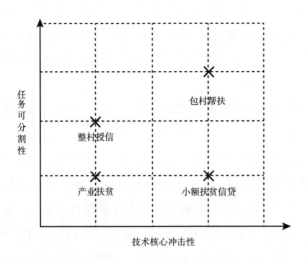

图 5-3　任务维度划分程度

　　最后，该研究对于我国普遍存在的通过"公私合作"完成重大政治任务的现象具有非常重要的启示。在中国重大任务的完成过程中，大量的私人部门被动员参与到政策执行、公共治理以及公共服务的供给中。动员式的公私合作在达成大量公共治理目标的同时，也带来了一些风险。一直以来，学者们更多地关注二者在组织逻辑上的冲突和模糊的特征，并认为这样的制度逻辑的竞争要么导致政策执行困难，要么威胁私人部门的生存。但是，本书提供了一个理解这一关系的新视角。从私人部门来看，私人部门从来都不是从整体上看待政府及其任务需求的；不同的政策需求最终带来的应对机制，以及潜在的治理后果也存在显著差异。这意味着，在未来的公私合作之中，地方政府需要特别注意特定任务可能对私人部门产生的制度逻辑的冲击。事实上，在中国的地方经济治理体制之下，对于那些非私人部门且不会冲击私人部门技术核心的任务，私人部门是拥有一定的资源冗余来实现政策执行目标的。但是，恰恰是那些与私人部门的技术核心逻辑有关的任务更有可能产生制度冲突，既影响组织的生存，也影响公共治理目标的实现。

第六章　制度环境、制度安排与 PPP 项目绩效：基于 31 省份 PPP 项目数据的多层次模型分析

本书的第四章和第五章对两种极端且典型的公私合作治理模式、运作过程、制度机制以及相应的制度影响进行了深入的讨论。本章将进一步利用量化研究方法对第二章提出的理解公私合作制度绩效的制度分析框架进行深入检验。

第一节　问题提出

20 世纪 70 年代末以来，世界各国政府均踏上了行政改革之路。公众对政府的诉求不仅在于降低行政成本、提高政府行政效率，还包括提升公共服务质量水平和公众满意度。在公共服务市场化路径的探索中，政府购买公共服务、PPP 模式、政府采购等是行政改革过程中出现的政府治理的新模式。但是，不同治理模式之间仍表现出较大的差异，这表现在适用范围、资金来源、操作实施方式、风险承担等方面。[①] 虽然有所差异，但是这些改革实践在总体上都有助于政府职能的转变和治理能力的提升，加快市场化改革的进程。特别是，目前经济的快速发展伴随着城市规模扩大，政府原有的公共服务供给方式常常面临巨大的财政缺口，这表现在大型市政公用事业及城市基

---

① 宋斌文、何晨：《PPP、政府购买服务、政府采购关系辨析》，《行政事业资产与财务》2017 年第 7 期。

础设施的建设中资金短缺问题尤为突出。基于此背景，在解决政府资金问题及提供兼具效率和质量的公共服务时，PPP 模式通常被认为是最优解。①

PPP 是 Public-Private-Partnership 的英文缩写，通常可以被称作公私合作制、公私合伙制、公私合作伙伴等，也有很多学者称之为"政府与社会资本合作"。公共部门的中长期目标是创造公共价值，即实现经济、效率、效益、公平的理念和公民的集体愿望。② 公私伙伴关系之所以被视为解决公共治理问题的重要手段，是因为私营部门拥有更高的效率。③ 本书将公共服务市场化的相关探讨定位至 PPP 模式领域。关于 PPP 的定义，学界尚未有定论，但一般认为，公私伙伴关系涉及公共机构和私营部门企业之间的正式合作，目的是实现公共目标，其前提是这种关系型契约能够整合原有互不关联的资源。④ 中国所推行的 PPP 项目可以被理解为在项目设计、建设、运营、维护基础设施的全生命周期内，由社会资本承担其中大部分工作，并通过"使用者付费"及必要的"政府付费"获得合理投资回报。⑤ 近些年来，很多地区及多种类型的公共基础设施发展项目广泛采用了公私伙伴关系，国内外学者对 PPP 的相关研究逐渐多元化且深入，研究主题主要囊括公私伙伴关系合作中的风险评估及决策方法⑥、财务风险⑦以及公私伙伴关系的成功

---

① David Heald and George Georgiou. 2011. "The Substance of Accounting for Public-Private Partnerships." *Financial Accountability & Management*, 27 (2), 217-247.

② Asheem Shrestha, Toong-Khuan Chan, Ajibade A. Aibinu, Chuan Chen, and Igor Martek. 2018. "Risk Allocation Inefficiencies in Chinese PPP Water Projects." *Journal of Construction Engineering and Management*, 144 (4), 04018013.

③ Antonio Cordella and Leslie Willcocks. 2012. "Government Policy, Public Value and IT Outsourcing: The Strategic Case of ASPIRE." *Journal of Strategic Information Systems*, 21 (4), 295-307.

④ Justin Waring, Graeme Currie, and Simon Bishop. "A Contingent Approach to The Organization and Management of Public-Private Partnerships: An Empirical Study of English Health Care." *Public Administration Review*, 73 (2), 313-326.

⑤ 凤亚红、李娜、左帅：《PPP 项目运作成功的关键影响因素研究》，《财政研究》2017 年第 6 期。

⑥ Darrin Grimsey and Mervyn K. Lewis. 2002. "Evaluating the Risks of Public Private Partnerships for Infrastructure Projects." *International Journal of Project Management*, 20 (2), 107-118.

⑦ Yiannis Xenidis and Demos Angelides. 2005. "The Financial Risks in Build-operate-transfer Projects." *Construction Management and Economics*, 23 (4), 431-441.

因素[①]等。特别是，学界逐渐意识到对公私合作伙伴关系中的影响因素进行探讨的重要性，并持续聚焦于寻找关键成功因素（Critical Success Factors）。

国内外关于公私合作伙伴关系的研究给了很多有益的思考，尤其是学界对于 PPP 绩效的探讨仍在继续。然而，有一些问题还有待解决。首先，在公私合作伙伴关系产出的相关研究中，一般仅集中于在狭义上进行绩效评估，且评估的变量较为有限，设计的指标维度较为简单，较少涉及将 PPP 的风险状况、创新等多种变量进行综合性评估。其次，就目前所涉及 PPP 的研究对象而言，大多聚焦于同一类型的几个项目或案例的小样本调查，具有一定的特殊性；仅有较少学者将 PPP 项目作为统一整体进行综合性、普遍性的分析。最后，在对影响 PPP 的因素考察中，单一的理论框架如委托代理理论、交易成本理论等并不足以形成充分的解释，往往忽略制度环境、市场结构等因素的影响。到底有哪些核心要素作用于公私合作伙伴关系的产出，又是通过何种路径进行作用，是否表现出区域性或者项目性的特征，这些问题都没有得到充分的解答。

为了回应这些问题，本章基于 31 个省份的 PPP 项目数据，借助多层线性模型，去探究不同层次的制度要素和市场安排是如何作用于项目绩效的，以期能够填补相关的理论空白，并在提高 PPP 绩效的实践和操作层面上提供参考。

第二节　理论分析与研究假说

一　文献回顾

从全球政府提供公共服务的状况来看，PPP 普遍受到决策者的青睐。

---

① Xueqing Zhang. 2005. "Critical Success Factors for Public-Private Partnerships in Infrastructure Development." *Journal of Construction Engineering & Management*, 131 (1), 3-14.

例如，美国的城市更新和经济发展项目、英国的长期基础设施建设项目以及荷兰的联合生产和风险分担的机构合作都应用了公私合作伙伴关系。① 2008 年中国的北京奥运会组委会也采用了 PPP 概念，以提供必要的有形基础设施。② 从宏观层面上来看，对于公私合作伙伴关系的研究集中于地方或中央政府倡议③、组织间合作④及对公共问责制的关注。⑤ 从中观层面上来看，当下研究主要聚焦于过程中的合同管理⑥与公私合作伙伴关系的成果评估。⑦ 这些研究大多通过实证数据着重关注伙伴关系治理和组织间关系，而不是对内部组织和治理模式进行比较分析。⑧ 从更微观的层面上来

① Graeme A. Hodge and Carsten Greve. 2007. "Public-Private Partnerships: An International Performance Review." *Public Administration Review*, 67 (3), 545-558; Graeme A. Hodge and Carsten Greve. 2009. "PPPs: The Passage of Time Permits Sober Reflection." *Economic Affairs*, 29 (1), 33-39; Joop F. M. Koppenjan. 2005. "The Formation of Public-Private Partners: Lessons from 9 Infrastructure Projects in the Netherlands." *Public Administration*, 83 (1), 135-157; Gary Noble and Robert Jones. 2006. "The Role of Boundary Spanning Managers in the Establishment of Public-Private Partnerships." *Public Administration*, 84 (4), 891-917.

② Andrew Murray. 2002. *Off the Rails: The Crisis on Britain's Railways*. London: Verso, 175-187.

③ Pamela Bloomfield. 2006. "The Challenging Business of Long-Term Public-Private Partnerships: Reflection on Local Experience." *Public Administration Review*, 66 (3), 400-411; Joop F. M. Koppenjan. 2005. "The Formation of Public-Private Partners: Lessons from 9 Infrastructure Projects in the Netherlands." *Public Administration*, 83 (1), 135-157; Gary Noble and Robert Jones. 2006. "The Role of Boundary Spanning Managers in the Establishment of Public-Private Partnerships." *Public Administration*, 84 (4), 891-917.

④ Laurence J. O'Toole Jr. 1997. "Treating Networks Seriously: Practical and Research-Based Agendas in Public Administration." *Journal of Public Administration Research and Theory*, 57 (1), 45-52.

⑤ John Forrer, James Edwin Kee, and Kathryn E. Newcomer and Eric Boyer. 2010. "Public-Private Partnerships and the Public Accountability Question." *Public Administration Review*, 70 (3), 454-484.

⑥ Richard K. Ghere. 2001. "Probing the Strategic Intricacies of Public-Private Partnership: The Patent as Comparative Reference." *Public Administration Review*, 57 (1), 45-52.

⑦ Graeme A. Hodge and Carsten Greve. 2007. "Public-Private Partnerships: An International Performance Review." *Public Administration Review*, 67 (3), 545-558.

⑧ Marta Marsilio, Giulia Cappellaro, and Corrado Cuccurullo. 2011. "The Intellectual Structure of Research into PPPs: A Bibliometric Analysis." *Public Management Review*, 13 (6), 763-782.

看，学者们在组织层面讨论了公私伙伴关系的内部人员或"实施阶段"。[①]

值得一提的是，PPP 项目影响因素经常会涉及对关键成功因素的探讨。关键成功因素被视为在一个组织中成功地创造和维持最佳绩效文化的因素。[②] 有学者在电子政务领域对公私伙伴关系项目如何以及为什么成功或失败的问题进行了讨论，并对公私伙伴关系项目在实施过程中面临的挑战以及公私双方之间的关系和合作问题进行了详细研究。[③] 其中，较为典型的是建立政府、市场、经营环境、项目特征构成的四棱柱框架以分析成功的"关键因素"。[④] 另一个突出特点是，当下对影响 PPP 项目的因素的研究相对较为宏观。例如，学者尝试探究尼日利亚公私伙伴关系项目的关键成功因素，以确定它们在促进善治方面的相对重要性；根据调查分析，识别出政治、经济、法律和技术等 26 个因素。结果显示，善治、防范政治风险的保护政策、适当的风险分配与分担、强大的私人财团、政治稳定以及有利的法律框架是尼日利亚实现公私伙伴关系项目最关键的成功因素。[⑤] 总体而言，在探讨

① Gary Noble and Robert Jones. 2006. "The Role of Boundary Spanning Managers in the Establishment of Public-Private Partnerships." *Public Administration*, 84 (4), 891-917; Stephen P. Osborne and Vic Murray. 2000. "Understanding the Process of Public-Private Partnerships." In Stephen Osborne, eds., *Public-Private Partnerships*, 88-101, London; New York: Routledge.

② Ahmed Doko Ibrahim, Andrew D. F. Price, and Andrew R. J. Dainty. 2006. "The Analysis and Allocation of Risks in Public Private Partnerships in Infrastructure Projects in Nigeria." *Journal of Financial Management of Property & Construction*, 11 (3), 149-164; Philippe Burger. 2009. "The Dedicated PPP Unit of the South African National Treasury." In Akintola Akintoye and Matthias Beck, eds., *Policy, Finance & Management for Public-Private Partnerships*, New Jersey: Wiley-Blackwell pp. 78-95; Farrukh Arif and Sarosh H. Lodi. 2010. "Accuracy of Cost Estimates of Construction Projects in Pakistan." Proceedings of the 2nd International Conference on Construction In Developing Countries (ICCIDC-II) "Advancing and Integrating Construction Education, Research & Practice".

③ Madhuchhanda Das Aundhe and Ramesh Narasimhan. 2016. "Public Private Partnership (PPP) Outcomes in E-Government-A Social Capital Explanation." *International Journal of Public Sector Management*, 29 (7), 638-658.

④ Jie Tan and Jerry Zhirong Zhao. 2021. "Explaining the Adoption Rate of Public-Private Partnerships in Chinese provinces: A Transaction Cost Perspective." *Public Management Review*, 23 (4), 590-609.

⑤ Alhassan Dahiru and Muhammad Rabiu Shuaib. 2015. "Critical Success Factors of Public-private-partnership Projects in Nigeria." *ATBU Journal of Environmental Technology*, 8 (2), 52-63.

PPP 项目的影响因素方面，当下的研究较为集中于"伙伴"或称"网络"之间是如何相互作用的，或者探讨信任、沟通等软约束及财务、资金支持等硬约束因素。尽管学术界关于 PPP 模式的讨论逐渐丰富且深入，对于影响要素的发现也在持续关注，但对于如何将宏观与微观层面共同纳入讨论，分析不同层次对公私合作伙伴关系绩效的影响，至今仍较少涉及。本书基于第二章提出的制度环境—公私合作绩效的理论框架，将公私合作视为一种制度安排，通过应用多层次线性模型，探讨制度环境要素是如何通过市场结构、合同管理的制度安排层次，进而对公共服务市场化的绩效产生影响的。

二 制度环境与 PPP 绩效

任何市场化改革都离不开制度的作用。PPP 作为公共服务市场化的一种代表性模式，难以避免讨论制度的影响。随着公共服务市场化改革浪潮的兴起，制约其发展的多层因素正在被讨论。首先，由于国家是市场改革的主要推动者，职能部门及官员的执行效能是成功实施改革政策的必要条件，即任何改革措施在合法化层面上必须获得国家层面的认同和支持。[①] 其次，市场化改革的制度框架必须由国家来构建、更新和合法化。此外，改革政策的推行特别需要在政治行为者之间实现合法化，以获得政治行动者的遵守。基于此，制度环境会在很大程度上影响公共服务市场化改革进程，继而制约 PPP 项目的绩效。

政治制度结构是制度环境中必不可少的因素，但社会制度结构同样扮演着重要角色。[②] 正如本书第二章的框架所显示的，本书拟采用社会资本来代替社会制度结构。[③] 政治制度结构主要涉及权力结构和产权结构两个方面。政府与社会资本之间协议的达成与履行，根本在于资源的合理分配。通常来

[①] Victor Nee. 2000. "The Role of the State in Making a Market Economy." *Journal of Institutional and Theoretical Economics（JITE）/Zeitschrift für die gesamte Staatswissenschaft*, 156（1），64-88.

[②] Douglass Cecil North. 1990. *Institutions, Institutional Change, and Economic Performance.* Cambridge：Cambridge University Press, pp. 53-74.

[③] 也可参见李文钊、蔡长昆《政治制度结构、社会资本与公共治理制度选择》，《管理世界》2012 年第 8 期；蔡长昆《制度环境、制度绩效与公共服务市场化：一个分析框架》，《管理世界》2016 年第 4 期。

讲，权力结构决定着资源结构，[①] 从而决定多元化的资源依赖状况和市场化的制度安排出现的可能性。[②] 再者，权力结构明确了组织或个体行为者之间的权责分配。清晰的权力结构尤其是权力制衡机制可以更好地促进公民参与。政府透明度的提升减少了市场化带来的腐败等负面效应，[③] 可以有效降低市场交易成本，同时资本方所承担的风险水平能得到较好的控制，助力构建政府与社会资本方良好的合作网络。[④] 就产权结构而言，公私合作伙伴关系构建的重要原因在于高度的资产专用性、可观的初始成本和显著的规模经济等优势。[⑤] 但是，在合作过程中，由于领导更换、政策变迁等因素的影响，原有承诺很可能难以履行，资本方收益存在兑现困难。[⑥] 因此，在 PPP项目运作的全过程中建立完备的法律体系，才能在竞争、全生命周期运行中降低主体之间的不确定性，从而节约制度成本。[⑦] 通常来说，在获得外部融资和扩大投资方面，政府廉洁度、法律和司法体系是否高效以及金融体系的发展状况都扮演着重要角色。[⑧] 总而言之，权力结构和产权结构均会通过合同管理、竞争结构等路径作用于 PPP 绩效。其中，良好的政治制度结构中

---

① Jeffrey Pfeffer and Gerald R. Salancik. 2003. *The External Control of Organizations: A Resource Dependence Perspective*. California: Stanford University Press, pp. 65-82.

② Elliott D. Sclar. 2001. *You Don't Always Get What You Pay for: The Economics of Privatization*. Cornell University Press, pp. 53-74.

③ Jocelyn M. Johnston and Barbara S. Romzek. 1999. "Contracting and Accountability in State Medicaid Reform: Rhetoric, Theories, and Reality." *Public Administration Review*, 59 (5), 383-399.

④ David Stasavage. 2002. "Private Investment and Political Institutions." *Economics & Politics*, 14 (1), 41-63.

⑤ Kelly Leroux and Jered B. Carr. 2007. "Explaining Local Government Cooperation on Public Works: Evidence from Michigan." *Public Works Management & Policy*, 12 (1), 344-358.

⑥ 〔德〕魏伯乐、〔美〕奥兰·扬、〔瑞士〕马塞厄斯·芬格主编《私有化的局限》，王小卫等译，上海人民出版社，2006，第35~60页。

⑦ Brian Brewer and Mark R. Hayllar. 2005. "CAPAM Symposium on Networked Government: Building Public Trust through Public-Private Partnerships." *International Review of Administrative Sciences*, 71 (3), 475-492.

⑧ Stijn Claessens and Luc Laeven. 2003. "Financial Development, Property Rights, and Growth." *The Journal of Finance*, 58 (6), 2401-2436; Beck Thorsten, Demirgüç-Kunt Asli, and Maksimovic Vojislav. 2005. "Financial and Legal Constraints to Growth: Does Firm Size Matter?" *The Journal of Finance*, 60 (1), 137-177.

包括较高的政府透明度、良好政企关系及公正的司法体制等要素。

社会资本概念自被引入学术研究，[①] 便开始在许多研究领域"攻城略地"。在社会资本的界定上，帕特南给出了比较严格意义上的定义，他强调构建联系的群体行为的重要性，并提出信任、规范、网络三个分析社会资本的维度。[②] 在之后的相关讨论中，社会资本概念逐渐得以优化并开始应用于多个领域。Uphoff 将社会资本划分为认知性社会资本和结构性社会资本：认知性社会资本可以被进一步理解为集体行动中所具有的标准、价值、态度和信仰体系等，其引导群体进行合作与互惠；结构性社会资本则通过合作网络中的规范、规则和程序等形成，是相对客观和可见的，其在促进公民参与中扮演着重要角色。[③] 当下对于社会资本的研究主要侧重于其功能。可以确认的是，社会资本对经济发展、社区治理、公民参与、政府绩效等都有不同程度的影响。[④] 公共服务市场化的推行需要以清晰的权力结构和明确的市场规则为基础，并在所认可的社会价值体系下运作，以取得较好的项目绩效。否则，缺乏社会准则和信任机制的土壤，PPP 项目在获得政府支持与公民认同和参与方面存在困难，从而无法保证 PPP 的顺利运转。比如，在加纳的公私伙伴关系中，仅仅将垃圾服务交付给私人代理，却并未予以充分的制度保障，以致出现比外包服务之前更糟糕的情况。[⑤]

基于此，本章拟提出如下制度环境命题：

① Pierre Bourdieu and John G. Richardson. 1986. "Handbook of Theory and Research for the Sociology of Education." *Contemporary Sociology*, 16 (6), ii; James S. Coleman. 1988. "Social Capital in the Creation of Human Capital." *American Journal of Sociology*, 94, S95-S120.

② Robert D. Putnam. 1993. *Making Democracy Work*. Princeton: Princeton University Press, pp. 57-77.

③ Norman Uphoff. 2000. "Understanding Social Capital: Learning from The Analysis and Experience of Participation." In Partha Dasgupta and Ismail Serageldin, eds., *Social Capital: A Multifaceted Perspective*, Washington: World Bank, pp. 215-249.

④ 燕继荣：《社区治理与社会资本投资——中国社区治理创新的理论解释》，《天津社会科学》2010 年第 3 期；何水：《协同治理及其在中国的实现——基于社会资本理论的分析》，《西南大学学报》（社会科学版）2008 年第 3 期。

⑤ Nicholas Awortwi. 2004. "Getting the Fundamentals Wrong: Woes of Public-Private Partnerships in Solid Waste Collection in Three Ghanaian Cities." *Public Administration and Development: The International Journal of Management Research and Practice*, 24 (3), 213-224.

假设 1.1 政治制度结构会影响公私合作伙伴关系绩效；

假设 1.2 社会资本会影响公私合作伙伴关系绩效。

三 合同过程、交易成本与 PPP 绩效

任何市场化改革总是存在交易成本。公共服务的市场化安排本质也是一种制度安排。按照威廉姆森的定义，交易成本是指"在不同的治理结构下，事前筹划、适应和事后监督任务完成的相对成本"[①]。潜在的效率收益、成本节约和服务提供创新的吸引力促使政府对公共服务供给进行市场化改革。[②] 然而，并非所有的 PPP 项目都能取得高绩效水平；合同管理及运作的全过程管理等制度安排是重要影响因素。[③] 将交易成本理论应用于合同管理中，学者们关注的焦点是合同中的政府决策行为和互动结构。[④] 在个体或组织的互动之中，信息的有限性、不确定性、不对称性等特征，加之行为者之间投机主义的可能性，都会导致高交易成本的产生。[⑤] 同样，在公私合作伙伴关系的建立中，交易双方也并不能完全预测未来的情况，合同签订、执行、管理等过程都伴随着交易成本。[⑥] 从合同过程来看，合同的完备性、监

[①] Oliver E. Williamson. 1981. "The Economics of Organization: The Transaction Cost Approach." *American Journal of Sociology*, 87 (3), 548-577.

[②] Jeffrey D. Greene. 1996. "How Much Privatization? A Research Note Examining the Use of Privatization by Cities in 1982 and 1992." *Policy Studies Journal*, 24 (4), 632-640; Mildred Warner and Robert Hebdon. 2001. "Local Government Restructuring: Privatization and Its Alternatives." *Journal of Policy Analysis and Management*, 20 (2), 315-336.

[③] Yijia Jing and E. S. Savas. 2009. "Managing Collaborative Service Delivery: Comparing China and the United States." *Public Administration Review*, 69, S101-S107.

[④] Timothy Besley and Maitreesh Ghatak. 2001. "Government versus Private Ownership of Public Goods." *The Quarterly Journal of Economics*, 116 (4), 1343-1372; Keith J. Crocker and Scott E. Masten. 2002. "Prospects for Private Water Provision in Developing Countries: Lessons from 19th Century America." In Mary M. Shirley, eds., *Thirsting for Efficiency: The Economics and Politics of Urban Water System Reform*, Washington: The World Bank, pp. 317-347.

[⑤] Oliver E. Williamson. 1997. "Transaction Cost Economics and Public Administration." In Dordrecht, eds., *Public Priority Setting: Rules and Costs*. Berlin: Springer, pp. 19-37.

[⑥] Kaifeng Yang, Jun Yi Hsieh, and Tzung Shiun Li. 2009. "Contracting Capacity and Perceived Contracting Performance: Nonlinear Effects and the Role of Time." *Public Administration Review*, 69 (4), 681-696.

督状况等将决定合作双方的利益空间，并关乎服务供给效率和质量。也就是说，当合同规则越模糊，风险就会增加，进而提升损害契约双方利益的可能性。再者，在合同签订之后，如若管理人员忽视监督责任，合同可能会成为资本方逃避合同责任的牺牲品。更为严重的是，合作伙伴关系的崩溃最终可能会削弱政府恢复直接提供服务的能力；如果合同失败，这将是一个巨大的风险。[①] 为了最大限度地降低交易成本，建立公私合作伙伴关系的双方应当加强对合同全过程的管理，[②] 如事前建立衡量标准，事中进行实时监控和反馈，以及后期执行必要的奖惩措施，这也是制度安排得以成功的关键要素。根据交易成本理论，决策者还应当将与资本方合作的服务性质考虑在内，因为不同的服务有不同属性和层次的交易成本。[③]

基于以上分析，本书提出合同过程命题：

假设 2.1　市场潜在竞争程度越高，公私合作伙伴关系绩效会越好；

假设 2.2　全生命周期成本测算准确性会影响公私合作伙伴关系绩效；

假设 2.3　全生命周期整合程度越高，公私合作伙伴关系绩效会越好；

假设 2.4　制度安排中的回报机制会影响公私合作伙伴关系绩效；

假设 2.5　制度安排中的运作方式会影响公私合作伙伴关系绩效；

假设 2.6　制度安排中的采购方式会影响公私合作伙伴关系绩效。

第三节　研究设计

如前所言，本书的核心目的是将制度环境与制度安排纳入同一个分析框架，分层次去判断对项目绩效的作用。一般来说，对公共服务市场化改革的

---

① H. Brinton Milward and Keith G. Provan. 2000. "Governing the Hollow State." *Journal of Public Administration Research and Theory*, 10 (2), 359-380.

② Trevor L. Brown and Matthew Potoski. 2003. "Transaction Costs and Institutional Explanations for Government Service Production Decisions." *Journal of Public Administration Research and Theory*, 13 (4), 441-468.

③ Trevor L. Brown and Matthew Potoski. 2005. "Transaction Costs and Contracting: The Practitioner Perspective." *Public Performance & Management Review*, 28 (3), 326-351.

研究主要专注于个体或者省市级单一层面的影响因素研究。但是，正如本书的理论框架所阐明的，在公私合作的过程中，公私合作关系结构以及合作主体的策略都是嵌入在具体的制度环境中的。具体而言，PPP 项目常常呈现一种"嵌套"型的数据结构，普通的单层级的最小二乘回归、方差分析在解释这种嵌套性数据时存在困难。从以往的研究中可以观察到，嵌套性数据大量存在于教育、社会学和人口学等领域。[①] 在这些研究中，多层线性模型逐渐得到发展且应用广泛，其具有较强的分析能力。层次模型极大地拓宽了可以回答问题的范围。初步看来，在不同省份的制度环境作用下，PPP 项目表现出了制度安排和绩效的区域差异。因此，可以通过构建多层次模型以更好地理解制度环境以及合约安排对于公私合作绩效的影响。因而，通过对研究问题、数据结构及多种研究方法的综合判断，本书最终选取多层线性模型作为主要研究方法。

为了更好地回答本章的研究问题，本书广泛且系统地对 PPP 相关公开数据进行了搜集，最终建立了一个覆盖 31 个省份的 PPP 项目数据库。首先，基于对 PPP 大量文献及相关实践案例的阅读，本书发现，政府在采用公私合作伙伴关系模式，而非常规采购模式时，通常是通过 VfM（Value for Money，又称物有所值）指标来进行判断的。[②] 选择合适的项目承包商是政府需要做出的最重要的决定，[③] 物有所值在其中扮演重要角色。物有所值被定义为满足用户需求的商品或服务的全寿命成本和质量（或适用性）的最佳组合，全寿命则指商品或服务的生命周期。[④] 因此，从我国建立的 VfM

① Robert F. Dedrick, John M. Ferron, Melinda R. Hess, Kristine Y. Hogarty, Jeffrey D. Kromrey, Thomas R. Lang, John D. Niles, and Reginald S. Lee. 2009. "Multilevel Modeling: A Review of Methodological Issues and Applications." *Review of Educational Research*, 79 (1), 69-102.

② Anthony Boardman and Mark Hellowell. 2017. "A Comparative Analysis and Evaluation of Specialist PPP Units' Methodologies for Conducting Value for Money Appraisals." *Journal of Comparative Policy Analysis: Research and Practice*, 19 (3), 191-206.

③ Stuart Murray. 2006. *Value for Money?: Cautionary Lessons About P3s from British Columbia*. Canadian Centre for Policy Alternatives, Shanghai: BC Office, pp. 1-27.

④ Philippe Burger and Ian Hawkesworth. 2011. "How to Attain Value for Money: Comparing PPP and Traditional Infrastructure Public Procurement." *OECD Journal on Budgeting*, 11 (1), 91-146.

体系出发，风险识别与分配、绩效导向与鼓励创新、可融资性、全生命周期成本测算准确性、全生命周期整合程度、预期使用寿命、潜在竞争程度等关键指标应被一并纳入分析体系。该部分数据源于"财政部政府和社会资本合作中心"，囊括所公开的 PPP 项目储备清单，以及各地政府部门有采用 PPP 模式意愿的备选项目。之后，通过对"财政部政府和社会资本合作中心"网站的系统检索，将每个 PPP 项目的基本信息进行逐个对应，包括所属省份、年份，以及项目规模、合作期限、行业、所处阶段、项目示范级别/批次等指标，以作后续分析。以上所选指标均是个体层面上的相关数据，经筛选、分类等处理后给予制度安排、绩效变量充分的数据支撑。最后，省级层面数据的搜集是一个相对复杂的过程。关于社会资本变量，本书选定中国综合社会调查（CGSS）数据库对各省份资本存量进行测量。对于正式制度结构这一变量，综合了相关文献及全国各智库的报告，选取有关政府透明度、廉洁状况、司法公正、政企关系的相关数据。至于政策环境，本书主要从相关政策文本中获取。因此，本书对 31 个省份的政策文本展开了集中的搜索和筛选，通过划分不同政策工具类型，对所得文本进行逐一编码，并依据编码数量确定了政策工具的相关特征。经过以上对项目各类信息的综合匹配及缺失值的处理之后，本书共纳入2939 个 PPP 项目作为研究样本，覆盖全国 31 个省份，时间分布在 2017~2021 年。

一　因变量的测量

关于公私合作绩效所涉及的具体维度，目前学界并无定论。基于"新公共管理"运动，学者们所讨论的公私合作绩效主要集中于"经济性、效率性、效果性和公平性"四个维度，包括传统意义上的"成本""效率""效果"，以及后期更为强调的"质量""公平""透明""时限""能力"等。[①] 具体而

[①] Lin Fitzgerald, Robert Johnston, Brignal, S., Rhian Silvestro, and Chris Voss. 1991. *Performance Measurement in Service Businesses.* London: Chartered Institute of Management Accountants, pp. 23-47.

言，基本评估维度表现为注重从需求端去评判服务供给质量，如公众满意度、回应性等。此外，杨宝基于投入、过程、产出、结果，尝试对公私合作的全过程进行评估，纳入了"目标完成度"与"购买延续性"等客观指标以判断执行效果。[①] 再者，有学者将合法性和有效性纳入评估框架："合法性"维度反映政府购买服务作为公共政策的范畴，以及其蕴含的价值理性和政治意义；"有效性"维度则更能反映该模式作为公共服务内在的以及带有市场特征的工具理性。[②] 本书认为，应当结合公私合作伙伴关系中区别于传统或者其他公共服务供给方式的重要特征，将风险、创新、可融资性等特征一并纳入绩效测量之中。

　　基于此，因变量 PPP 绩效通过三个指标来进行衡量，分别是风险识别与分配、绩效导向与鼓励创新、可融资性，均源于《PPP 物有所值评价指引（试行）》[③] 中所构建的 VfM 指标体系。在 PPP 的相关讨论中，"风险"概念几乎存在于所有对公私合作之绩效的讨论中[④]，以明确的方式分担风险都被认为是 PPP 的一个重要方面。本书选取的风险识别与分配指标是指在 PPP 项目运行的全生命周期中，判断风险是否被充分识别及合理分配给政府和社会资本双方。PPP 的另一个关键概念则是"创新"，即寻求公共部门和私人部门合作中构建新的伙伴关系以实现共同目标。本书选取的绩效导向与鼓励创新指标相对而言则较为综合，重点在于评估项目是否建立起以供给数量、质量和效率为导向的绩效标准和监管机制。除此之外，还包括对政府采购政策的落实情况以及对社会资本创新的鼓励程度。此外，财务能力在任何 PPP 项目的运作中都扮演着至关重要的角色，因此，从项目的财务状况出发，选取可融资性指标对项目的市场融资能力进行评估。三个衡量指标均

---

① 杨宝：《嵌入结构、资源动员与项目执行效果——政府购买社会组织服务的案例比较研究》，《公共管理学报》2018 年第 3 期。

② 徐家良、许源：《合法性理论下政府购买社会组织服务的绩效评估研究》，《经济社会体制比较》2015 年第 6 期。

③ 关于印发《PPP 物有所值评价指引（试行）》的通知（财金〔2015〕167 号）。

④ Graeme A. Hodge and Carsten Greve. 2016. "On Public-Private Partnership Performance: A Contemporary Review." *Public Works Management & Policy*, 22 (1), 55–78.

是通过特定 PPP 项目所在的本级财政部门（或 PPP 中心）会同行业主管部门进行评分，分值范围为 0 至 100。

二　自变量的测量

个体层面的自变量主要采用了 VfM 中的潜在竞争程度、全生命周期成本测算准确性、全生命周期整合程度三个变量，还包括 PPP 的回报机制、运作方式及采购方式。通常来讲，政府通过竞争性市场能够对成本及质量进行比较、判断和选择，从而提高项目的绩效。VfM 中的潜在竞争程度变量指项目内容对社会资本参与竞争的吸引力。全生命周期整合程度指标用来判断在项目运作的全周期内，从项目设计、投融资到建造和运营维护等能否实现有效的长期整合，过程管理对于制定更加清晰、明确、可量化的绩效目标有重要意义。全生命周期成本测算准确性是决定政府与社会资本合作期限、付费状况、政府补贴等成本要素的重要评判标准，能够直接影响项目的绩效水平。此外，PPP 项目的回报机制、运作方式及采购方式等制度安排都会对绩效产生直接影响。回报机制中的可行性缺口补助方式赋值为 1，政府付费赋值为 2，使用者付费赋值为 3。运作方式分为 BOT、TOT、TOT+BOT、OM、ROT、BOO 及其他，对其进行 1 至 7 的赋值；采购方式则被划分为邀请招标、单一来源采购、竞争性谈判、竞争性磋商及公开招标五种，从 1 至 5 赋值。

表 6-1　变量测量

变量	变量名称	测量	数据来源
因变量	风险识别与分配	具体数值	财政部政府和社会资本合作中心
	绩效导向与鼓励创新	具体数值	财政部政府和社会资本合作中心
	可融资性	具体数值	财政部政府和社会资本合作中心

续表

变量	变量名称	测量	数据来源
制度安排层次：自变量	潜在竞争程度	具体数值	财政部政府和社会资本合作中心
	全生命周期成本测算准确性	具体数值	财政部政府和社会资本合作中心
	全生命周期整合程度	具体数值	财政部政府和社会资本合作中心
	回报机制	1：可行性缺口补助 2：政府付费 3：使用者付费	财政部政府和社会资本合作中心
	运作方式	1：BOT 2：TOT 3：TOT+BOT 4：OM 5：ROT 6：BOO 7：其他	财政部政府和社会资本合作中心
	采购方式	1：邀请招标 2：单一来源采购 3：竞争性谈判 4：竞争性磋商 5：公开招标	财政部政府和社会资本合作中心
制度环境层次：自变量	社会资本	f1b_1：您认为现在人与人之间的信任水平是几分？	CSS2019
	社会组织注册数量	具体数值	国家统计局
	政企关系—政府关怀（2018）政府关心指数	0～100，数值越大，政企关系越好	中国政商关系报告
	政府廉洁度（2018）清白指数	0～100，数值越大，政府廉洁度越高	中国政商关系报告
	政策透明度（2018）	0～100，数值越大，政策透明度越高	中国政府透明度报告
	司法公正度（2018）	0～100，数值越大，司法公正度越高	中国政府透明度报告

续表

变量	变量名称	测量	数据来源
制度环境层次：自变量	总发文量	具体数值	省级政府网站
	倡导性	具体数值	省级政府网站
	激励性	具体数值	省级政府网站
	惩罚性	具体数值	省级政府网站
	公示性	具体数值	省级政府网站
	涉及发文机构	具体数值	省级政府网站
	联合发文量	具体数值	省级政府网站
	转发量	具体数值	省级政府网站

资料来源：作者自制。

省级自变量主要从社会资本及制度环境两个层面进行衡量。就社会资本而言，学者们在个体层面通常使用社会参与、社会规范、社会信任、社会互惠等来测量。本书通过社会信任水平来衡量社会资本指标，选用中国社会状况综合调查（Chinese Social Survey，简称 CSS）的"f1b_1：您认为现在人与人之间的信任水平是几分？"数据作为各省份信任水平。分值越大，即所属省份信任水平越高。同时，社会组织注册数量可在一定程度上反映该地区的社会资本发展状况，因此，本书采用了社会组织注册数量作为测量社会资本的另一变量。

另外，本书按照"PPP""社会资本""社会资本参与"等关键词对各省份文件进行检索，获得通知、公告、指导意见、规章等不同文种类型的文本，进而通过对各省份 PPP 政策文本编码，得到政策环境的相关结果。为充分保证所筛选 PPP 政策文本的科学性，资料搜集主要采取以下步骤：第一，集中于中国知网政策文件网站进行关键词筛查，并结合北大法宝、PPP服务平台、省人民政府门户网站、省财政厅网站等补充检索，完善相关政策文本；第二，发文单位为省人民政府及省直部门，如省人民政府办公厅、省财政厅、省发展和改革委员会等；第三，所选文本内容需与 PPP 相关，如《安徽省财政厅关于印发〈安徽省政府和社会资本合作（PPP）专家库管理办法〉的通知》《河南省关于鼓励民间资本参与政府和社会资本合作（PPP）项目的实施意见》。

表 6-2 政策理念相关变量编码

		变量相关说明
发文机构总数		各省份相关文件所涉及的发文机构具体数值
联合发文量		政策文本中出现两个及两个以上发文机构的文件总数值,如《安徽省财政厅 发展和改革委关于印发〈对推广政府和社会资本合作（PPP）模式成效明显市县加大激励支持力度的实施办法〉的通知》等
转发量		转发中央或其他部门发文的文件总数值,如《安徽省财政厅转发财政部关于规范政府和社会资本合作（PPP）综合信息平台项目库管理的通知》等
政策工具	倡导性	出现"鼓励""支持"等内容,但没有补贴、惩罚等相关的可执行的实质性措施时,即编码为"倡导性政策工具"
	激励性	有明确的奖金发放、补贴等激励措施,即编码为"激励性政策工具"
	惩罚性	有明确的通报批评等惩罚措施,即编码为"惩罚性政策工具"
	公示性	并未出台相关政策措施,仅做解释说明、结果公示等内容,即编码为"公示性政策工具"

资料来源：作者自制。

从政策层面上来看，我国最早的 PPP 相关的政策是 1995 年 1 月原对外贸易经济合作部发布的《关于以 BOT 方式吸收外商投资有关问题的通知》。2001 年，原国家计委发布《关于印发促进和引导民间投资的若干意见的通知》，非公有资本参与公共服务提供的势头初现。2010 年前后《关于推广运用政府和社会资本合作模式有关问题的通知》等文件的陆续释出，标志着政府与社会资本合作已经迈入常态化、规范化、高质量化的发展阶段。根据 PPP 相关的政策文件，许多学者尝试梳理我国 PPP 政策的实施情况及未来发展趋势。例如柯洪等人基于 2014~2017 年 228 份 PPP 国家政策文件，以供给型、环境型和需求型三种类型的政策工具为切入点，[①] 对样本政策从基

---

① Roy Rothwell and Walter Zegveld. 2010. "An Assessment of Government Innovation Policies." *Review of Policy Research*, 3 (3-4), 436-444.

本政策工具、PPP 国家政策适用项目阶段双维度进行文本分析。[①] 研究结果表明，环境型政策工具的过多应用，会导致 PPP 项目中风险因子增加，并伴随合同管理等问题。另有学者以 2013～2017 年的中央 PPP 政策为研究对象，发现 PPP 政策工具选择能够显著影响政策执行效果。[②]

经过系统检索和筛选，本书共获取了 31 个省份的 1040 份文件。资料的处理遵循如下程序。首先，对政策文件的基本信息进行编码，包括"发文机构总数""联合发文量""转发量"。"发文机构总数"及"联合发文量"可以反映各地政策的精细化程度及政府机构之间的合作情况，转发量则表示对中央政策的支持和响应程度，各类发文数量也是地区对 PPP 项目重视程度的一种体现。其次，对政策文本的内容进行政策工具编码，主要包括"倡导性""激励性""惩罚性""公示性"四种政策工具。当政策文本中出现明确的激励和惩罚措施时，即对其进行相应的政策工具编码。如"……对推广 PPP 模式操作规范、成效明显、社会资本参与度较高的市、县（区）给予奖补，2018～2020 年，经省财政厅或其授权机构评选认定，每年对规范实施 PPP 工作成效明显的排名前 2 位的设区市（含平潭综合实验区）分别奖励 500 万元，对排名前 10 位的县（市、区）分别奖励 300 万元"，即编码为激励性政策工具。"对运作不规范、投资进度慢，社会经济效益不明显的投资行为，省基金可采取提前收回出资、减少承诺出资等方式进行惩罚，并由省基金投决会办公室进行通报批评"，即编码为惩罚性政策工具。若文本中出现"鼓励""支持"等内容，但没有补贴、惩罚等相关的可执行的实质性措施时，即认为是倡导性政策工具。公示性政策工具则一般出现在与PPP 密切相关但并未出台相关政策措施的文件中。需要注意的是，四种政策工具通常不会同时出现于单个政策文本中。但当出现运用两个及两个以上政策工具的文本时，本书按照其出现的频次及从属性等原则，以文中所使用

---

① 柯洪、王美华、杜亚灵：《政策工具视角下 PPP 政策文本分析——基于 2014-2017 年 PPP 国家政策》，《情报杂志》2018 年第 11 期。

② 胡春艳、周付军：《中国 PPP 政策工具选择及其选择模式研究——基于中央政策的文本分析》，《北京行政学院学报》2019 年第 4 期。

的最主要的政策工具作为该文本的编码。

为更加科学地建构政府理念这一维度体系，本书选用了政府关心指数、政府廉洁指数[1]分别作为政企关系和政府廉洁的测量，并根据中国政府透明度指数报告[2]及中国司法文明指数报告[3]添加政策透明度和司法公正度两个变量。

三　控制变量的测量

基于已有文献的梳理和总结，PPP 绩效还与项目规模、预期使用寿命长短、合作期限等因素有关，本书一并将其纳入模型加以控制。其中，项目规模是按照新建项目的投资或存量项目的资产公允价值所赋予的分值，在 0~100 的范围内，分值越高，即代表项目规模越大。同样，预期使用寿命长短根据项目的寿命年限进行打分，资产的预期使用寿命小于 10 年的分布在 0 至 20 分数段中，属于"不利于"PPP 项目发展的范围内；资产的预期使用寿命大于 40 年则被划分到"有利于"发展的 81 至 100 分数段中。合作期限则是按照实际数值进行数据填充，分布在 5 至 52 区间中。

至此，本书获得了对于不同层级的相关变量数据，以此建立多源数据库，并对变量进行了初步描述性统计。

表 6-3　个体和省级层面描述性统计分析

变量	均值	标准差	最小值	最大值
风险识别与分配	43.017	36.338	0	186.43
绩效导向与鼓励创新	41.723	34.812	0	100
可融资性	41.164	36.18	0	100
项目规模	28.324	37.024	0	100

---

[1]　数据来自中国人民大学国家发展与战略研究院（简称人大国发院）所发布的《中国城市政商关系排行榜（2018）》报告。

[2]　数据来自中国社会科学院法学研究所法治指数创新工程项目组所发布的《中国政府透明度指数报告（2018）》。

[3]　数据来自国家司法文明协同创新中心所发布的《中国司法文明指数报告（2018）》。

续表

变量	均值	标准差	最小值	最大值
预期使用寿命长短	19.324	33.188	0	100
合作期限	21.326	6.624	10	45
潜在竞争程度	41.333	35.41	0	100
全生命周期成本测算准确性	25.3	34.829	0	168.8
全生命周期整合程度	43.309	35.195	0	100
回报机制	1.3	0.533	1	3
运作方式	1.789	1.796	1	7
采购方式	4.901	0.394	1	5
社会资本	6.358	0.312	5.763	7.265
社会组织注册数量	29904.855	17279.443	604	87024
政企关系	18.721	6.891	11.11	61.47
政府廉洁度	10.192	6.07	2.9	42.23
政策透明度	70.371	7.35	44.31	82.75
司法公正度	69.29	1.34	65.2	71.4
总发文量	38.674	17.562	1	92
倡导性政策工具	16.449	7.863	1	43
激励性政策工具	5.728	3.894	0	21
惩罚性政策工具	1.628	2.276	0	8
公示性政策工具	14.742	8.984	0	38
发文机构总数	9.767	4.329	1	23
联合发文量	2.886	2.816	0	16
转发量	6.114	3.994	0	16

资料来源：作者自制。

四 多层线性模型的建构

多层线性分析模型常被用来检验所提出的假设，它不仅提供了传统的多水平建模过程，而且允许在不同水平上同时分析多种路径。该模型不仅能更准确地反映不同层次的数据特征，而且克服了同一问卷体系可能带来的互为因果及同源偏差的问题。[①] 正如前文所述，PPP 项目绩效不仅受到个体层面的制度安排变量的影响，同时还受到省级层面的制度环境因素的制约，因此适合采用多层次分析模型对其进行分析。本书在具体分析中还采用了多源数据，以尽量减少常见方法的偏倚，[②] 并通过 Stata SE16 程序来执行多层次分析。进一步来看，本书的数据处理分为两层，第一层次即为 PPP 项目层次，样本所属省份分配至第二层次单位，应用随机截距模型。

$$y_{ij} = \gamma_{00} + \delta_{0j} + \varepsilon_{ij} \tag{1}$$

在多层线性模型的分析中，一般首先通过空模型来判断其适用性，因为它能对组内相关系数进行估计，从而成为分析的起点，如（1）式所示。其中，γ_{00} 代表模型的总截距，即所有省份的平均 PPP 绩效，属于固定参数项；δ_{0j} 可以被解释为样本点省份层次的随机变量，代表省份层次中与省份变量相关的平均绩效的增量；ε_{ij} 是省份样本点 j 的截距到总截距的距离，指 PPP 项目个体层次的随机变量。

$$y_{ij} = \gamma_{00} + \gamma_{10}\chi_{1ij} + \delta_{0j} + \gamma_{01}G_{1j} + \varepsilon_{ij} \tag{2}$$

其次是（2）式中的随机截距模型，即每个省份样本点 j 都有各自的截距。（2）式中，固定效应部分包含了个体和省份变量。个体与省份的综合特性通过 χ_{1ij} 来表示，γ_{10} 就被解释为它的系数。同样，仅作为省份 j 的特性的是 G_{1j}，系数是 γ_{01}；样本点 j 层次上的随机变量通过 δ_{0j} 来表示。该模型的建立能够将 PPP 绩效从两个层次进行解释，即同时包含个体与省份要素的影响函数。

第四节　数据分析结果

在多层线性模型的分析中，空模型的组内相关系数 ICC 表示组间方差占

①　吴进进、于文轩：《中国城市财政透明度与政府信任——基于多层线性模型的宏微观互动分析》，《公共行政评论》2017 年第 6 期。

②　Philip M. Podsakoff, Scott B. MacKenzie, Jeong-Yeon Lee, and Nathan P. Podsakoff. 2003. "Common Method Biases in Behavioral Research: A Critical Review of the Literature and Recommended Remedies." *Journal of Applied Psychology*, 88 (5), p. 879.

总方差的比例，一般认为 ICC 值大于 0.05 时具有较强的内部相关，可以采用多层次线性模型分析。本书对前述的三个因变量"风险识别与分配""绩效导向与鼓励创新""可融资性"分别进行空模型的操作，ICC 运行结果分别为 8.00%、5.58%、5.83%，说明 PPP 绩效在不同省份之间的差异较大，一般回归分析模型并不适用，必须考虑数据的分层嵌套结构，且截距项系数显著，说明 PPP 项目绩效同时受个体和省份两个层面的影响，多层次模型较为适用。

本书对风险识别与分配、绩效导向与鼓励创新、可融资性三个因变量逐个进行 OLS 模型回归，并在每次回归时分别加入个体层次的制度安排与省级层次的制度环境变量，获得相关结果。具体来讲，回归的基本思路是分批次加入各个层次的变量，以项目规模、预期使用寿命长短、合作期限三个变量的回归为基准模型，首先加入潜在竞争程度、全生命周期成本测算准确性、全生命周期整合程度、回报机制、运作方式、采购方式共六个个体层面的变量，以测算制度安排要素对 PPP 绩效的影响；之后加入社会资本、社会组织注册数量两个省级层面的制度环境层次的社会资本变量；最后，将政策文本中的相关编码信息及政企关系、政府廉洁度、政策透明度、司法公正度等相关指数进行回归，进行综合的比较和分析。

从模型拟合度的初步分析来看，以风险识别与分配为因变量的回归模型拟合度从模型 1.1 的 66.8% 升至模型 1.2 的 94.3%，并在模型 1.3~1.5 中都稳定在 94.0% 左右，拟合度较高，回归结果较为可靠。同样，以绩效导向与鼓励创新和可融资性为因变量的回归模型在基准模型中的拟合度分别是 66.3% 及 65.0%，并在加入个体层次和省份层次变量之后稳定在 98% 及 97% 左右，均表现出较高的拟合度，能够较好地解释变量之间的相互关系。进一步来看，在以风险识别与分配、绩效导向与鼓励创新、可融资性为因变量的回归基准模型中，项目规模及预期使用寿命长短都在 1% 水平上显著，合作期限则只在以可融资性为因变量的回归中表现为 10% 水平上显著。

当考虑个体层面的影响因素时，可以发现，在以风险识别与分配为因变量的回归模型中，个体层面的影响因素即潜在竞争程度、全生命周期成本测算准确性及全生命周期整合程度在1%水平上均表现出不同程度的显著。首先，制度安排中的潜在竞争程度越高，说明有充分数量的兼具意愿和能力的社会资本合作方可供政府方选择，从而降低与资本方合作时的风险，可以实现对风险进行更合理的分配。之后在不断加入省级变量的模型1.3、1.4、1.5中，该变量始终维持在35.9%左右的正相关水平上。全生命周期成本测算准确性则在1%水平上显著，但表现出了较低的负相关性。针对这一特殊结果，可在后续研究中结合具体案例做出进一步的解释。全生命周期整合程度和风险识别与分配始终有较高的正相关，这就意味着当设计、融资、建造和全部运营、维护被更好地整合到一个合同中时，便能够更好地提高合同管理能力，这样的制度安排对于提高抗风险能力具有显著效果。从横向来看，全生命周期整合程度和绩效导向与鼓励创新、可融资性两个变量均保持较高的正相关水平，且在1%水平上显著，可见其在综合提高 PPP 绩效方面扮演着重要角色。在制度安排中，运作方式和风险识别与分配在1%水平上相关，表明较为传统的 PPP 运作方式如 BOT、TOT 能够更加稳健地判断风险，以在政府和社会资本方之间达到更好的平衡。在省级层面上，制度环境中的各类变量同风险识别与分配并无显著相关（见表6-4）。

表6-4　以风险识别与分配为因变量的多层线性模型

模型	(1.1)	(1.2)	(1.3)	(1.4)	(1.5)
项目规模	0.586 *** (0.011)	0.035 *** (0.009)	0.037 *** (0.009)	0.037 *** (0.009)	0.037 *** (0.009)
预期使用寿命长段	0.355 *** (0.015)	0.039 *** (0.008)	0.039 *** (0.008)	0.039 *** (0.008)	0.039 *** (0.008)
合作期限	-0.024 (0.064)	-0.094 *** (0.027)	-0.095 *** (0.028)	-0.095 *** (0.028)	-0.095 *** (0.028)
潜在竞争程度		0.323 *** (0.119)	0.359 *** (0.135)	0.359 *** (0.135)	0.359 *** (0.135)

续表

模型	(1.1)	(1.2)	(1.3)	(1.4)	(1.5)
全生命周期成本测算准确性		-0.045^{***} (0.011)	-0.050^{***} (0.012)	-0.050^{***} (0.012)	-0.050^{***} (0.012)
全生命周期整合程度		0.646^{***} (0.118)	0.610^{***} (0.133)	0.610^{***} (0.133)	0.610^{***} (0.133)
回报机制		0.039 (0.289)	0.030 (0.305)	0.029 (0.305)	0.029 (0.305)
运作方式		-0.244^{***} (0.071)	-0.239^{***} (0.073)	-0.239^{***} (0.073)	-0.239^{***} (0.073)
采购方式		-0.298 (0.182)	-0.376^{*} (0.201)	-0.379^{*} (0.201)	-0.379^{*} (0.201)
社会资本			7.766 (6.571)	7.318 (43.939)	-8.900 (28.323)
社会组织注册数量			0.001 (0.001)	0.001 (0.002)	0.000 (0.001)
政企关系				-0.036 (0.169)	0.014 (0.179)
政府廉洁度				0.196 (0.349)	0.085 (0.295)
政策透明度				0.211 (1.598)	-0.577 (0.848)
司法公正度				2.793 (7.400)	2.793 (7.400)
总发文量					0.497 (1.929)
倡导性政策工具					-0.366 (2.932)
激励性政策工具					-1.709 (3.657)
惩罚性政策工具					-3.335 (11.882)
公示性政策工具					0.330 (0.278)

续表

模型	(1.1)	(1.2)	(1.3)	(1.4)	(1.5)
发文机构总数					0.485
					(0.652)
联合发文量					−0.139
					(0.922)
转发量					0.122
省份	yes	yes	yes	yes	yes
年份	yes	yes	yes	yes	yes
Constant	35.615***	2.346	−48.538	−259.372	−103.115
	(5.829)	(1.682)	(45.010)	(916.368)	(285.254)
Observations	2939	2939	2813	2813	2813
R-squared	0.668	0.943	0.941	0.941	0.941

资料来源：作者自制。

在以绩效导向与鼓励创新为因变量的回归模型中，个体层面只有潜在竞争程度、全生命周期整合程度表现出 1% 水平上的正相关。换言之，当市场化程度高且具有较强的合同管理能力时，能够较好地提高 PPP 项目绩效和创新程度。进一步加入省级变量后，只有政企关系变量表现出正相关，并在继续添加政府环境变量后相关性提升。自 2017 年以来，中央政府和地方政府将建立新型政治商业关系和优化商业环境作为其关键任务之一，[①] 不断出台促进投资的优惠政策，以吸引企业进入。跳脱原有简单的"管与被管"的思路来理解政企关系，而是在平等合作的前提下着重于在非正式沟通层面上塑造新型政企关系，并带来治理绩效的提升。也就是说，政企双方除了具有合理的权责分配等正式制度外，还需建立良好的非正式沟通机制，如增加领导人到企业视察次数、领导人与企业家座谈次数等，从而激励 PPP 项目绩效和创新度的提升。

---

① 聂辉华：《从政企合谋到政企合作——一个初步的动态政企关系分析框架》，《学术月刊》2020 年第 6 期。

表 6-5　以绩效导向与鼓励创新为因变量的多层线性模型

模型	(2.1)	(2.2)	(2.3)	(2.4)	(2.5)
项目规模	0.577 *** (0.012)	0.012 ** (0.006)	0.014 ** (0.006)	0.014 ** (0.006)	0.014 ** (0.006)
预期使用寿命长短	0.337 *** (0.015)	0.013 *** (0.005)	0.012 ** (0.005)	0.012 ** (0.005)	0.012 ** (0.005)
合作期限	0.091 (0.062)	0.013 (0.016)	0.016 (0.016)	0.016 (0.016)	0.016 (0.016)
潜在竞争程度		0.383 *** (0.086)	0.428 *** (0.092)	0.428 *** (0.092)	0.428 *** (0.092)
全生命周期成本测算准确性		−0.002 (0.008)	−0.004 (0.008)	−0.004 (0.008)	−0.004 (0.008)
全生命周期整合程度		0.581 *** (0.087)	0.534 *** (0.093)	0.534 *** (0.093)	0.534 *** (0.093)
回报机制		−0.107 (0.161)	−0.066 (0.162)	−0.065 (0.162)	−0.065 (0.162)
运作方式		0.052 (0.041)	0.053 (0.042)	0.053 (0.042)	0.053 (0.042)
采购方式		−0.169 (0.228)	−0.183 (0.239)	−0.180 (0.239)	−0.180 (0.239)
社会资本			8.002 (6.891)	−9.556 (14.554)	11.016 (7.870)
社会组织注册数量			0.001 (0.001)	−0.000 (0.001)	−0.000 (0.000)
政企关系				0.159 * (0.083)	0.194 ** (0.089)
政府廉洁度				−0.030 (0.160)	−0.057 (0.097)
政策透明度				−0.470 (0.455)	0.188 (0.259)
司法公正度				−2.025 (1.913)	−2.025 (1.913)
总发文量					−0.209 (0.589)
倡导性政策工具					0.609 (0.876)

续表

模型	(2.1)	(2.2)	(2.3)	(2.4)	(2.5)
激励性政策工具					0.746 (1.091)
惩罚性政策工具					2.189 (3.223)
公示性政策工具					-0.242 (0.211)
发文机构总数					-0.130 (0.215)
联合发文量					-0.121 (0.507)
转发量					-0.482 (0.365)
省份	yes	yes	yes	yes	yes
年份	yes	yes	yes	yes	yes
Constant	34.224 *** (5.832)	0.388 (1.643)	-57.938 (48.027)	232.367 (246.839)	53.870 (76.867)
Observations	2939	2939	2813	2813	2813
R-squared	0.663	0.981	0.981	0.981	0.981

资料来源：作者自制。

在以可融资性为因变量的回归模型中，除了制度安排中的竞争和整合程度变量的正向影响，还表现出与前两个因变量的影响因素之间的较大差异。可以观测到，社会资本在1%的水平上呈现显著状态。值得一提的是，在未添加制度环境中的政府理念变量时，社会资本与可融资性具有7.44%的正相关性，并在加入政府关怀指数等变量后有所提升。这表明，当社会信任度越高时，即可能导致较高的公民参与程度，社会资本方更有可能加大对 PPP 项目的投资力度。然而，在加入政策工具及其他文本类变量时，社会资本与可融资性之间转化为负相关，在5%水平上显著。可能的解释是，当政府部门使用较多政策工具时，即政府部门配置较多注意力，不仅会有常规意义上的重视程度提升，同时意味着与社会资本方的合作之间有多重政策限制，因而降低了可融资性。进一步来看，激励性政策工具、倡导性政策工具、惩罚性政策工具及联合发文量均与可融资性表现出较低程度上的负相关，说明政府部门的多工具应用和多部门参与可能是对资方参与投资的隐性约束，从而导致资方减弱融资力度，在某种程度上可以增加前文解释的合理性。此外，转发量与可融资性在1%水平上呈现64%的高度正相关。通常来讲，地方对中央政策文本的转发可以被解释为地方对中央意志的贯彻或政策的支持。但从本书的研究结果看来，可能并非完全一致。本书的数据结果更支持以下解释：地方转发中央文件而不对其进行具体的解读或者政策工具的应用，意味着地方政府没有对政策进行再加码。一方面，直转中央文件数量的增加可以避免社会资本方在央地执行差异中出现理解偏差；另一方面，中央所发布的政策文件代表某段时间内所集中贯彻的意志，其政策理念和治理措施不会被随意更改，转发量多表示地方政府降低在政策执行过程中的自主空间，可有效防范理念变动或者执行偏差带来的风险，从而使得资方有更强的融资信心。最后，可融资性表现出与司法公正、政府廉洁较强的正相关，至于政策透明度变量，在加入政策文本编码变量后，由正相关转变为负相关。

表 6-6　以可融资性为因变量的多层线性模型

模型	(2.1)	(2.2)	(2.3)	(2.4)	(2.5)
项目规模	0.590 *** (0.013)	0.001 (0.007)	0.012 ** (0.006)	0.012 ** (0.006)	0.012 ** (0.006)
预期使用寿命长短	0.350 *** (0.016)	0.012 * (0.006)	0.002 (0.005)	0.002 (0.005)	0.002 (0.005)
合作期限	0.125 * (0.065)	0.045 *** (0.016)	0.035 ** (0.014)	0.035 ** (0.014)	0.035 ** (0.014)
潜在竞争程度		0.346 *** (0.084)	0.379 *** (0.089)	0.380 *** (0.089)	0.380 *** (0.089)
全生命周期成本测算准确性		−0.000 (0.007)	0.006 (0.006)	0.005 (0.006)	0.005 (0.006)
全生命周期整合程度		0.657 *** (0.085)	0.618 *** (0.090)	0.618 *** (0.090)	0.618 *** (0.090)
回报机制		0.174 (0.206)	−0.034 (0.171)	−0.035 (0.172)	−0.035 (0.172)

续表

模型	(2.1)	(2.2)	(2.3)	(2.4)	(2.5)
运作方式		−0.018 (0.059)	0.005 (0.057)	0.004 (0.057)	0.004 (0.057)
采购方式		0.180 (0.380)	0.070 (0.355)	0.066 (0.356)	0.066 (0.356)
社会资本			7.444* (4.308)	10.748* (6.134)	−8.191** (3.217)
社会组织注册数量			0.001 (0.000)	0.001*** (0.000)	0.000*** (0.000)
政企关系				−0.020 (0.052)	−0.036 (0.051)
政府廉洁度				0.239*** (0.080)	0.148*** (0.043)
政策透明度				0.436** (0.185)	−0.262** (0.107)
司法公正度				2.838*** (0.697)	2.838*** (0.697)
总发文量					0.703*** (0.271)
倡导性政策工具					−1.037*** (0.387)
激励性政策工具					−1.024** (0.463)
惩罚性政策工具					−3.762*** (1.224)
公示性政策工具					−0.044 (0.157)
发文机构总数					0.157 (0.099)
联合发文量					−0.434* (0.253)
转发量					0.640*** (0.154)
省份	yes	yes	yes	yes	yes
年份	yes	yes	yes	yes	yes

267

模型	(2.1)	(2.2)	(2.3)	(2.4)	(2.5)
Constant	32.958 ***	−4.422 **	−53.492 *	−308.091 ***	−135.005 ***
	(6.390)	(2.212)	(30.344)	(92.606)	(29.685)
Observations	2939	2939	2813	2813	2813
R-squared	0.650	0.970	0.979	0.979	0.979

资料来源：作者自制。

表6-7 对数据分析的结果进行了总结。从数据结果来看，个体层面的制度安排除了回报机制变量，均在不同程度上与因变量表现出显著相关，因此，假设2.2并没有通过检验。潜在竞争程度与因变量呈正向相关，因此接受假设2.1，即市场潜在竞争程度提高，公私合作伙伴关系绩效会有相应提升。再者，全生命周期成本测算准确性、回报机制及运作方式都呈现负向相关显著，支持了假设2.2、2.4、2.5。从省级层面来看，在所有因变量的相关检验中，只有公示性政策工具、发文机构总数两个变量没有显著相关。无论是政治制度结构还是社会资本，都会作用于公私合作伙伴关系的绩效，支持假设1.2。在政治制度结构中，政企关系、政府廉洁度、政府透明度及司法公正度都会明确干预到PPP项目的绩效。至于从政策文本中所获取的政策工具等变量，也都表现出显著相关性。因而，假设1.1得到验证。

总体看来，制度环境与制度安排均在不同程度上对PPP项目的绩效有一定的影响，但与常规的认知仍有所出入。本书所分解的三个因变量，风险识别与分配、绩效导向与鼓励创新及可融资性，在制度环境和制度安排以及制约程度上表现出了较大差异性。尤其是在风险维度，省级层面的制度环境并未表现出显著相关，但其与制度安排的要素呈现强相关状态。同时，制度环境并非完全对风险管控无影响，在不断地加入省级变量后，制度安排层次也出现了相应的变化，如市场竞争程度获得了更强的相关性，采购方式则呈现显著相关。这说明，在个体层面上，无论是邀请招标、单一来源采购、竞争性谈判、竞争性磋商还是公开招标模式都不会对风险状况有较大影响。但一旦纳入相应省份的制度环境后，公开招标模式、竞争性磋商以及公开招标模式这种多主体参与竞争的情况，相对于单一来源更能够降低风险。换言之，没有一个 PPP 项目能够脱离地方政府管控而运作，因而采购方式仍是关乎风险把控的重要指标。在以绩效导向与鼓励创新为因变量的模型中，相较于风险把控，制度安排中的影响要素仅剩下了市场的竞争程度和整合状况，采购模式以及生命周期测算准确度等已经没有显著影响。省级层面的政企关系呈现显著的正相关，地方政府的政策理念导向在激发资本方创新等主观能动性行为上有较强作用。至于可融资性变量，制度安排层面的变化趋势与前两个因变量高度一致，皆呈现在添加省级的制度环境变量后，竞争性表现出更强的正相关，而整合程度有所降低。可以确认的是，制度环境会改变市场安排中的交易成本结构，进而对项目绩效产生影响。但在可融资性模型中，制度环境的影响非常高，政府廉洁度、政策透明度及司法公正度直接决定了能够融资的规模。一言以蔽之，制度环境中的政治制度结构及社会资本会对 PPP 项目的绩效产生影响，并能够改变原有制度安排对市场化效果的制约程度（见表 6-7）。

表 6-7　三因变量的多层线性模型综合结果

		个体层面的检验			加入省级层面的检验		
	因变量	风险识别 与分配	绩效导向 与鼓励创新	可融资性	风险识别 与分配	绩效导向 与鼓励创新	可融资性
制度 安排	潜在竞争程度	0.323***	0.383***	0.346***	0.359***	0.428***	0.380***
	全生命周期成本测算准确性	-0.045***			-0.050***		
	全生命周期整合程度	0.646***	0.581***	0.657***	0.610***	0.534***	0.618***
	回报机制						
	运作方式	-0.244***			-0.239***		
	采购方式				-0.379*		
制度 环境	社会资本						-8.191**
	社会组织注册数量						0.000***
	政企关系				0.194**		

续表

		个体层面的检验			加入省级层面的检验		
因变量		风险识别与分配	绩效导向与鼓励创新	可融资性	风险识别与分配	绩效导向与鼓励创新	可融资性
制度环境	政府廉洁度						0.148 ***
	政策透明度						-0.262 **
	司法公正度						2.838 ***
	总发文量						0.703 ***
	倡导性政策工具						-1.037 ***
	激励性政策工具						-1.024 **
	惩罚性政策工具						-3.762 ***
	公示性政策工具						
	发文机构总数						
	联合发文量						-0.434 *
	转发量						0.640 ***
Constant		2.346	0.388	-4.422 **	-103.115	53.870	-135.005 ***
		(1.682)	(1.643)	(2.212)	(285.254)	(76.867)	(29.685)
Observations		2939	2939	2939	2813	2813	2813
R-squared		0.943	0.981	0.970	0.941	0.981	0.979

资料来源：作者自制。

第五节 结论

自 20 世纪 70 年代起，公共服务市场化改革成为西方国家行政改革的重要方式。迄今为止，学界从多个角度、多元领域去切入和讨论这场改革，关于政府服务外包的绩效讨论持续高涨。当下对绩效的探讨已经从较为宏观的区域、企业、项目层次的影响，逐渐转向微观机制，并通过案例及实证进行解释。然而，宏观与微观之间的讨论似乎有些割裂，尤其是不能将较高层次的制度环境状况与操作层面的制度安排进行统一的分析。事实上，尽管有些学者尝试将宏观与微观相结合，但在实证或者数据的操作层面仍存在较大困难。本书延续了学者之前对于制度环境、制度安排与绩效相关联的讨论，通过建立起相应的理论框架，选定 PPP 模式作为公共服务市场化改革的代表，结合相关数据展开讨论。该研究将不再单一地聚焦于宏观或微观层次，而是将两个层次都置于一个框架中，进而去判断不同层次的变量产生的绩效影响。

本书通过多层线性模型，分批次对省级层面的制度环境变量及个体层面的制度安排变量进行绩效的检验，予以充分的数据支持。同时，出于数据结构及研究需要的综合考虑，本书将因变量绩效进行细分，分别为风险识别与分配、绩效导向与鼓励创新及可融资性。数据结果显示，市场竞争程度、整合程度等制度安排会对因变量产生影响，社会资本及政治制度结构等制度环境对因变量的影响程度不一致，但都会影响到原有的制度安排对制度绩效的作用。根据所得结果，在理解和推行 PPP 模式时会有一系列政策启示。如在降低风险指数方面，政府更应该聚焦于合同管理，提升市场的竞争程度，采用更加常见的 BOT、TOT 等公私合作伙伴模式，而减少对 BOO、OM 等模式的应用；另外，政府对资本方的关怀有助于创新性的提高，建立良好的政企关系是一个重要前提。至于可融资性，数据给予学界的常规认识充分支持，即廉洁的政府辅之以政策透明及司法公正，才能在资本方加大投资力度方面占据优势。本书不同于以往的单一因变量的选取，而是采取了逐个变量分层检验的策略，这样更有助于打开项目绩效的"黑箱"，更好地分析影响公私合作模式的作用路径。

诚然，本书虽然在不同层次上对项目绩效进行了探讨，并佐以数据证明。但由于数据结构本身具有一定的局限，加之各个层次变量繁多、复杂，和预期构建的理论本身并不能进行完全的匹配，从而在解释力方面仍然有限。此外，本书选取的多层线性模型较为基础，只能初步解释多层次之间的简单互动状况，至于层次之间的具体作用机制和路径，以及可能出现的交互效应，还有待做更为深入的处理和分析。最后，本书仅选取了 PPP 模式作为公共服务市场化的代表，但这场市场化改革中涌现了多种合作模式，且相互之间具有较大差异，PPP 模式并不能给予其他改革模式充分的解释。如是，在后续的理论和实践探讨中，还有很大的操作空间。无论是数据的获取层面还是模型的选取和检验，以及后续的理论解释及路径选择，都需要更加系统地去讨论和阐述。一言以概之，制度环境、制度安排及项目绩效的"黑箱"还有待去做深层次的探讨。

第七章　结论及讨论

第一节　核心发现

本书通过整合制度分析视角构建了一个分析公私合作模式的综合性框架；在这一基础上，通过整合利用单案例分析、比较案例研究以及量化研究方法，本书对制度模式的多样性、制度模式的选择以及制度绩效及其影响因素进行了深入的分析和讨论。

一　多样化的制度模式以及其变迁

结论一：公私合作的制度模式是多样化的，可以根据共同决策的卷入程度和不同主体的相对权力结构两个维度对公私合作的制度模式进行结构性的划分。同时，复杂的内部过程和机制也塑造了公私合作的制度模式。

当下对于制度模式的研究更多的是在"政府—市场"的两端之间，并通过单一维度——例如政府的介入程度或者市场的利用程度——对制度模式进行界定。在制度分析的视角下，本书认为，公私合作制度模式的研究需要超越单纯的"市场—政府"二分，或者某种"中间模式"。要深入理解制度模式，需要在制度机制以及制度过程的基础上去讨论制度模式的多样性。本书构建了分析制度模式的"主体—机制—过程"框架；在这一框架下，特定的公私合作制度模式既与公共部门和私人部门的主体卷入程度有关，又与两者之间的相对权力结构有关。随着多样化主体的卷入，两个维度对于理解公私合作的制度模式具有重要的意义：卷入公私合作的多样化主体之间的相对权力结构，以及规制公共部门和私人部门之间决策的制度安排。根据这两个基础维度，可以划分出多样化的制度关系模式类型。进一步，根据这两个维度，本书所讨论的所有案例均可以被纳入到这一分析框架之中（见图7-1）。

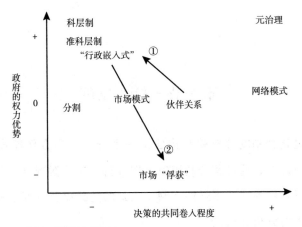

图示：①深圳市坪山区
②武汉市江滩治理

图7-1　多样化的制度模式

在这一类型学的分析结构中，一方面，公共部门和社会部门之间的相对权力结构是特定公私合作制度模式的基础；另一方面，卷入决策程度的差异使得规制政府和私人部门之间关系的制度安排也存在差异。但是，这样的类型学框架仅仅构成了分析的基础。事实上，即便是在特定的制度场域之下，特定的公私合作制度结构也会发生变迁。随着卷入主体的相对权力的变化以及不同主体之间的制度安排的变化，公私合作的制度模式就会呈现显著的差异。基于此，可以将第三章至第五章所讨论的所有的案例的制度模式进行初步的、尝试性的总结（见表7-1）。

表 7-1　多样化的公私合作制度模式：案例总结

模式	政府的相对权力优势	共同决策的卷入程度	治理制度安排	典型案例
科层制	+	—	·科层制	未涉及
准科层制	+	—	·中心—边缘的准科层安排	·江滩治理 1.0
行政嵌入式	+	—	·权威 ·契约	·G 县农商行金融扶贫 ·深圳市坪山区政府购买社工服务 2.0
市场模式	0	0	·契约	·利川市购买律师服务
分割	0	0	·法律—监管	
市场俘获	—	不确定	·影响力 ·契约	·江滩治理 2.0
伙伴关系	0	+	·关系—信任 ·契约	·深圳市坪山区政府购买社工服务 1.0 ·武汉市红色物业
网络模式	0	+	·关系—信任 ·契约	
元治理	+	+	·政治权威 ·关系 ·承诺 ·契约	

其中，纯粹的科层制模式是分析的起点，在本书的案例中没有明确涉及。在中国，政府内部利用准市场——实质上是准科层制安排——进行治理是经常采纳的方式，在体制改革之前的江滩治理是典型案例。随着政府的决策权逐渐"外移"，政府也可能和私人部门建立行政嵌入式的合作关系结构以实现政府的治理目标，其中政府是享有相对权力优势的一端——这在中国的公共治理中非常常见，在 G 县农商行的金融扶贫案例中体现得最为明显。当然，政府可能完全没有相对权力优势，政府与市场主体完全依赖于契约进行决策，此时，纯粹的市场模式就会出现。利川市的政府购买律师服务是典

型案例。极端的市场模式会出现在一些私人部门的治理场域之内，例如，市场和政府之间的功能分割可能是十分严格的。虽然在中国，政府的相对权力总是具有优势，但是，在某些情境下，私人部门可能掌握相对权力优势。这样的情境可以定义为市场"俘获"型模式，其中，江滩治理体制改革之后的模式是其典型案例。最后，随着政府部门和私人部门之间的相对权力结构更为分散，在政府部门和私人部门的共同决策的中间层次，伙伴关系结构会出现。早期的深圳市坪山区的政府购买社工服务是典型案例。随着共同决策卷入程度的提高，卷入主体的增多，网络式的结构也可能出现。最后，在政府拥有相对权力优势，同时私人部门的卷入程度也非常高的情形下，元治理模式是公私合作的主要形式。

最后，制度机制也是制度模式的内在关键性要素。进一步，在制度模式界定的基础上，可以对本书中多样化案例的内在机制作进一步分析。不同的主体间关系的治理机制，包括科层、信任—关系和契约，以及在特定治理场域之内，不同主体进行的治理关系的建构过程最终决定了特定公共治理中公私合作的制度模式。例如，在科层制之中，主体间关系的核心治理机制是科层制。但是，随着更多样化主体的卷入，在相对权力结构不对称的情形下，纵向的政治权威就会成为政府实现多主体协调的关键机制。同样，在市场制之中，政府并没有相对权力优势，此时，二者的合同会成为核心的协调机制。随着相互依赖程度的提升，共同决策卷入程度的提升，主体卷入数量的增多，信任、承诺等机制就会扮演更为重要的角色。事实上，不同的治理模式与治理机制之间具有强的关联。多样化机制的组合和混合构成了理解特定制度模式的关键维度。

二　制度环境、任务属性与制度模式的建构与选择

第二章为制度模式的选择构建了一个分析框架。前文已经对多样化的制度模式进行了总结。进一步，根据本书的分析结果，特别是本书的第三至六章的案例分析，可以对公共服务制度模式的建构和选择进行更为深入的讨论（参见图 7-2）。在此基础上，本书可以进一步得到如下结论。

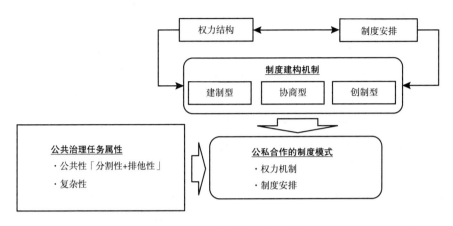

图 7-2　制度模式的建构和选择

结论二：制度模式的建构过程是嵌入在制度情境之中的，不同的制度建构机制会影响制度模式的选择。

当下对于公私合作制度模式的研究有一个重大的缺陷：这些研究将公私合作的多样化制度模式视为给定的；问题的关键是"选择"。可是，特别是在公共治理过程中，特定公共服务产业或者公共治理场域是否存在都是一个问题；特定的制度安排是否会出现也会成为一个问题。制度本身就是二阶公共物品。所以，仅仅讨论选择是不够的；关键是，特定的制度安排是如何被建构的。

基于此，本书沿袭第二章所构建的理论框架，对制度模式的建构问题进行了深入的分析和讨论。在制度分析的视角下，制度环境对于制度模式具有基础性的作用。特别是，围绕特定的公共治理问题，原有的权力结构以及相对议价能力会对公私合作的制度模式建构产生根本性影响。同时，不同的治理模式总是嵌入在原有的制度结构和历史之中，路径依赖在其中扮演着核心的角色。正如第三章所言，建构制度的历史是一个非常艰辛的历史；原有的制度安排的"转置"会成为重要的影响制度建构过程的因素。这正是第三章的核心结论：根据相对议价能力和原有制度安排的状况，最终可以界定出三种合作制度建构的机制：包括创制型、建制型以及协商型。

虽然无法完全一一对应，但是，不同的制度建构机制会显著影响制度模式的选择。例如，在建制型机制下，由于政府具有相应的权力优势，并承担了制度建设的成本，最终呈现的制度模式，政府更有可能占据相对权力优势。同时，由于是新型市场，二者必然也面临较为复杂的共同决策需求。基于此，在建制型机制下，伙伴关系型或者行政嵌入式公私合作模式更有可能被建构。在创制型机制下，私人部门拥有更强的能力，同时也承担了制度建构的成本。在这样的运作机制下，二者的相对权力可能更为均衡。同时，由于是新兴的公共事务，政府与私人部门之间的共同决策的程度也会较高。所以，在创制型机制下，二者更有可能建构伙伴关系型制度模式。在极端情况下，也可能出现市场俘获模式。最后，在协商型机制下，政府部门和社会部门之间的权力结构相对均衡；制度成本相对而言也主要是通过协商过程逐渐构建的。在这样的机制下，最终构建的制度模式更有可能趋向于市场制度。

结论三：任务环境是影响制度模式选择的重要因素；随着治理任务复杂性的提升，公私合作的制度模式也会变得更为复杂。

长久以来，有关公私合作的研究主要是在新制度经济学的视角下进行的。在这一视角下，公共服务的复杂性，以及公共物品的属性是影响制度选择的重要变量。但是，不同于仅仅强调服务的可测量性或者资产专用性水平，本书将公私合作可能面临的更为复杂的情境纳入考量，以分析公私合作制度可能面临的更为复杂的治理情境。

如表 7-2 所示，根据公共治理任务的复杂性程度，本书可以进一步对不同的公私合作情境进行分析。其中，购买律师服务和江滩治理的复杂性相对较低；深圳市购买社工服务、武汉市青山区的红色物业以及 G 县的金融扶贫的复杂性更高。任务的复杂性，一方面降低了原有制度安排被"调用"的难度，这意味着，当面临更为复杂的任务时，构建新的关系和模式的需求会更大；另一方面，任务的复杂性也需要更为及时的双向和多向的协调和配合，共同决策的需求更大，对于更为复杂的治理机制的需求，以及对这些机制进行整合使用的需求也更大。基于此，可以发现，对于江滩治理和政府购买律师服务来说，纯粹的科层制度或者市场制度都能够有效地应对其治理挑战。但是，随着治理复杂性上升，对于深圳市坪山区政府购买社工服务以及武汉市红色物业来说，如何有效地界定"服务"的内容和属性，规制服务的过程，监控服务的质量，签订服务的条约，等等，都需要更为深入的共同决策的卷入。此时，伙伴关系模式可能是更好的选择。或者，在特定的结构约束下，如第五章所言，给定金融扶贫任务复杂性，行政嵌入式模式也可能是复杂性中等程度的制度选择。

但是，随着治理任务复杂性的上升，更为复杂的治理制度模式就可能变得必要了。在地方政府面临严峻的、复杂的、紧迫的治理挑战，却缺乏有效的公共部门介入手段的情形下，公私合作的制度结构必然会变得更为复杂。此时，灵活的元治理模式的建构可能就会变得更为重要了。

结论四：制度环境对于制度模式选择具有重要影响。

在制度模式建构的过程逻辑之下，本书发现，公私合作模式的制度变迁也会受到多重因素的影响。无论是新制度模式的出现，还是特定制度模式的内部机制，都是一个复杂的制度变迁过程。除了任务环境的属性之外，制度环境也是影响制度模式建构的重要因素。虽然当下的研究已经对制度环境与制度模式的选择进行了一定的分析，但是，这些分析主要将制度环境视为制度模式选择的约束性情境，没有解释制度模式建构的内在过程，以及制度环境影响制度模式选择的内在机制。如结论三所言，制度环境会通过制度建构机制直接影响制度模式的选择。进一步，制度环境的要素也会直接影响制度模式的选择。一方面，原有的权力结构会直接影响公共事务治理场域之内的不同主体之间的相对权力结构，从而影响制度模式的建构机制以及最终的模式。另一方面，在制度模式的选择过程中，在特定的公共事务治理场域之中，是否有相应的可以转置和调用的制度资源是影响制度选择的关键因素。基于此，根据制度环境中的权力结构以及制度安排是否存在以及转置的可能性，可以对影响制度模式选择的制度环境要素进行更为深入的分析。

结合制度模式的建构机制，本书可以对不同制度模式的选择作进一步的总结。在本书的第三章，深圳建制型模式是源于政策环境以及地方政府的社会治理理念、政策范式以及核心的治理主体的变化。最终，行政嵌入式关系模式被建构。武汉市青山区的红色物业模式的出现源于社区治理中"党"的理念、角色以及政策指引的变化所提供的机会结构。正是私人部门对这样的机会进行企业家式的创制式利用，最终构建了伙伴关系型的制度模式。第四章的市场"俘获型"模式与武汉市对于武旅股份这一国有企业的融资需要有关；这进一步导致武旅股份在江滩治理的公私合作关系中，拥有极强的资本和利益追逐的动机，也导致江滩管理办公室缺乏真正的合同治理工具。这也意味着权力结构的倒转可能导致创新型机制带来非预期的结果。进一步，在 G 县农商行的金融扶贫过程中，农商行和地方政府之间不平等的依赖关系，原有的统合结构共同形塑了行政嵌入式模型。

总之，在特定的公共事务的治理场域之内，任务环境和制度环境共同塑造了特定的制度模式的选择。根据这一框架，本书对案例分析进行了总结，以便更为系统和经验性地呈现任务环境以及制度环境对于制度模式的影响。

表7-2 任务复杂性、制度环境与公私合作制度模式：案例总结

模式	治理任务的复杂性	制度环境		制度建构机制	典型案例
		（政府）权力结构	原有制度结构		
科层制	未涉及	+	高	未涉及	未涉及
准科层制	低	+	高	未涉及	·江滩治理 1.0
行政嵌入式	中	+	中	建制型	·G 县农商行金融扶贫 ·深圳市坪山区政府购买社工服务 2.0
市场模式	低	0	未涉及	协商型	·利川市购买律师服务
分割	低	0	未涉及	未涉及	
市场俘获	低	—	不确定	创制型	·江滩治理 2.0
伙伴关系	中	0	中	创制型	·深圳市坪山区政府购买社工服务 1.0 ·武汉市红色物业
网络	高	0	低	建制型	
元治理	高	+	低	建制型	

三　制度模式、制度机制与公私合作的制度绩效

结论五：不同制度模式拥有不同的运作过程和逻辑，这会通过多种机制带来非常复杂的影响。

如前所言，中国的公私合作模式的选择问题是嵌入在特定公共治理问题以及公共服务供给的治理场域之内的。在特定的场域之内，不同的公私合作模式的运作机理会产生非常复杂的制度影响。当前的研究主要聚焦于对于制度绩效的测量，但是，这些研究都忽视了制度绩效产生的内在机制。一方面，当下的研究已经发现，公私合作的制度模式的绩效是存在多种维度的。对于特定的制度模式而言，制度建立成本、关系治理成本以及制度本身的潜在风险构成了理解特定制度模式的制度绩效的主要维度。另一方面，如第二章的理论框架所言，在特定的制度模式之下，卷入到制度模式之中的多样化主体围绕特定治理场域之中的制度互动是理解这一过程的关键。但是，除了利用类似于委托代理理论以及博弈论等视角对公私合作制度可能的成本和风险进行理论上的分析之外，当下研究鲜有真正进入不同制度模式的内在过程去分析不同制度模式产生特定制度绩效的机制。

不同于原有的研究，本书在制度分析的整合视角下，以对不同制度模式的建构机制、内在运行的过程以及不同主体的制度性响应为分析的焦点，通过分析重心的"下移"和经验化的"下沉"，对不同制度模式的制度绩效进行了深入追踪（见表7-3）。在第三章，本书对三种制度模式的建构过程和机制进行了分析，分析发现，不同的制度建构机制最终塑造了不同的制度模式，也影响了最终的制度绩效。经由协商型机制建构的制度模式的成功依赖于原有的制度环境的成熟；私人部门的道德风险是其重要的制度风险的来源。经由建制型机制建构的行政嵌入式模式带来的最大风险在于政府对于专业能力的不恰当干预，这可能威胁私人部门的专业能力。在经由创制型机制构建的伙伴关系模式中，主要的成本是制度建构的成本。在这样的模式下，如何实现政府部门和私人部门之间的共识建构，并能够有效地实现关系治理机制的低成本建构，是伙伴关系制度面临的最大的难题。

进一步，本书的第四章对市场"俘获型"模式的运作机制以及其制度影响进行了讨论。在市场俘获模式之下，政府职能虽然转移给了私人部门，但是，由于私人部门强大的政治力量，职能部门缺乏有效的契约监管和合同管理能力，最终导致其既要当"运动员"，又要做"裁判员"。这样的角色混合最终导致公私合作的制度风险和成本十分高昂。第五章对"行政嵌入式"模式的内在机制——特别是非政府部门组织的制度性响应的逻辑和策略——进行了分析。在行政嵌入式模式之下，政府任务的结构可分割程度以及对组织的技术核心的冲击程度决定了私人部门的制度应对逻辑和策略。在行政嵌入式模式之中，公私合作的最大风险源于私人部门的"别无选择"：其既无法在组织结构上实现任务的分割，又无法规避其对技术核心的冲击，最终可能导致制度逻辑的冲突，进而降低制度绩效。

表7-3 公私合作制度模式与制度绩效：案例总结

模式	政府的相对权力优势	共同决策的卷入程度	制度成本		制度风险	典型案例
			建构成本	治理成本		
（准）科层制	+	—	X 非效率	低	低	·江滩治理1.0
行政嵌入式	+	—	低	低	政府"掠夺"风险专业能力	·G县农商行金融扶贫 ·深圳市坪山区政府购买社工服务2.0
市场模式	0	0	中	中	道德风险	·利川市购买律师服务
分割	0	0	低	未涉及	道德风险治理能力	
市场俘获	—	不确定	低	中	逆向"掠夺"	·江滩治理2.0
伙伴关系	0	+	高	中	低	·深圳市坪山区政府购买社工服务1.0 ·武汉市红色物业
网络	0	+	高	高	低	
元治理	+	+	高	高	低	

　　结论六：制度绩效是由多重因素引致的。正式制度环境、社会资本以及公私合作的过程—机制等都会影响制度绩效。

　　最后，在制度分析的视角下，本书发现，影响制度绩效的因素是非常多样化的。一方面，可以发现，制度模式与制度绩效之间的关系是非常含混的。给定制度模式的多样性，没有任何模式可以保证公私合作的成功。另一方面，针对特定的制度模式，影响制度绩效的因素是非常多样化的。在案例分析的部分，本书发现，嵌入在特定的制度场域之内，特定制度模式的运作机制会影响制度绩效。例如，在"行政嵌入式"模式之中，私人部门内组织的制度策略是影响公私合作制绩效的重要机制；在市场"俘获型"模式之中，公私合作的绩效往往会因内在管理能力的制度性局限而出现市场化的绩效不足；在公私合作网络之中，能否有效地针对不同的治理情境调整建构机制和策略是影响其绩效的关键。同时，利用PPP案例库建构量化分析的数据库，运用层次线性模型分析的结果显示，制度环境中的法律环境、政策环境和社会资本，以及公私合作的过程要素均会对公私合作的制度绩效产生影响。

第二节　创新之处

　　（一）学术思想

　　第一，创造性地将新制度经济学、制度分析理论以及组织理论进行理论整合，这样的整合既拓展了公共治理研究的视界，也拓展了制度分析本身的视界。当下有关公私合作制度模式的分析视角非常多样；多样化的视角虽然强化了对于这一现象的认识，但是，视角之间的"对话"显然存在明显的"隔膜"。本书在理论框架上的整合是打破视角壁垒、实现更好地跨视角对话的过程。同样，将制度分析纳入到公私合作的场域之中也可以拓展制度分析理论。无论是交易成本经济学、经济社会学还是组织分析中的新制度主义，本书的经验情境都可以在一定程度上拓展原有理论框架和视角的边界。

　　第二，将公共服务和公私合作制度模式进行有效的整合，系统地对公共服务之公私合作的内部机制和制度模式进行了深入的理论分析，拓展了对公私合作模式的理解。长期以来，对于公私合作的模式以及制度绩效的研究主要强调多样化的公私合作模式，但是，模式研究都没有很好地对其内在机制进行有效的清理。更多的"模式"概念并不能带来更好的对于公私合作模式的运作机制及其可能后果的理解。本书在制度分析的框架之下，在"主体—机制—过程"的基础上，构建了更好地分析公私合作制度模式的概念框架。

第三，将公共服务的公私合作模式纳入到统一的分析框架之下，将零散的研究主题，以及多样性的理论因素进行系统整合，是对公私合作模式——特别是制度绩效——的重要理论拓展。在多样化的视角之下，当下有关公私合作模式的研究被多样化的主题所割裂，导致虽然假设影响公私合作模式及其制度绩效的因素很多，但是关于这些因素是否会以及如何产生影响的理论机制讨论却相对短缺。本书在理论框架以及经验分析上对这些分散的视角、零散的主题以及碎片化的经验进行了理论上的整合，多重碎片化问题在一定程度上得到了解决。

（二）学术观点

在学术观点上，本书在整合性制度分析的指引下，得到了一系列创新性结论。

第一，本书极大地拓展了有关公私合作制度模式之多样性的讨论。长期以来，对于公私合作制度模式主要依赖于交易成本经济学等理论的界定。但是，这样的分析忽视了更为广泛的对于"制度"这一要素的界定。本书在制度分析的整体思想之下，通过将制度中的"权力"和"规则"要素整合到制度模式的界定之中。本书通过权力机制和共同决策的程度这两个要素，系统地跨越了原有的有关公私合作制度模式的界定，并为更为深入地分析制度模式、制度模式的建构与选择以及制度模式的绩效提供了新的分析维度和思路。

第二，本书系统补充了有关制度模式建构的研究。公私合作模式的选择是嵌入在特定的制度环境——如政治制度环境、社会资本结构——之中的，不同的制度环境对公私合作的制度模式和制度机制具有重要的影响。特别是，原有的有关制度模式选择的研究缺失了对制度建构过程的讨论。在原有的研究中，制度模式都是被视为给定的。但是，公共治理场域以及公共服务产业并非一定是存在的。制度也是需要建构的。制度的建构过程和机制也是嵌入在特定的制度环境和情境之中的。本书发现，不同主体之间的权力结构以及公共治理的制度环境会系统影响制度模式的建构。以此为基础，本书界定了三种制度建构的机制：建制型、创制型和协商型。不同的制度建构机制会影响制度模式的选择，进而影响制度结果和绩效。

第三，本书系统地拓展了有关制度模式选择的研究。一方面，沿袭原有的有关制度模式选择的讨论，本书进一步拓展了治理事务的属性对制度模式选择的影响。在交易成本经济学的视角下，可测量性等指标是分析制度模式选择的关键因素。但是，在公共治理之中，公私合作面临的制度情境是非常复杂的。治理事务的复杂性是分析制度模式建构的关键因素。治理事务的复杂性会极大地影响共同决策的频率、方向以及要协调的内容。本书认为，治理任务的复杂性是理解制度模式选择的核心变量。另一方面，本书也拓展了原有的有关制度环境与制度模式之间关系的讨论。除了对制度建构机制进行了深入的分析之外，本书也对制度场域之内的相对权力结构以及原有制度安排对制度模式选择的影响进行了系统的分析。行政嵌入式、市场俘获式以及元治理模式等都是嵌入在特定的制度情境之中的；这些制度情境也会影响公私合作模式的运作过程和机制，并对制度绩效产生影响。

第四，本书对不同制度模式的内部治理机制，以及其可能导致的复杂的制度绩效进行了系统的分析。从来不存在"万能药"，多样性的公私合作制度模式既是公共治理和公共服务供给的现状，也是策略选择的结果。不同的公私合作模式可能带来非常不同的制度影响，根本不存在"最优"的选择，不同的公私合作模式往往是不同目标之间进行权衡的结果。这意味着，无论是早期的科层制模式、新公共管理理论所推崇的市场制，抑或新近在"治理"这一"屋檐"之下出现的大量的类似于合作治理、网络治理、"多中心"治理等模式，都需要对其内在的机制以及潜在的缺陷进行深入的、多维度的比较制度分析。例如，本书对江滩的市场化改革历程的追踪中发现，江滩治理的市场化改革最终带来的结果非常苦涩。

在机制的讨论中，本书的核心拓展源于对制度机制的复杂理解。原有对于不同制度模式绩效的研究主要将不同的主体视为理性的代理人，其结果主要是在博弈论、委托代理等视角下进行分析的。这样的分析遮蔽了制度模式产生影响的制度—组织机制。通过拓展制度模式中的多样化的绩效维度——包括制度建构成本、治理成本以及制度风险，本书对制度后果的丰富性进行了进一步的分析。进一步，本书认为，不同主体的多样化的制度—组织机制是影响制度模式的关键。例如，要理解行政嵌入式模式的后果，关键是需要理解私人部门在特定的制度模式之下进行的制度性响应。响应机制的不同，最终导致了不同的公私合作模式的绩效。

第五，公私合作模式的成功依赖于非常多样化的条件，成功的公私合作，既是环境驱动的结果，也是制度建构的结果。在环境—制度约束与个人自主性之间，不同主体可以在特定环境之下，采取更为积极主动的策略，促进公私合作。本书对于两种特定治理模式——行政嵌入式和市场俘获式——的制度过程和机制的案例分析表明，在不同的治理模式下，无论是市场和社会部门还是政府部门，都可能产生策略性和机会主义行为，最终影响公私合作的绩效。有效的公私合作需要政府扮演更为积极和主动的角色，成为关系建构者、管理者和维护者。同样，本书基于 PPP 项目库的分析也表明，正式制度环境、社会资本以及合同管理的过程对公私合作绩效的各个维度都可能产生影响，从而最终影响制度绩效。

（三）研究方法

当前国内针对公私合作的研究，缺乏科学的研究方法；即便是经验研究，其也主要基于单案例研究、国外经验借鉴等，基本上缺乏系统的经验研究。本书在研究方法上实现了如下创新。第一，系统的社会调查研究。针对典型案例，本书深入实践主体，对公私合作的内部过程、运作机制、参与者的态度和行为等进行深入的调查分析。本书针对深圳市政府购买社会服务、武汉市青山区的"红色物业"案例、利川市的政府购买律师服务、武汉江滩治理改革以及 G 县农商行的案例的调查研究共累积了超过 300 万字的一手资料数据，为理解公私合作的模式、过程和机制提供了非常丰富的资料来源。

第二，单案例和比较案例分析。本书利用系统的单案例和比较案例分析方法，对某些经验命题进行探索性分析。一方面，针对制度模式的选择，本书利用系统的比较案例分析方法对制度场域之内的权力结构、制度成本对制度模式的影响进行了深入的类型学讨论。另一方面，本书沿着权力结构维度对不同的制度模式的过程、机制、策略以及影响展开深入讨论，极大地丰富了关于特定制度模式的属性差异的讨论，有利于对制度绩效的机制追踪。

第三，案例数据库以及定量分析。本书以整合的理论框架为基础对 PPP 案例库进行了结构性的编码，构建数据库，并采用层次线性模型对多样化的理论假设进行检验。这在两个方面具有超越性：一方面，本书将制度环境和制度安排层次的变量整合到了一个数据库和一个计量模型中，可以更好地对环境变量的独立影响进行深入的量化分析。另一方面，本书对制度绩效进行了多维度的测量，且对不同维度的影响因素分别进行了讨论，拓展了原有的关于公私合作制度绩效的研究。

第三节　政策启示

首先，中国的经济改革催生了公共服务供给模式的转型。随着配套政策的出台，政府购买公共服务逐渐步入正轨，成为我国政府职能转变的基本要素。本书着眼于政府购买公共服务中的合同关系模式的类型以及内在机理，有助于丰富政府对于合同关系模式多样性和动态性的认知，警惕将单一模式视为"万能药"的思维惯性，从而帮助我国政府更好地识别制度环境，选择合适的制度方案，合理规避潜在风险，提高公共服务供给质量和水平，尽快完善公共服务供给体系。同时，本书可以为各地方政府在进行公私合作的变革中提供案例资源。

其次，本书提出了选择特定公私合作模式、建构机制的政策方案，为政府及特定私人部门建构多样化的模式和合作机制，解决公共服务供给问题，提高公共服务绩效，提供了更多可能。特别是，本书强调了制度环境、公共服务属性等要素在制度模式选择中的影响，可以为地方政府寻找"适配"的模式提供改革思路。

最后，一旦选择了特定的公私合作模式，在特定的公共服务供给的过程中，针对给定影响因素的多样性和影响后果的复杂性，本书可以提供一个更为完整的理论要素清单，以提升决策的科学性。这意味着，无论是网络式、行政嵌入式还是市场俘获式模式，在具体的运作中，都需要警惕多样化的风险，并在管理的过程和机制中注意风险的化解。

我国的公私合作，无论是基本的制度环境和资源条件，还是内部的合作机制、合作策略、合作能力以及制度平台等方面，都存在一系列缺陷。针对性地进行公私合作的战略性重塑，将是我国公共服务供给体制改革的关键。

第一，给定多种制度模式，地方政府在公共治理和公共服务制度改革的过程中，首先需要破除"万灵药"思维，并在此基础上加强科层制治理能力的再造。

长期以来，两个因素对于中国地方政府的公私合作有很强的支配作用。一方面，地方政府的政治经济考量会显著影响地方政府的公私合作。例如，在 PPP 的决策中，地方政府的融资需求、晋升激励以及经济发展等极大地影响了地方政府的决策。另一方面，中国的公私合作具有较强的"拿来主义"特征。其他国家的政府改革理念极大地影响了中国政府对公私合作制度的采纳。

"跟风"和"模仿"也许是最不会犯错的策略，但往往是成本最高的策略。对于地方政府来说，在中国的制度情境下，政府首先需要考虑的是如何最大化地利用政府而不是如何最大化地"改革政府"。在中国的制度情境之下，绝大多数治理问题的产生并不是因为政府改革不彻底，而是因为政府的制度建设不彻底。无论是制度模式的选择还是合作关系的治理能力方面，对于中国而言，首先需要解决的是科层制模式本身存在的问题。无论是在中国还是在国际社会，科层制以及以科层制为基础的制度模式仍然是解决公共治理问题时最值得依赖的工具。正如江滩管理的案例所说明的，在治理制度模式的选择中，有限的市场+成熟和稳定的政府支配的"准行政化"模式可能是实现治理目标最重要的手段。同样，即便 G 县农商行在完成重大公共治理任务中可能存在策略性的制度行为，但是，将农商行有效地整合到地方重大事项的治理之中，仍然是非常值得尝试的中国式公共治理模式。

这说明，对于中国构建公私合作能力而言，首先需要进一步优化的是政府利用原有的科层制体系供给公共服务、实现公共治理的能力。随着社会变得日趋复杂和多元，会出现大量的公共治理需求；这些治理需求的满足，很难真正依赖于外部私人主体。即便外部私人主体具备一定的治理能力，政府对于自身治理能力——既包括公共服务提供的能力，也包括对整个公共服务供给过程，以及公共治理中公私合作制度进行建构、指导并进一步进行管理的能力——恰当地再塑造，是提供公共服务、实现公共治理的基础。

第二，内在制度机制建设，特别是政府扮演"元治理"角色在公私合作中的重要意义。这特别需要政府在有效介入的同时，能够有效地认知和保护不同主体之间的能力边界。

与科层制能力建设一脉相承，无论是任何模式，内部治理能力的建构都是非常基础的。同样，在市场制度的建设过程中，一旦公共部门失去了建设和管理市场的能力，或者公共部门失去了引导市场和社会部门行为的能力，那么，公私合作必然带来困境。在江滩治理的改革中，政府部门失去了管理市场部门的能力，最终导致江滩治理的绩效急剧降低。在 G 县的农商行合作的案例中，由于政府任务对农商行的技术核心造成了冲击，合作的绩效可能受到影响。政府是否有能力将社会部门牢牢地控制在自身的治理范围之内，是影响最终公私合作绩效的关键要素。

事实上，这带来了政府在公私合作制度中的某种角色困境。一方面，作为"二阶集体物品"，公私合作的制度建构，特别是复杂的制度模式的建构，以及制度的维护，都需要政府扮演基础的建构者、引领者、控制者和治理者的角色。但是，另一方面，政府的不恰当介入往往会造成私人部门专业能力的丧失，最终提高私人部门与政府"打交道"的成本，影响公私合作的制度优化和可持续性。在这样的悖论下，地方政府需要仔细理清其职能和功能边界。特别是，地方政府需要意识到，在什么情境下，市场本身是缺失的；在什么情境下，主体的卷入是存在障碍的；在什么情境下，主体之间的合作面临特定的障碍。对于地方政府而言，作为"元治理"的角色，政府的核心是扮演"巧匠"的角色。作为"巧匠"的政府既需要在适当的时候扮演制度的建构者、协调者和引领者，又需要给私人部门充分的制度建构、演化和成长的空间，从而实现更恰适、更具备可持续性的公私合作制度的塑造。

第三，需要在特定公私合作模式之中，仔细理清不同主体的内在机制和策略对最终绩效的影响。根据不同的主体和机制，设计恰适的治理过程和机制。

当下的研究更多地在理论意义上追踪不同公私合作模式的绩效影响；但是这些讨论都忽视了公私合作的过程、机制以及特定主体对公私合作绩效的影响。本书的启示在于，要理解特定公私合作的复杂结果，需要对每一个主体的策略性互动进行追踪。例如，要理解江滩治理市场化面临的困境，就特别需要对江滩管理办公室在改革之后面临的角色困境进行分析；同样，也需要对武旅股份这一具有特殊身份的国有企业的运作逻辑进行追踪。要理解 G 县农商行在金融扶贫中所产生的复杂结果，需要理解农商行作为一个行政嵌入式的市场单位可能面临的复杂制度逻辑的约束以及潜在的制度策略。正是这些切事化的、灵活的机制和策略的使用，保证了每一个阶段的关系网络建设的可能。这进一步启示我们，中观和微观的机制对于特定治理模式的成功不是可有可无的，它们在公私合作模式的建构中扮演着至关重要的角色。

正是因为内在机制的复杂，所以，地方政府要实现有效的公私合作，需要在关系治理的过程和机制的设计上进行全过程的重塑。中国当下有关合约过程的管理主要依赖于中观层次的管理制度和招标程序，但这可能是不够的。中央政府和地方政府应该出台更为详细的指南，根据不同的公共服务事项、不同的标的额、潜在的不同的公私合作的对象等，提供更为明确的关系建构指南。这样的指南可以很好地规范和约束地方政府的公私合作行为。更重要的是，这样的指南可以给地方政府一个非常好的"自查清单"，帮助地方政府在每一次公私合作的具体实践中进行学习，以更好地累积地方针对特定事务和对象的默会制度知识。

第四，制度环境建设奠定了公私合作的基础。围绕公私合作，中央政府和地方政府还需要进行更为系统的制度建设。

根据本书的结论，制度环境的作用主要表现在两个方面。一方面，制度环境可以显著地影响不同主体的相对议价能力以及竞争性制度结构，进而影响制度模式空间以及制度模式的选择。另一方面，在行政嵌入式结构之下，无论是不同主体间的互动关系还是政府的建构、引导和管理能力都深受制度环境的影响。所以，一旦选择通过公私合作模式来完成公共治理目标，围绕公共治理场域所建构的基本的法律、产权安排以及社会制度都是非常重要的。同样，在特定的公私合作治理模式之下，需要精细地建构复杂的内部运行规则，以保证公私合作制度基本运作规则和制度的完整性。在本书中，无论是不同治理模式的选择和变迁，还是特定的治理模式所呈现的结构性特征以及最终的运作机制，都是嵌入在具体的制度环境之中的。同样，量化研究的结果也说明，法律、政策环境以及社会资本等对于公私合作的绩效具有重要的意义。

任何公私合作的制度安排都是嵌入在层次化的制度环境之中的。这意味着，一方面，地方政府需要围绕公私合作制度安排出台更多与地方相关的政策、规则和制度指南。同时，还需要进一步优化地方政府的营商环境，建构更为亲清的政商关系，为地方政府的私人部门的制度性卷入提供良好的制度环境。另一方面，中央政府还需要就有关公私合作领域建构更为丰富的制度体系，以规制地方政府和私人部门在公私合作中潜在的道德风险行为。特别是，中央政府需要系统地对地方政府基于地方政治经济考量——而非地方福利考量——而开展的公私合作行为进行规制，提高私人部门以及公众对公私合作制度的认知度和信任度，助力制度体系的建设。

第五，公私合作的核心是制度匹配，而不是制度选择。有效的公私合作制度能力建设的关键是构建具有弹性的、灵活的制度架构，保证地方政府拥有充分的选择权和灵活的"适配"能力。

在本书的分析中，不是构建某种"市场化"或者"合作化"的清单就可以实现公私合作制度绩效的提升；事实上，这种"粗暴"的选择非常不利于整体治理能力的提升。本书给出的最为重要的清单是：灵活的制度建构能力。要塑造灵活的治理能力，最为重要的是将市场或者社会作为工具，根据任务环境的动态变化或者任务属性的变化，创造性地使用社会力量和市场力量。

一旦将市场或者社会力量作为某种"制度和能力储备"，首先需要保护社会和市场的能力。这意味着，也许在某种情况下，市场或者社会不是最优的公共治理选择，但是从能力储备的角度来看，保护这些主体在特定公共治理领域中的活力，既可以刺激政府改善供给绩效，同时可以为更多的制度试验和制度选择留下空间。其次，保护市场和社会能力的前提是明确政府和市场的能力边界，适当维护市场运作逻辑的完整性。在绝大多数公私合作制度的运作中，制度逻辑的"混合"经常引发制度冲突，进而导致不合意结果的出现。例如，对农商行的技术核心的冲击可能导致制度冲突和制度脱耦，进而使公私合作后果更加复杂；稍显不同的是，在武汉市物资供给网络中，政府通过将自己的"有形之手"牢牢限制在能力和职责的边界之内，从而保留了地方政府灵活地对市场和社会进行干预的能力。最后，灵活的制度结构需要保护并调动市场和社会的动员能力。无论如何，政府的"元治理"都需要政府拥有制度化的连接政府、社会以及市场的机制。如何保护这种制度能力，并将其作为制度储备的组成部分，是中国持续保持和优化自身制度优势，并将其转化为制度效能的关键环节。

图书在版编目（CIP）数据

公共治理中的公私合作：制度模式、环境与绩效 /
蔡长昆著 . --北京：社会科学文献出版社，2025.6.
ISBN 978-7-5228-5747-3

Ⅰ.D63

中国国家版本馆 CIP 数据核字第 2025YW1093 号

公共治理中的公私合作：制度模式、环境与绩效

著　　者 / 蔡长昆

出 版 人 / 冀祥德
责任编辑 / 岳梦夏
责任印制 / 岳　阳

出　　版 / 社会科学文献出版社
　　　　　　地址：北京市北三环中路甲 29 号院华龙大厦　邮编：100029
　　　　　　网址：www.ssap.com.cn
发　　行 / 社会科学文献出版社（010）59367028
印　　装 / 三河市尚艺印装有限公司

规　　格 / 开　本：787mm×1092mm　1/16
　　　　　　印　张：18.75　字　数：285 千字
版　　次 / 2025 年 6 月第 1 版　2025 年 6 月第 1 次印刷
书　　号 / ISBN 978-7-5228-5747-3
定　　价 / 98.00 元

读者服务电话：4008918866

▲ 版权所有 翻印必究